AF288295

utb 8390

Eine Arbeitsgemeinschaft der Verlage

Böhlau Verlag · Wien · Köln · Weimar
Verlag Barbara Budrich · Opladen · Toronto
facultas · Wien
Wilhelm Fink · Paderborn
A. Francke Verlag · Tübingen
Haupt Verlag · Bern
Verlag Julius Klinkhardt · Bad Heilbrunn
Mohr Siebeck · Tübingen
Nomos Verlagsgesellschaft · Baden-Baden
Ernst Reinhardt Verlag · München · Basel
Ferdinand Schöningh · Paderborn
Eugen Ulmer Verlag · Stuttgart
UVK Verlagsgesellschaft · Konstanz, mit UVK/Lucius · München
Vandenhoeck & Ruprecht · Göttingen · Bristol
Waxmann · Münster · New York

Christiane Beinke
Melanie Brinkschulte
Lothar Bunn
Stefan Thürmer

Die Seminararbeit

Schreiben für den Leser

3., völlig überarbeitete Auflage

UVK Verlagsgesellschaft mbH
mit UVK/Lucius · München

Online-Angebote oder elektronische Ausgaben sind erhältlich unter www.utb-shop.de.

Bibliografische Information der Deutschen Nationalbibliothek
Die Deutsche Nationalbibliothek verzeichnet diese Publikation in der
Deutschen Nationalbibliografie; detaillierte bibliografische Daten
sind im Internet über http://dnb.d-nb.de abrufbar.

1. Auflage 2008
2. Auflage 2011
3. Auflage 2016

© UVK Verlagsgesellschaft mbH, Konstanz 2016

Einbandgestaltung: Atelier Reichert, Stuttgart
Einbandfoto: www.digitalstock.de
Lektorat, Satz und Layout: Klose Textmanagement, Berlin
Illustrationen: Thomas Heilmann, Berlin
Druck: CPI – Ebner & Spiegel, Ulm

UVK Verlagsgesellschaft mbH
Schützenstr. 24 · D-78462 Konstanz
Tel.: 07531-9053-0 · Fax: 07531-9053-98
www.uvk.de

UTB-Band Nr. 8390
ISBN (Print) 978-3-8252-8631-6
ISBN (EPUB) 978-3-8463-8631-6

Inhalt

Vorwort zur 3. Auflage

Die Autoren möchten den Charakter des Buches als propädeutische Schreibhilfe weiter verstärken und betonen, dass ihnen eine an der Schreibpraxis orientierte Anleitung wichtig ist. Sie haben deshalb Anregungen sowohl von Schreiblehrenden als auch von Studierenden zum Anlass genommen, einzelne Kapitel zu überarbeiten. Änderungen beziehen sich vor allem auf eine bessere Handhabung der Kapitel in Unterrichtssituationen. So wurde etwa das Kapitel zur Wissenschaftssprache gestrafft und sprachlich vereinfacht. Dadurch sollen die Texte auch für Deutschlernende verständlicher werden.

Ein neues Kapitel wurde eingefügt, in dem das mehrsprachige Schreiben thematisiert wird. Hintergrund ist die Erkenntnis, dass Schreibende ihre verfügbaren Sprachen für das akademische Schreiben nutzen können.

Die Autoren wünschen sich auch weiterhin Anregungen für die Verbesserung des Buches. Schreiben Sie uns bitte an folgende Adressen:
Christiane.Beinke@uos.de
melanie.brinkschulte@phil.uni-goettingen.de
bunn@uni-muenster.de
stefan.thuermer@gmx.de

Göttingen, Münster und Osnabrück,   Christiane Beinke
im Juli 2016   Melanie Brinkschulte
                                                                         Lothar Bunn
                                                                      Stefan Thürmer

Einführung

Sprachlich und inhaltlich sind Forumsbeiträge anders gestaltet als etwa die Einleitung eines Lehrbuches. Dies hängt u. a. mit den unterschiedlichen Funktionen und den kommunikativen Situationen zusammen. Bei der Abbildung handelt es sich um ein fiktives Beispiel.

Einleitung

Eine Seminararbeit ist eine stark normierte Textart, was zum Beispiel den Aufbau der Arbeit, den Sprachstil und die Zitierkonventionen betrifft. Damit Ihre Seminararbeit also von dem Prüfer, der sie bewertet, anerkannt wird, müssen Sie sich an die bestehenden Normen halten.

Das vorliegende Buch zum akademischen Schreiben soll Ihnen beim Verfassen einer Seminararbeit in den Geistes- und Sozialwissenschaften helfen. Durch methodische Anleitungen werden Sie Schritt für Schritt in die Lage versetzt, die inhaltliche und formale Gestaltung einer Seminararbeit nachzuvollziehen. Das Schreiben wird aus methodischen Gründen in Einzeltätigkeiten untergliedert, wie zum Beispiel in Einleiten, Gliedern, Überarbeiten und Zusammenfassen.

Prägend für das Lehrbuch ist die Frage, wie eine Arbeit leserorientiert angelegt wird. Leserorientiertes Schreiben heißt, dass der Schreiber dem Leser beim Aufbau eines Leseplans hilft. Dies geschieht durch sprachliche Elemente wie Ankündigungen, Rückverweise und Zusammenfassungen.

Beim Verfassen eines Beitrages in einem Forum werden auf informelle Weise Informationen ausgetauscht. Der individuelle Spielraum der Textgestaltung ist dabei groß. Akademische Texte unterliegen dagegen strengeren sprachlichen, inhaltlichen und formalen Anforderungen und haben andere Zielsetzungen.

Schreibkurse und Selbststudium

Das Lehrbuch ist so konzipiert, dass Sie es sowohl zum Selbststudium als auch kurstragend einsetzen können. In einer Lehrveranstaltung zum akademischen Schreiben eignet es sich als Lektüre für die Kursteilnehmer.[1] Lehrkräfte können die behandelten Themenbereiche je nach Didaktisierung des Unterrichts in unterschiedlicher Weise und in frei gewählter Reihenfolge einsetzen.

Ihr Autorenteam

---

[1] Wenn in diesem Buch fast ausschließlich die männliche Form personenbezogener Begriffe verwendet wird, ist dies sprachökonomisch begründet; die weibliche und andere Formen sind stets mitgedacht.

I Die Seminararbeit als schriftliche Prüfungsleistung

Die Seminararbeit ist eine charakteristische Textsorte für die Hochschule. Sie ist eine akademische Textsorte, die Sie auf das Verfassen zunehmend komplexer werdender Texte vorbereitet, wie eine Bachelor-, Masterarbeit und gegebenenfalls eine Dissertation oder das Schreiben von wissenschaftlichen Publikationen. Als Student müssen Sie zunächst lernen, was in Ihrem Studiengang von Ihnen erwartet wird, wenn Sie eine Seminararbeit verfassen sollen. In den verschiedenen Disziplinen gibt es nicht nur spezifische Anforderungen, sondern vielfach werden diese für Neulinge im Fach nicht sehr transparent kommuniziert. Aus diesem Grund ist es wichtig, dass Sie sich mit Tutoren und Kommilitonen über die Anforderungen an Ihre bevorstehende Seminararbeit austauschen und das Gespräch mit Ihrem Dozenten, zum Beispiel in der Sprechstunde, suchen. Er kann Ihnen seine Erwartungen im Kontext Ihres Studienfachs erklären, so dass Sie klare Vorstellungen über die inhaltliche Ausrichtung, die Form, den Aufbau bis hin zu sprachlichen Gestaltung Ihrer Seminararbeit bekommen.

Sie haben vielleicht schon einmal eine Seminararbeit geschrieben, die Sie selbst gut fanden. Ihr Dozent war aber nicht damit zufrieden, und Sie mussten sich mit Kommentaren wie den folgenden auseinandersetzen:

„Fragwürdig sind die vielen Aneinanderreihungen von Zitaten mit unterschiedlichen Schlüsselwörtern. Oft fehlen Kommentare und Analysen der zitierten Passagen."

„Irritierend ist die fast komplette Vorwegnahme der Ergebnisse in der Einleitung."

„Es wäre besser gewesen, wenn Sie im Quellenverzeichnis die Konvention des Faches beachtet hätten."

Der Grund für die negative Kritik muss nicht unbedingt sein, dass Sie fehlerhaft gearbeitet haben. Es kann auch sein, dass es zwischen Ihnen und Ihrem Dozenten Missverständnisse gab oder dass Sie Unklarheiten nicht beseitigt haben, obwohl dies zum Beispiel in Sprechstunden möglich gewesen wäre.

Die Seminararbeit, die Sie schreiben, ist ein Text, mit dem Sie – vor allen anderen Aspekten – eine Prüfungsleistung erbringen. Die Anforderungen an diese Arbeit sind vorgegeben
- durch die Studienordnung (Bereiche, Module, …),
- durch die Prüfungsordnung (Umfang, Bearbeitungszeit, …),
- durch die z. T. auch sehr fachspezifischen akademischen Konventionen (Aufbau der Arbeit, …),
- durch die Vorgaben des Lehrenden, der Sie betreut.

Die Studien- und Prüfungsordnung können Sie einsehen. Mit den akademischen Konventionen befasst sich dieses Lehrbuch. Selbst ermitteln müssen Sie jedoch die individuellen Anforderungen des Prüfers. Dieses Kapitel soll Ihnen dabei helfen, sich auf den Prüfer und seine Erwartungshaltung einzustellen.

Vom Urteil Ihres Dozenten hängen die Benotung und damit der Studienerfolg ab. Die Struktur und die Inhalte der Textart „Seminararbeit" sind somit auch auf die Erwartungshaltung des Prüfers ausgerichtet. Daraus ergibt sich eine klare Abhängigkeit vom Prüfer. Sie mündet aus Ihrer Sicht damit wahrscheinlich oft in der Frage: Was erwartet er von meiner Seminararbeit?

Der Dozent sagt Ihnen	
zur Materialbasis	• welche und wie umfangreich Literatur aufgearbeitet werden soll • welche Methode zur Untersuchung des Materials angewandt werden soll • …
zur Form	• welche formalen Anforderungen an Literaturangaben, Zitierweise etc. erfüllt werden müssen • …
zum Stil	• welche wissenschaftssprachlichen Anforderungen gestellt werden • …
zur Textstruktur	• welcher Aufbau (zum Beispiel Gliederung) erwartet wird • …
zur Arbeitsweise	• welche Prüfungsanforderungen erfüllt werden müssen • ob Zwischenergebnisse eingereicht werden müssen (zum Beispiel bei Studienabschlussarbeiten) • …

Tab. 1.1: Mögliche Erwartungen des Dozenten an die Seminararbeit

Um diese Erwartungshaltung zu ermitteln, lassen sich allgemein gültige Fragestellungen formulieren, die jeder Autor einer Arbeit – von Seminararbeiten bis hin zu Dissertationen – berücksichtigen muss.

Im Gegensatz dazu ist die inhaltliche Bearbeitung eines Themas immer fachspezifisch und kann an dieser Stelle nicht allgemein gültig behandelt werden.

Das Verständnis davon, wie eine Seminararbeit aussehen soll, kann bei den Prüfern sehr unterschiedlich sein. An zwei Beispielen soll das Problem individueller Erwartungen deutlich gemacht werden:

1. Darf „ich" verwendet werden?

- Viele Prüfer an deutschen Universitäten sind der Auffassung, „ich" sei als Subjekt in akademischen Texten nicht akzeptabel;
- andere lassen „ich" in der Einleitung gelten, im restlichen Text der Arbeit jedoch nicht;
- eine dritte Gruppe vertritt die Meinung, die Verwendung von „ich" sei im gesamten Text der Arbeit mittlerweile möglich oder sogar üblich.

Die Informationen, die Ihnen Ihre Prüfer geben, sind nicht willkürlich gewählt, sondern sind wissenschaftlich begründet. Nähere Anhaltspunkte hierzu bietet Ihnen die Einführung von Kruse, Otto (2010): Lesen und Schreiben, S. 142–145.

2. Muss eine bestimmte wissenschaftliche Richtung zugrunde gelegt werden?

- Die meisten Prüfer bevorzugen zwar selbst eine wissenschaftliche Richtung, akzeptieren aber auch davon abweichende Darstellungen.
- Andere Prüfer dagegen erwarten von Ihnen, dass Sie ihre wissenschaftliche Richtung übernehmen.

Unterschiede zwischen den Prüfern lassen sich aber nicht nur in diesen Fragen feststellen, sondern auch in den anderen genannten Bereichen (zum Beispiel beim Stil). Informationen hierzu können Sie auf verschiedene Arten bekommen:
- Sie fragen Kommilitonen;
- Sie informieren sich bei der Fachschaft des jeweiligen Instituts oder Fachbereichs;
- Sie informieren sich im Internet oder mithilfe von Broschüren, die fast jeder Fachbereich publiziert (vor allem auf die äußere Form wird von fast jedem Lehrstuhl speziell hingewiesen);

- Sie befragen den Prüfer in seiner Sprechstunde, möglicherweise auch einen Tutor oder Assistenten.

Denken Sie bitte daran, dass viele deutsche Dozenten Hunderte von Studierenden betreuen und deshalb oft nur wenig Zeit haben, sich einzelnen Studierenden und ihren Problemen zu widmen. Wenn Sie Ihre Fragen präzise vorbereiten, verringern Sie die Gefahr, dass Sie und Ihr Prüfer aneinander vorbeireden oder dass Sie zum Beispiel in der Sprechstunde in der Aufregung vergessen, Ihre Fragen anzusprechen:

- Wie umfangreich soll die Arbeit ungefähr sein (Mindest- bzw. Höchstzahl an Seiten)?
- Muss ich das Thema der Arbeit selbst finden bzw. eingrenzen? Darf oder soll ich Schwerpunkte selbst setzen oder gibt es dazu Vorgaben und Hilfestellungen?
- Muss ich die Literatur selbst suchen oder gibt es dazu Empfehlungen oder Vorgaben?
- Welche Vorgaben zum Aufbau und zur Methodik gibt es?
- Gibt es Hinweise zur formalen Gestaltung der Arbeit (Schriftgröße, Ränder, Zitatangaben, Literaturverweise etc.)?
- Welche Kriterien zur Bewertung setzen Sie an? Was ist für Sie besonders wichtig?
- Welche Leistung wird insgesamt von mir erwartet?
- Wie wird die Arbeit betreut? Gibt es die Möglichkeit, auf einzelne Teile der Arbeit bereits eine Rückmeldung zu bekommen?

Abb. 1.1: Fragen zur Seminararbeit

Wichtig!   Ihr Prüfer ist selbstverständlich keine unfehlbare Person (seien seine Positionen nun für Sie akzeptabel oder auch nicht), aber er ist derjenige, der über Ihren Prüfungserfolg entscheidet, und allein deshalb ist es sinnvoll, seine Positionen zu kennen und sich bewusst zu ihnen zu verhalten.

2 Finden eines Themas, Konzipieren und Gliedern der Arbeit

Marie und Henri Meierdirks planen einen gemeinsamen Urlaub mit Johannes Rosenbaum

Marie:	Wie wär's denn, wenn wir nach Frankreich fahren?
Johannes:	Oh ja. Ich würde gern mal wieder nach Paris fahren: gutes Essen, Wein, Eiffelturm, Metro. Und du, Henri, was ist mit dir?
Henri:	Seit wann ist denn auch für dich Frankreich gleich Paris? Nach Paris will ich nicht, außerdem sind da jetzt auch viel zu viele Menschen. Aber die Bretagne wäre toll.
Johannes:	Kleine Dörfer, was sag ich eigentlich, richtige Käffer, in denen ab 8 Uhr abends die Bürgersteige hochgeklappt werden – und sonst nur gähnende Langeweile …
Marie:	Das finde ich auch. Die Bretagne im Oktober? Da ist einfach nichts los. Also mich kriegen keine zehn Pferde mehr nach Quimperlé!
Johannes:	Vielleicht gibt es ja irgendeinen anderen Ort zwischen Hauptstadt und Provinznest, der uns allen gefallen würde. Lasst uns mal überlegen, was uns sonst zu Frankreich so einfällt.
Henri:	Ja klar. Also dann mal los! Zettel und Stift habe ich schon.
Johannes:	Typisch Deutschlehrer!
Henri:	Du doch auch. Aber so finden wir mit Sicherheit einen Ort, der für uns alle spannend sein könnte.

Den drei Freunden sind zwar ein paar Ideen zu einem möglichen gemeinsamen Urlaub in Frankreich gekommen, aber ihr Vorgehen ist sehr unsystematisch und damit für die Entscheidungsfindung noch wenig hilfreich.

Vielleicht können auch Sie sich nicht sofort für ein passendes Thema Ihrer Seminararbeit entscheiden, sofern es Ihnen nicht von Ihrem Dozenten vorgegeben wird. Dann müssen Sie es, zum Beispiel auf der Grundlage einer Veranstaltung, die Sie besucht haben, selbst finden. Helfen wird Ihnen dabei auch das Lesen von Fachliteratur.

Das Thema bzw. zunächst einmal eine Idee ist der Ausgangspunkt für eine Seminararbeit. Wenn Sie Ihr Thema frei wählen können, sollen Ihnen die folgenden Leitfragen dabei helfen, es zu finden:

* Was interessiert mich besonders? (Sie sollten nicht allzu persönlich von dem Thema betroffen sein, da die wissenschaftliche Auseinandersetzung im Mittelpunkt stehen muss.)
* Welches Vorwissen habe ich?
* Welche Anforderungen werden an mich und die Seminararbeit gestellt? (siehe Kapitel 1)
* Welche Leistung wird von mir erwartet? (siehe Kapitel 1)

Abb. 2.1: Leitfragen zur Themenfindung

In der Regel ist zur Klärung der letzten beiden Punkte ein Gespräch mit dem Dozenten erforderlich.

In den Kapiteln 2.1 und 2.2 werden nun zwei geläufige Verfahren genannt, wie ein Thema vorbereitet werden kann:
* In Kapitel 2.1 werden Clustern und Mind-Mapping vorgestellt, die vor allem den sogenannten *visuellen Lerner* ansprechen.
* In Kapitel 2.2 werden Fragen- und Themenkataloge vorgestellt, die vor allem den sogenannten *linearen Lerner* ansprechen.

Wenn Sie noch keine Erfahrungen mit diesen Verfahren haben, probieren Sie aus, welches Vorgehen für Sie geeignet ist.

2.1 Visualisierungstechniken: Clustern und Mind-Mapping

Erster Arbeitsschritt: Brainstorming (Clustern)

Ziel des Clusterns

Das Clustern dient der Aktivierung des Vorwissens und damit der ersten Ideenfindung und -sammlung. Hierdurch wird erreicht, dass die Vielfalt der Aspekte eines Themas sichtbar wird. Das Clustern erfolgt zunächst assoziativ, das heißt, Sie verknüpfen alles miteinander, was Ihnen spontan einfällt. Dies können Bilder, Erlebnisse, Gefühle oder Einfälle sein. Lassen Sie Ihren Gedanken freien Lauf. Sie werden manche ungewöhnliche, vielleicht überraschende Idee niederschreiben. Vielleicht kommen Sie aufgrund des Assoziierens auch zu neuen Inhalten oder Verknüpfungen, die Sie so noch nicht bedacht haben.

Technik des Clusterns

Nehmen Sie sich ein leeres DIN-A4-Blatt und 15 bis 20 Minuten Zeit. Schreiben Sie einen zentralen Begriff zu der Thematik, die Sie interessiert, in die Mitte (zum Beispiel Bildung). Dann notieren Sie alle Assoziationen, die Ihnen einfallen, ohne Rücksicht darauf, ob sie Ihnen sinnvoll erscheinen oder nicht.

Wenn Ihnen nichts Passendes mehr einfällt, beenden Sie diese Phase. Sie können nun die Stichworte betrachten und entscheiden, welches oder welche der Stichworte Sie interessant finden. Diese(s) kreisen Sie ein und verwenden es/sie als weitere(n) differenzierende(n) Oberbegriff(e).

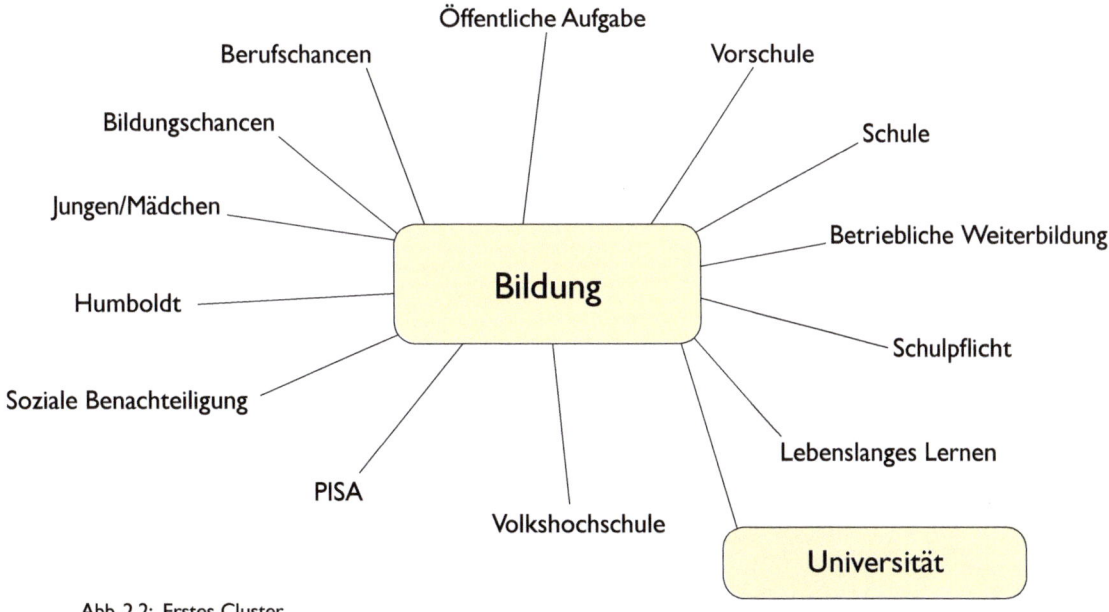

Abb. 2.2: Erstes Cluster

Damit haben Sie eine erste Eingrenzung des Gegenstandsbereiches vorgenommen.

Jetzt wiederholen Sie das Verfahren aus dem ersten Arbeitsschritt, das heißt, Sie schreiben wieder Assoziationen auf und erhalten so ein zweites Cluster, in dem Sie wiederum die für Sie interessanten Wörter einkreisen. Sie grenzen damit den Themenbereich, der Sie interessiert, weiter ein (zum Beispiel Bildung und Universität und Studiengebühren).

Abb. 2.3: Zweites Cluster

Dieses Verfahren können Sie so häufig wiederholen, wie es Ihnen sinnvoll erscheint. Sie gelangen auf diese Weise zu einer zunehmenden Einengung des Gegenstandsbereiches, über den Sie schreiben möchten, und haben dazu eine Reihe ungeordneter Stichworte erhalten. In unserem Beispiel lautet der Bereich „Studiengebühren".

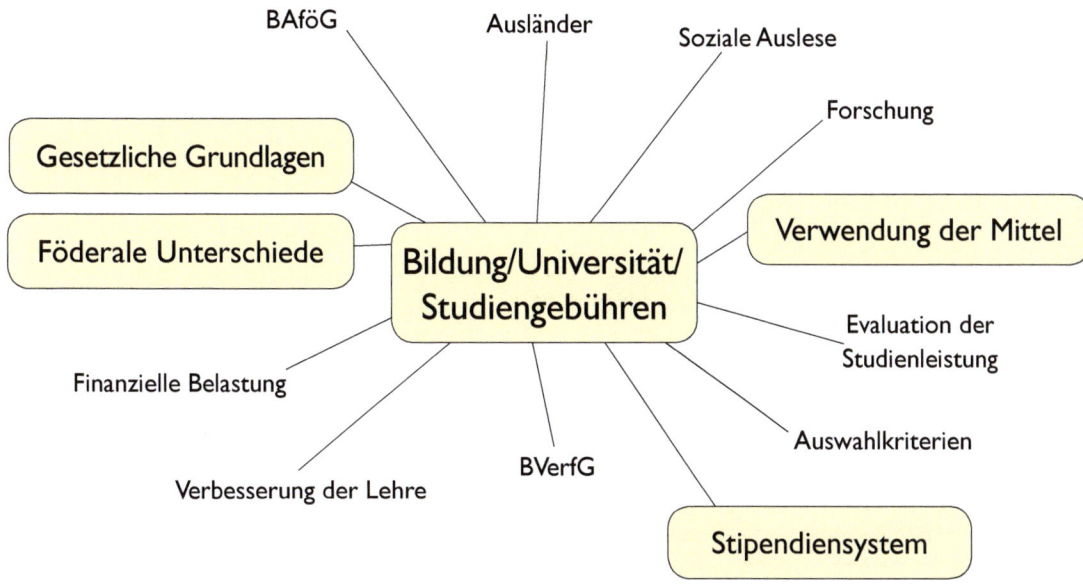

Abb. 2.4: Drittes Cluster

Jeden eingekreisten Begriff können Sie weiter vertiefen. Bei dem Begriff „Stipendiensystem" kann eine Fortführung folgendermaßen aussehen:

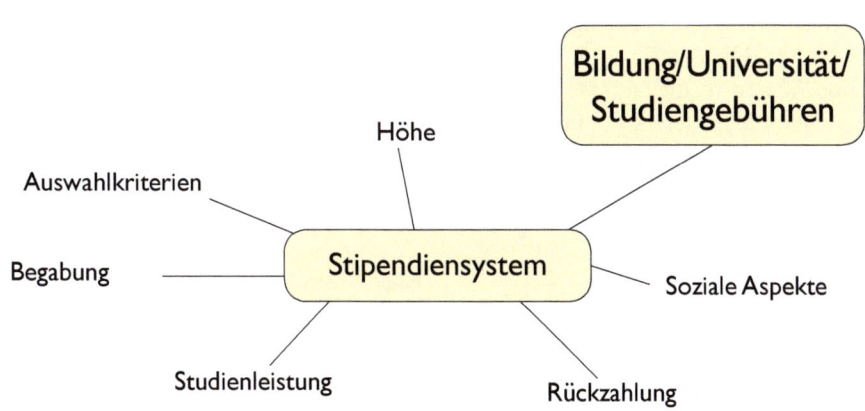

Abb. 2.5: Viertes Cluster

Beim Clustern haben Sie den Gegenstandsbereich durch das freie Assoziieren mehrmals geöffnet, anschließend durch die Auswahl aber wieder eingeengt. Wenn Sie sich am Beginn Ihres Studiums befinden, werden Sie eher weiter gefasste Gegenstandsbereiche, gegen Ende Ihres Studiums eher spezielle Themen bearbeiten. Mit den Clustern behalten Sie auch im Blick, welche Bereiche Sie nicht bearbeiten wollen. Beim Formulieren der Einleitung können Sie die Cluster daher bei der „Abgrenzung/Eingrenzung des Themas" als Vorlage benutzen (siehe Kapitel 4.2).

Zweiter Arbeitsschritt: Mind-Map erstellen

Ziel des Mind-Mappings

Beim Clustern haben Sie den Gegenstandsbereich, über den Sie schreiben möchten, durch Stichworte kenntlich gemacht. Nun kommt es in einem zweiten Schritt darauf an, diese Begriffe in eine Ordnung zu bringen und sie zu hierarchisieren. Dies geschieht mithilfe von Mind-Maps. Mind-Maps sind Strukturbäume, die das Vorwissen und das erarbeitete Wissen über eine mögliche Seminararbeit systematisch abbilden und es Ihnen erleichtern, eine (vorläufige) Gliederung zu erstellen.

Sortieren und hierarchisieren

Sie beginnen damit, die übrig gebliebenen Stichworte zu sortieren und in ein passendes Verhältnis zueinander zu bringen. Nehmen Sie dazu ein weiteres großes Blatt Papier und schreiben Sie Ihren Oberbegriff „Studiengebühren" in die Mitte des Blatts.

Nehmen Sie die Begriffe, die Sie im dritten Cluster eingekreist haben, und ordnen Sie sie unter dem Oberbegriff „Studiengebühren" an. Innerhalb der Gruppen bilden Sie dann eine Hierarchie von Oberbegriff und Unterbegriffen. Damit bringen Sie inhaltlich zusammenhängende Wörter in eine logische Ordnung zueinander. Formulieren Sie zu Ihrem Oberbegriff eine zentrale Frage, die Sie in Ihrer Arbeit beantworten möchten. Damit umreißen Sie die Zielrichtung, die Sie in Ihrer Arbeit verfolgen möchten.

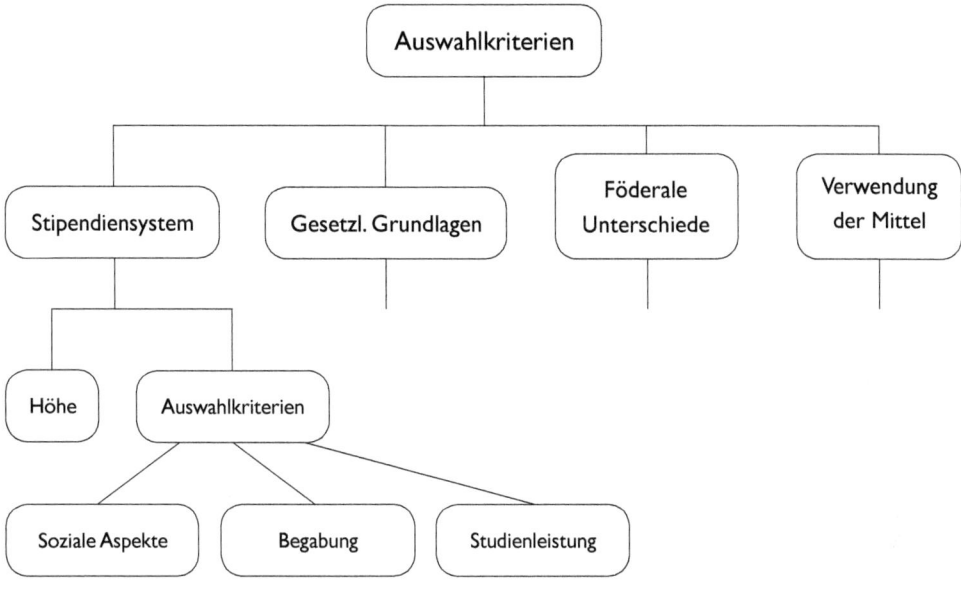

Abb. 2.6: Mind-Map

Dritter Arbeitsschritt: Erstellen eines nummerischen Gliederungssystems

Das Mind-Map können Sie jetzt nummerisch gliedern:

Studiengebühren

1 Einleitung

2 Stipendiensystem
  2.1   Höhe der Stipendien
  2.2   Auswahlkriterien
  2.2.1 Soziale Aspekte
  2.2.2 Begabung
  2.2.3 Studienleistung

3 Verwendung der Mittel
  3.1   Personal
  3.1.1 Verbesserung der Lehre
  3.1.2 Forschung
  3.2   ...

Abb. 2.7: Nummerische Gliederung

Die Formulierungen und die Reihenfolge der Punkte sind vorläufig, die Auflistung muss noch nicht vollständig sein. Es handelt sich hier lediglich um eine Arbeitsfassung, die im Verlauf der weiteren Bearbeitung ergänzt und geändert wird.

Vierter Arbeitsschritt: Übergang zur Literaturauswahl und Einfügen von Ergänzungen

Das Mind-Map verschafft Ihnen einen Überblick über den strukturierten Gegenstandsbereich. Ein großer Vorteil dieser Vorarbeiten des Clusterns und Mind-Mappings liegt darin, dass Sie Literatur, die Sie zum Thema Studiengebühren finden, gezielt den Gliederungspunkten zuordnen oder sie als nicht relevant für Ihre Seminararbeit erkennen können. Diese gezielte Literaturauswahl erleichtert es Ihnen, mit der Lektüre von Texten zu beginnen.

Dabei werden Ihnen sehr wahrscheinlich weitere, für das Thema relevante Aspekte auffallen, die Sie bisher nicht bedacht haben. Diese können Sie an passender Stelle im Mind-Map ergänzen, hier zum Beispiel:
Staatliche Fördermittel und private Träger (Stiftungen)

2.2   Auflistungstechniken: Fragen- und Themenkatalog

Ein anderes Verfahren zum Finden und Eingrenzen eines Themas besteht darin, einen Fragenkatalog zu erstellen.

Erster Arbeitsschritt: Fragen- und Themenkatalog erstellen

Ziel dieser Technik

Mithilfe von assoziativen Fragen können Sie sich ebenfalls Ihrem Gegenstandsbereich annähern. Die Fragen zum Thema zeigen Ihnen, an welchen Inhalten Sie interessiert sind. Zudem bemerken Sie durch die Fragen, über welches Vorwissen Sie verfügen.

Schreiben Sie einen zentralen Begriff, zum Beispiel „Bildung", oben auf eine leere DIN-A4-Seite. Anschließend formulieren Sie Fragen, die Ihnen zu diesem Begriff einfallen. Schreiben Sie die Fragen untereinander. Dabei sind sowohl Fragen interessant, für die Sie schon eine Antwortmöglichkeit im Kopf haben, als auch solche, deren Beantwortung Ihnen unklar ist.

Bildung

Was bedeutet der Begriff „Bildung"?

Wer bekommt oder erhält wie viel Bildung in Deutschland?

Wie sieht das deutsche Bildungssystem aus?

Schulbildung: Wie kam es überhaupt zu den PISA-Ergebnissen in Deutschland?

Warum schneiden die deutschen Schüler im internationalen Vergleich schlechter ab?

Was ist mit den Migranten in deutschen Schulen?

Was sagen eigentlich die betroffenen Schüler zu PISA?

Wie sehen Lerneinstellungen von Schülern in Deutschland aus?

Welche Lernbedingungen herrschen in Deutschland, welche in skandinavischen Ländern?

Wie lässt sich der Begriff „Bildung" definieren?

Verändern sich Lerneinstellungen im Verlauf eines Schullebens – von der 1. Klasse bis zum Abitur?

Was ist der Unterschied zwischen Bildung und Wissen?

Was zeichnet einen gebildeten Menschen aus?

Abb. 2.8: Fragenkatalog zum Thema „Bildung"

Zweiter Arbeitsschritt: Streichen

Beim Erstellen eines Katalogs ergeben sich Wiederholungen, aber auch Fragen, die Sie aus unterschiedlichen Gründen nicht bearbeiten wollen, zum Beispiel weil sie zu weit führen, Ihnen uninteressant, abwegig oder sinnlos erscheinen. Diese streichen Sie aus dem Katalog.

Bildung

Was bedeutet der Begriff „Bildung"?

Wer bekommt oder erhält wie viel Bildung in Deutschland?

Wie sieht das deutsche Bildungssystem aus?

Schulbildung: Wie kam es überhaupt zu den PISA-Ergebnissen in Deutschland?

Warum schneiden die deutschen Schüler im internationalen Vergleich schlechter ab?

Was ist mit den Migranten in deutschen Schulen?

Was sagen eigentlich die betroffenen Schüler zu PISA?

~~Wie sehen Lerneinstellungen von Schülern in Deutschland aus?~~

Welche Lernbedingungen herrschen in Deutschland, welche in skandinavischen Ländern?

~~Wie lässt sich der Begriff „Bildung" definieren?~~

~~Verändern sich Lerneinstellungen im Verlauf eines Schullebens – von der 1. Klasse bis zum Abitur?~~

~~Was ist der Unterschied zwischen Bildung und Wissen?~~

~~Was zeichnet einen gebildeten Menschen aus?~~

Abb. 2.9: Modifizierter Fragenkatalog zum Thema „Bildung"

Die gestrichenen Fragen können Sie während des Schreibens nutzen, um zum Beispiel in der Einleitung Ihrer Seminararbeit zu verdeutlichen, welche Aspekte Sie in Ihrer Arbeit nicht behandeln (siehe Kapitel 4).

Vom Fragen- zum Themenkatalog

Dritter Arbeitsschritt: Sortieren und hierarchisieren, Themenkatalog erstellen

Analog zur Technik des Clusterns und Mind-Mappings müssen Sie nun Ihre Fragen thematisch sortieren. Hierbei bilden Sie inhaltlich zusammengehörige Gruppen. Beim Sortieren werden Sie feststellen, dass Sie einige Fragen formuliert haben, die mehr ins Detail gehen als andere. Versuchen Sie eine Hierarchisierung vorzunehmen, indem Sie die Fragen einer inhaltlichen Gruppe vom Allgemeinen zum Speziellen untereinander schreiben.

Nehmen Sie die sortierten und hierarchisierten Fragen und versehen Sie jede Gruppe mit einer Überschrift. Hierdurch erhalten Sie einen Themenkatalog.

Bildung

- Definition Bildung
  Was bedeutet der Begriff „Bildung"?
- Das deutsche Schulsystem
  Wer bekommt oder erhält wie viel Bildung in Deutschland?
  Wie sieht das deutsche Schulsystem aus?
- Schulbildung im internationalen Vergleich
  Schulbildung: Wie kam es zu den schlechten PISA-Ergebnissen in Deutschland?
  Warum schneiden die deutschen Schüler im internationalen Vergleich schlecht ab?
  Welche Lernbedingungen herrschen in Deutschland, welche in skandinavischen Ländern?
- Benachteiligte Gruppen in deutschen Schulen
  Was ist mit den Migranten in deutschen Schulen?
  Was sagen die betroffenen Schüler zu PISA?

~~Verändern sich Lerneinstellungen im Verlauf eines Schullebens – von der 1. Klasse bis zum Abitur?~~
~~Was ist der Unterschied zwischen Bildung und Wissen?~~
~~Was zeichnet einen gebildeten Menschen aus?~~
~~Wie sehen Lerneinstellungen von Schülern in Deutschland aus?~~
~~Wie lässt sich der Begriff „Bildung" definieren?~~

Abb. 2.10: Themenkatalog „Bildung"

Vierter Arbeitsschritt: Themenkatalog ergänzen

Wenn Ihnen beim Erstellen des Themenkatalogs noch weitere Fragen einfallen, können Sie diese ergänzen. In dieser Phase der Vorarbeiten können Sie einschlägige Literatur, die Sie lesen oder bereits gelesen haben, nutzen, um Ihren Themenkatalog um weitere Inhalte zu ergänzen, zum Beispiel *Wie wirkt sich soziale Herkunft auf den Schulerfolg aus?*

Als Ergebnis erhalten Sie einen systematisierteren Themenkatalog, der Ihren derzeitigen Wissensstand und Ihre Interessen verdeutlicht.

Fünfter Arbeitsschritt: Auswählen eines oder mehrerer Arbeitsschwerpunkte

Den Themenkatalog können Sie reduzieren. In dem obigen Beispiel sind die Themenbereiche für eine Seminararbeit zu umfassend. Daher ist es sinnvoll, einige Themen zu streichen (hier: *Schulbildung im internationalen Vergleich*). Sie erhalten dadurch einen eingegrenzteren Themenkatalog zu *Bildung im deutschen Schulsystem*.

Sie wählen entweder eine Frage aus dem Fragenkatalog aus, der die Fragestellung für Ihre gesamte Arbeit ergibt, oder Sie formulieren aus dem Themenkatalog eine Fragestellung (siehe Kapitel 2.3).

Sechster Arbeitsschritt: Erstellen einer nummerischen Gliederung

Den oben vorgestellten Themenkatalog können Sie jetzt nummerisch gliedern. Dabei werden die Fragen zu Überschriften umformuliert. Diese bestehen in der Regel aus Nominalphrasen (siehe Kapitel 11).

Bildung im deutschen Schulsystem

1	Einleitung
2	Definition von Bildung
3	Das deutsche Schulsystem
	3.1 Verteilung der Bildung in Deutschland
	3.2 Gliederung des deutschen Schulsystems
4	Benachteiligte Gruppen in deutschen Schulen
	4.1 Schüler aus sozial benachteiligten Elternhäusern
	4.2 Migranten
...	

Abb. 2.11: Nummerische Gliederung

2.3 Einen Arbeitstitel und eine Fragestellung formulieren

Wenn Sie mithilfe eines Mind-Maps oder eines Themenkatalogs eine erste Gliederung erstellt haben, können Sie einen ersten Arbeitstitel Ihrer Seminararbeit formulieren und die Fragestellung für Ihre Arbeit eingrenzen. Um zu prüfen, ob Ihre Formulierung der Gliederung entspricht, können Sie die folgenden Fragen zu Hilfe nehmen. Beachten Sie dabei die Relevanz für Ihre Arbeit:

Fragen	Relevanz für Ihre Arbeit
Welche Ihrer Notizen sind grundlegend für die Bearbeitung Ihres Themas?	Diese Inhalte sollten Sie in zentralen Kapiteln Ihrer Seminararbeit behandeln.
Zu welchen Begriffen oder Fragen haben Sie das meiste notiert?	Wahrscheinlich besitzen Sie hier das größte Vorwissen bzw. ein großes Interesse.
Bei welchen Stichwörtern steht fast gar nichts?	Das erfordert wahrscheinlich eine umfangreiche Recherchearbeit.
Welche Fragen interessieren Sie besonders?	Diese könnten einen Schwerpunkt Ihrer Arbeit bilden, sofern der Prüfer Ihren Vorstellungen zustimmt (siehe auch Kapitel 1).
Welche Fragen erscheinen Ihnen unwichtig oder nebensächlich?	Bitte streichen, wenn es möglich ist!

Tab. 2.1: Leitfragen zum Formulieren eines Arbeitstitels

Sie brauchen den endgültigen Titel Ihrer Arbeit nicht schon jetzt festzulegen, denn bei der Bearbeitung des Themas werden Sie unter Umständen feststellen, dass Sie einen Sachverhalt im Titel treffender benennen können oder den Titel umformulieren müssen. Möglicherweise legen Sie den Titel sogar erst ganz zum Schluss fest. Bitte bedenken Sie, dass der Titel der Seminararbeit die gesamte Arbeit benennen muss.

Auch die Fragestellung kann sich im Verlaufe des intensiven Auseinandersetzens mit Ihrer Seminararbeit verändern. Es kann passieren, dass Sie andere Schwerpunkte setzen oder Inhalte detaillierter behandeln. Wichtig ist, dass Sie am Ende eine Fragestellung formuliert haben, die Ihre gesamte Arbeit umfasst. Die Fragestellung leiten Sie in der Einleitung her (siehe Kapitel 4).

Bei der Wahl Ihres Arbeitstitels und der Fragestellung sollten Sie die inhaltlichen Aspekte betonen, die in Ihrer Arbeit ausführlich behandelt werden. Beim Titel können Sie einen Haupttitel mit einem Untertitel kombinieren. Die Fragestellung muss nicht notwendigerweise als Fragesatz oder indirekte Frage formuliert sein. Sie kann auch eine Problemstellung beinhalten und als Aussagesatz formuliert werden.

Die Tabelle 2.2 enthält Möglichkeiten der Eingrenzung von Fragestellung und Arbeitstitel. Hiermit können Sie Schwerpunkte in Ihrer Seminararbeit setzen. Die Art der Ausrichtung können Sie auch in anderer Form bestimmen. Dies hängt von dem Thema und Ihrem Studienfach ab.

Ausrichtung der Arbeit	Arbeitstitel	Fragestellung
Analyse *Erläuterung: Es wird eine Analyse durchgeführt. In der Regel werden bei Analysen wissenschaftliche Methoden angewandt.*	Das dreigliedrige Schulsystem in seiner Bedeutung für die Ergebnisse der ersten PISA-Studie	Welche Bedeutung hat das deutsche Schulsystem mit seinen Besonderheiten für die Ergebnisse der ersten PISA-Studien in Deutschland?
Vergleich *Erläuterung: Ein Vergleich zeigt Gemeinsamkeiten und Unterschiede von mindestens zwei Gegenständen auf. Wichtig ist zu zeigen, inwiefern eine Vergleichbarkeit möglich ist.*	Frühes Fremdsprachenlernen in deutschen und schwedischen Schulen	Welche Unterschiede und Gemeinsamkeiten lassen sich beim frühen Fremdsprachenlernen an deutschen und schwedischen Primarschulen finden? Eventuell noch: Welche Konsequenzen für zukünftige Didaktisierungen lassen sich ziehen?
Diskussion eines Problems *Erläuterung: Ausgangspunkt ist die Darlegung eines Problems bzw. Sachverhalts, der im Anschluss unter einer bestimmten Fragestellung diskutiert wird, um Lösungsvorschläge zu entwickeln.*	Lernverhalten in heterogenen Lerngruppen in der Sekundarstufe I	Wie wirkt sich Heterogenität der Lerngruppe auf das Lernverhalten aus? Dies wird anhand einer ausgewählten Lerngruppe in der Sekundarstufe I untersucht.
Konkretes Beispiel als Ausgangspunkt *Erläuterung: Ein Beispiel kann ein Ausgangspunkt für eine Analyse in einer Seminararbeit sein. Wichtig ist hierbei, nicht nur das konkrete Beispiel, sondern auch abstraktere Zusammenhänge aufzuzeigen.*	Projektunterricht an der Franz-Josef-Grundschule Duisburg – ein Ansatz zum erfolgreichen DaZ-Unterricht für Migranten	Was kann man aus dem vorgestellten Beispiel eines Projektunterrichts für Didaktisierungen lernen?
Betrachtung eines bestimmten Zeitraums *Erläuterung: Die Beschränkung auf einen festgesetzten Zeitraum oder Zeitpunkt ermöglicht eine Konzentration auf diesen ausgewählten Abschnitt.*	Nach dem PISA-Schock: Aktuelle Entwicklungen der Schulpolitik	Wie kam es zu einer Kompetenzorientierung in der deutschen Schuldidaktik Anfang der 2000er Jahre?
Spezielle Perspektive *Erläuterung: Die Fokussierung auf eine bestimmte Perspektive ermöglicht alleinig die Analyse aus diesem gewählten Blickwinkel.*	Lernen nach PISA 3: Analyse eines Lerntagebuchs aus der Sekundarstufe I	Welche Möglichkeiten zum reflektierenden Lernen bieten Lerntagebücher für Schüler in der Sekundarstufe I?

Tab. 2.2: Mögliche Titel einer Seminararbeit

Selbstverständlich können Sie für die Wahl des Arbeitstitels und der Fragestellung auch mehrere Ausrichtungen miteinander kombinieren.

Da Sie in der Regel Ihre Arbeit innerhalb einer bestimmten Frist abgeben und eine Seitenvorgabe einhalten müssen, hilft Ihnen diese Eingrenzung. Sollten Ihr Arbeitstitel und Ihre Fragestellung zu umfassend formuliert sein, besteht die Gefahr, dass Sie nur zu oberflächlichen Aussagen gelangen.

Nach diesen Vorarbeiten sowie der Wahl eines Arbeitstitels haben Sie Folgendes festgelegt:
- Ausrichtung Ihrer Arbeit,
- Ein- und Abgrenzung,
- Zielrichtung,
- Grundlegende Inhalte,
- Schwerpunkte und
- Ober- und Unterthemen.

2.4   Übungen

Übung I

Art/Ziel der Übung: Eingrenzen eines Themas/
                         Konkretisieren eines Inhaltsverzeichnisses
Geeignet für
Muttersprachler: Ja
Nichtmuttersprachler: Ja (ab Niveau B2)

Im Folgenden finden Sie Thema und Inhaltsverzeichnis einer Studierenden, die in einem Schreibkurs eine Seminararbeit zu einem selbst gewählten Thema verfassen sollte.

Vorgaben:
1. Die Seminararbeit soll eine Textlänge von ca. fünf Seiten haben.
2. Das Thema muss so spezifiziert sein, dass sich die Seminararbeit von einem Lexikon-
   artikel unterscheidet.

Thema: Tourismusarten

Inhaltsverzeichnis

I   Einleitung

2   Tourismus (Definition)

3   Tourismusarten
3.1   Städte- und Kulturtourismus
3.2   Sommer- und Wintertourismus
3.3   Erlebnistourismus

4   Tourismus in Deutschland und seine ökonomischen Aspekte

5   Auswirkungen des Tourismus auf Mensch und Umwelt

6   Nachhaltiger Tourismus

7   Fazit

Literaturverzeichnis

Aufgabe 1:
Prüfen Sie die Logik des Aufbaus im Hinblick auf das Thema.

Aufgabe 2:
Suchen Sie sich ein Kapitel aus dem Inhaltsverzeichnis aus und überlegen Sie, welche Inhalte der Leser unter diesem Gliederungspunkt wahrscheinlich erwartet. Sollten die erwarteten Inhalte für ein Kapitel zu umfangreich sein, überlegen Sie, wie das Thema des Kapitels eingegrenzt werden könnte.

Aufgabe 3:
Suchen Sie sich aus dem Inhaltsverzeichnis einen Gliederungspunkt als neues Thema heraus und versuchen Sie, dazu eine Gliederung zu erstellen.

Übung 2

Art/Ziel der Übung:	Ein Thema finden und eingrenzen/
	Cluster und Mind-Map erstellen/einen ersten Arbeitstitel finden
Geeignet für	
Muttersprachler:	Ja
Nichtmuttersprachler:	Ja (ab Niveau B2)

Aufgabe:

Bitte nehmen Sie entweder ein Thema, zu dem Sie eine Seminararbeit schreiben werden, oder ein anderes beliebiges Thema (z.B. „Migration: Leben und arbeiten in einem anderen Land").

1. Bitte aktivieren Sie Ihr Vorwissen, indem Sie ein Brainstorming in Form eines Clusters durchführen. (Dauer ca. 10 Minuten)
2. Danach sortieren Sie Ihre ersten Gedanken, indem Sie versuchen, sie in die Form eines Mind-Maps zu bringen. (Dauer ca. 20 Minuten)
   Dazu gehört:
   a) Nichtpassendes zu streichen,
   b) thematisch zu sortieren,
   c) zu hierarchisieren,
   d) Fehlendes zu ergänzen.
3. Formulieren Sie auf der Grundlage Ihres Mind-Maps Fragen zu Ihrem Thema. (Dauer ca. 15 Minuten)
   a) Was wollen Sie in den einzelnen Themen herausfinden?
   b) Versuchen Sie auch, eine Frage zu stellen oder ein Problem zu formulieren, das Ihr gesamtes Thema abdeckt.
4. Formulieren Sie Ziele. (Dauer ca. 15 Minuten)
   a) Was wollen Sie mit der gesamten Arbeit erreichen?
   b) Was möchten Sie in den einzelnen Kapiteln erreichen?
5. Formulieren Sie einen Arbeitstitel. (Dauer ca. 10 Minuten)
6. Erstellen Sie eine erste Gliederung Ihrer Arbeit. (Dauer ca. 10 Minuten)

Weiterführende Aufgabe:

Bitte verfassen Sie eine annotierte Gliederung. Nehmen Sie Ihre Unterlagen zur Hand und fügen Sie zu jedem großen Kapitel (erste Hierarchieebene) die folgenden Punkte in vollständigen Sätzen hinzu:

- Welche Frage stellen Sie an Ihr Thema?
- Welches Ziel wollen Sie erreichen?
- Wie wollen Sie dieses Ziel erreichen?
- Welche Materialien benötigen Sie hierfür?
- Bitte notieren Sie ebenfalls, wie viele Seiten das Kapitel umfassen soll.

Übung 3

Art/Ziel der Übung: Eingrenzen der Arbeit – einen Titel formulieren
Geeignet für
Muttersprachler: Ja
Nichtmuttersprachler: Ja (ab Niveau B2)

Nehmen Sie den folgenden allgemeinen Titel und grenzen ihn mithilfe der verschiedenen Ausrichtungen ein. Welche Fragestellungen können Sie hieraus bilden? Welche Zielrichtungen für eine Hausarbeit ergeben sich. Füllen Sie die Tabelle aus. Einen Lösungsvorschlag finden Sie im Anhang.

Selbstverständlich können Sie dieses Vorgehen auf Ihre Seminararbeit übertragen.

Zunächst sehen Sie hier Beispiele, die eine Fortführung von Seite 31 darstellen.

Ausrichtung der Arbeit	Arbeitstitel	Fragestellung	Zielsetzung der Arbeit
Analyse	Das dreigliedrige Schulsystem in seiner Bedeutung für die Ergebnisse der ersten PISA-Studie	Welche Bedeutung hat das deutsche Schulsystem mit seinen Besonderheiten für die Ergebnisse der ersten PISA-Studien in Deutschland?	In dieser Seminararbeit wird das deutsche Schulsystem dargelegt und die PISA-Ergebnisse differenziert nach den verschiedenen Schultypen ausgewertet. Durch die Analyse wird herausgestellt, welche Lernformen voraussichtlich zu einem positiveren PISA-Ergebnis führen.
Vergleich	Frühes Fremdsprachenlernen in deutschen und schwedischen Schulen	Welche Unterschiede und Gemeinsamkeiten lassen sich beim frühen Fremdsprachenlernen an deutschen und schwedischen Primarschulen finden? Eventuell noch: Welche Konsequenzen für zukünftige Didaktisierungen lassen sich ziehen?	In dieser Seminararbeit werden Prinzipien und Formen frühen Fremdsprachenlernens an deutschen und schwedischen Primarschulen vorgestellt und nach ausgewählten Kriterien miteinander verglichen. Hierdurch können didaktische Schwachstellen, innovative Ideen und Lernformen aufgedeckt bzw. entwickelt werden.

Ausrichtung der Arbeit	Arbeitstitel	Fragestellung	Zielsetzung der Arbeit
Diskussion eines Problems	Lernverhalten in heterogenen Lerngruppen in der Sekundarstufe I	Wie wirkt sich Heterogenität der Lerngruppe auf das Lernverhalten aus? Dies wird anhand einer ausgewählten Lerngruppe in der Sekundarstufe I untersucht.	Die Seminararbeit setzt sich mit Heterogenität im Klassenzimmer auseinander und welche Auswirkungen diese auf das Lernverhalten haben kann. Als Ergebnisse der Arbeit werden didaktische Vorschläge zum konstruktiven Umgang mit Heterogenität für die ausgewählte Lerngruppe entwickelt.
Konkretes Beispiel als Ausgangspunkt	Projektunterricht an der Franz-Josef-Grundschule Duisburg – ein Ansatz zum erfolgreichen DaZ-Unterricht für Migranten	Was kann man aus dem vorgestellten Beispiel eines Projektunterrichts für Didaktisierungen lernen?	Ausgehend von dem konkreten Beispiel eines Projektunterrichts werden das Potenzial und die Grenzen von Projektunterricht entwickelt. Hieraus lassen sich Schlussfolgerungen für die Übertragbarkeit auf andere Schulen ziehen.
Betrachtung eines bestimmten Zeitraums	Nach dem PISA-Schock: Aktuelle Entwicklungen der Schulpolitik	Wie kam es zu einer Kompetenzorientierung in der deutschen Schuldidaktik Anfang der 2000er Jahre?	Ausgehend von einer historischen Betrachtung des PISA-Schocks für die deutsche Bildung wird die Kompetenzorientierung nachgezeichnet. Das Ergebnis liegt in einem Nachzeichnen und Erklären der Hintergründe, die zur Kompetenzorientierung führten.

Ausrichtung der Arbeit	Arbeitstitel	Fragestellung	Zielsetzung der Arbeit
Spezielle Perspektive	Lernen nach PISA 3: Analyse eines Lerntagebuchs aus der Sekundarstufe I	Welche Möglichkeiten zum reflektierenden Lernen bieten Lerntagebücher für Schüler in der Sekundarstufe I?	Zunächst wird das Prinzip des Lernens mit Lerntagebüchern vorgestellt. Aus der Schülerperspektive wird das Potenzial zum reflektierenden Lernen mithilfe von Lerntagebüchern entwickelt. Als Schlussfolgerungen werden Einsatzmöglichkeiten im Unterricht der Sekundarstufe I entwickelt.

Allgemeines Thema für eine Seminararbeit:
Körperkult in verschiedenen Gesellschaftsformen

Ausrichtung der Arbeit	Arbeitstitel	Fragestellung	Zielsetzung der Arbeit
Analyse			
Vergleich			
Diskussion eines Problems			
Konkretes Beispiel als Ausgangspunkt			
Betrachtung eines bestimmten Zeitraums			
Spezielle Perspektive			

3 Erstellen eines Inhaltsverzeichnisses

Labyrinthisches

Johannes:	Entschuldigung, können Sie mir bitte helfen? Ich möchte zum Picasso-Museum.
Passant:	Ja klar, kein Problem. Das ist gar nicht so schwierig. Also: Sie gehen erst mal geradeaus bis zur nächsten Kreuzung. Dann nach rechts und weiter geradeaus bis zur dritten Ampel. Da sehen Sie ein großes weißes Gebäude, und schräg dahinter liegt das Picasso-Museum … Das heißt, jetzt hab' ich mich vertan – an der ersten Kreuzung gehen Sie besser einfach geradeaus, bis Sie zu einer Kirche kommen. Kurz vorher kommen Sie an 'nem Schnellimbiss vorbei, aber das ist eigentlich nicht so wichtig. Den können Sie auch nicht richtig erkennen, weil das Gebäude gerade renoviert wird. Und um diese Uhrzeit ist der auch geschlossen. Obwohl: Vielleicht wäre es doch besser gewesen, Sie wären da schon nach links abgebogen. Ach ja, und was ich noch vergessen habe: An der ersten Kreuzung können Sie gar nicht abbiegen, weil die Straße seit gestern gesperrt ist.

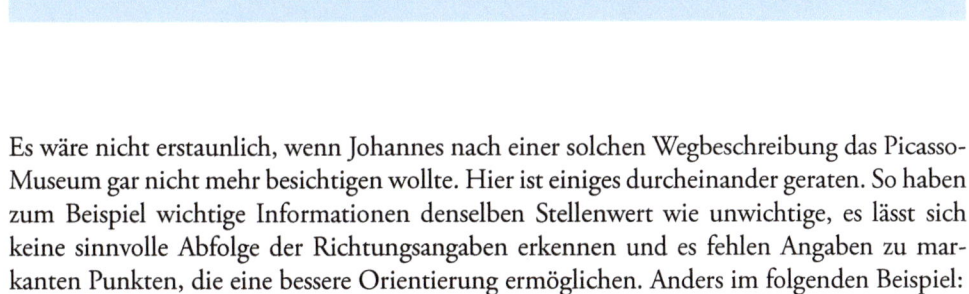

Es wäre nicht erstaunlich, wenn Johannes nach einer solchen Wegbeschreibung das Picasso-Museum gar nicht mehr besichtigen wollte. Hier ist einiges durcheinander geraten. So haben zum Beispiel wichtige Informationen denselben Stellenwert wie unwichtige, es lässt sich keine sinnvolle Abfolge der Richtungsangaben erkennen und es fehlen Angaben zu markanten Punkten, die eine bessere Orientierung ermöglichen. Anders im folgenden Beispiel:

Wegbeschreibung

Johannes:	Entschuldigung, können Sie mir bitte helfen? Ich möchte zum Picasso-Museum.
Passant:	Klar, das ist ganz einfach. Aber Sie sollten das Auto stehen lassen, sonst machen Sie einen Riesenumweg. Zu Fuß brauchen Sie ungefähr 10 Minuten. Zunächst einmal gehen Sie von hier aus auf der Windthorststraße ca. 500 Meter einfach geradeaus. Dann kommen Sie an einen Platz. Den erkennen Sie sofort an einer Skulptur mit zwei großen roten Kirschen. Den Platz überqueren Sie und biegen dann nach links ab. Dann sind Sie in der Fußgängerzone. Sie überqueren diese Straße und gelangen zu einem Eis-Café. Jetzt stoßen Sie auf die Königspassage und müssen sich nach rechts wenden. Von da aus können Sie das Picasso-Museum schon sehen.
Johannes:	Herzlichen Dank. Das finde ich.

3.1   Funktionen eines Inhaltsverzeichnisses

Johannes kann nach einer solch klaren Beschreibung den Weg ohne Schwierigkeiten finden. Eine klare Gliederung hilft einem Gesprächspartner wie einem Leser, sich über einen Text zu orientieren.

Daher sollte(n) im Inhaltsverzeichnis einer Seminararbeit

- die Kapitelüberschriften dem Leser eine eindeutige Vorstellung von dem vermitteln, was in den jeweiligen Kapiteln behandelt wird. Dies sollte möglich sein, ohne dass er die entsprechenden Kapitel liest (siehe auch Kapitel 3.3);
- die Logik der Behandlung des Themas abgebildet werden;
- die Schwerpunktsetzung innerhalb der Arbeit schon anhand des Inhaltsverzeichnisses vom Leser nachvollzogen werden können;
- die Gliederungspunkte das Thema vollständig und entsprechend gewichtet abdecken.

Abb. 3.1: Wichtige Aspekte eines Inhaltsverzeichnisses

3.2   Gliederungslogik von Inhaltsverzeichnissen

Die Gliederungslogik beschreibt, nach welchem logischen Muster die Arbeit aufgebaut ist. Gängige mögliche Varianten sind:

- vom Allgemeinen zum Speziellen,
- vom Speziellen zum Allgemeinen,
- chronologisch.

Hinzu kommt die charakteristische Gliederungslogik empirischer Arbeiten (siehe Beispiel 4). Eine Gliederungslogik kann in einer Arbeit in „Reinform" umgesetzt werden. Gebräuchlicher ist es jedoch, Varianten miteinander zu kombinieren. Die folgenden Beispiele verdeutlichen dies.

Beispiel 1

Chronologie

In der Gliederung wird die deutsche Sprachgeschichte in ihrer historischen Entwicklung nachgezeichnet.

Auf der Ebene der Unterkapitel wird die chronologische Gliederung jedoch durchbrochen und eine thematische oder regionale Unterteilung gewählt.

Wolff, Gerhart (1986): Deutsche Sprachgeschichte. Ein Studienbuch, Frankfurt am Main.

Beispiel 2

Chronologie

Vom Allge-
meinen zum
Speziellen

Wilp, Markus: Die Arbeitsmarktintegration von Zuwanderern in Deutschland und den Niederlanden: Eine vergleichende Untersuchung zentraler Hintergründe, aktueller Entwicklungen und ausgewählter politischer Maßnahmen; http://nbn-resolving.de/urn:nbn:de:hbz:6-3266949031 0; online
am 25.07.2006.

Beispiel 3

Vom Spezi-
ellen zum
Allgemeinen

Kelm, Heike: Autobiographische Spuren im Narrativ ausgewählter deutscher Kinder- und Jugendbuchautoren der Kriegs- und Nachkriegsgeneration: eine qualitative Studie;
http://nbn-resolving.de/urn:nbn:de:hbz:6-20689437600; online am 03.09.2007.

Beispiel 4

Biederstedt, Martin/Bulla, Dominik/Keifenheim, Johanna/Schröder, Maria/Schulke, David: Politikwissen-schaftsstudierende und der 1. Mai 2004: Eine empirische Untersuchung zu Informiertheit, Wissen und Meinung von Hochschülern der Westfälischen Wilhelms-Universität Münster zur Osterweiterung der Europäischen Union; http://miami.uni-muenster.de/servlets/DocumentServlet?id=1841; online am 05.03.2007.

3.3   Die Teile einer Seminararbeit und ihre variable Anordnung

Für einen Schreiber (und auch den Leser) ist es hilfreich zu wissen, aus welchen Teilen eine Seminararbeit besteht und wie sie angeordnet werden können.

Zu den Teilen gehören:
* Einleitung (inklusive Entwicklung des methodischen Vorgehens/Referieren des Forschungs-gegenstandes),
* Literaturanalyse zum Thema,
* Abhandlung der zentralen Fragestellung(en),
* Begriffsbestimmungen/Definitionen,
* Darstellung der Ergebnisse,
* Diskussion der Ergebnisse,
* Schluss/Fazit (Grenzen der Untersuchung/Ausblick/…),
* Literaturverzeichnis und
* Anhang.

Während einige Teile wie Einleitung, Schluss, Literaturverzeichnis und Anhang einen vorge-schriebenen Platz in der Arbeit einnehmen, kann die Anordnung der übrigen Teile variieren.

Neben der Wahl der Gliederungslogik besteht für den Schreiber demnach auch die Not-wendigkeit sich zu überlegen, welche Teile dem Thema der Arbeit entsprechend behandelt werden müssen. Diese Teile werden üblicherweise als Kapitel bezeichnet.

3.4   Formulieren von Überschriften

An den Kapitelüberschriften sollte sich der Leser eindeutig orientieren können. Überschrif-ten in akademischen Texten bestehen in der Regel aus Nominalphrasen (siehe Kapitel 11). Fragen und Aussagesätze als Kapitelüberschriften sind sehr selten. Da die Überschriften das Kapitel präzise und umfassend benennen sollten, werden in der Regel Fachtermini und nicht allgemeinsprachliche Ausdrücke mit ähnlicher Bedeutung benutzt. Definiert und erklärt wer-den die Fachtermini im Text.

Zur Verdeutlichung soll das folgende Beispiel dienen. Links finden Sie die Überschrif-ten des Original-Inhaltsverzeichnisses einer studentischen Arbeit (UNICert-II-Sprach-kurs), rechts eine sprachlich angemessenere Fassung, die den Inhalt der Kapitel präziser wiedergibt.

Beispiel 5

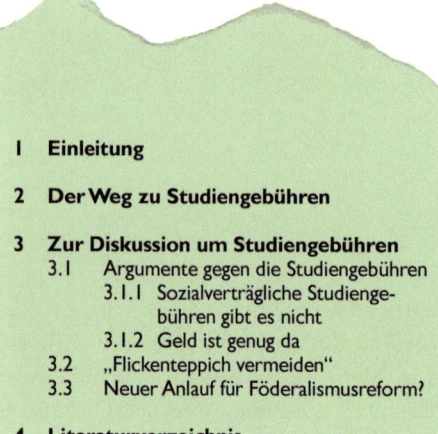

I   **Einleitung**

2   **Der Weg zu Studiengebühren**

3   **Zur Diskussion um Studiengebühren**
    3.1   Argumente gegen die Studiengebühren
          3.1.1 Sozialverträgliche Studienge-
                 bühren gibt es nicht
          3.1.2 Geld ist genug da
    3.2   „Flickenteppich vermeiden"
    3.3   Neuer Anlauf für Föderalismusreform?

4   **Literaturverzeichnis**

I   **Einleitung**

2   **Diskussion über Studiengebühren seit Mitte der 90er Jahre in Deutschland**

3   **Aspekte der Diskussion über Studiengebühren**
    3.1   Sozialverträglichkeit
    3.2   Haushaltspolitische Erwägungen
    3.3   Probleme uneinheitlicher länder-spezifischer Regelungen

4   **Auswirkung der Diskussion über Studiengebühren auf die Föderalismusdebatte**

5   **Ausblick**

6   **Literaturverzeichnis**

3.5   Formale Kennzeichen und Merkmale

Grundsätzlich gelten folgende Regeln:
- Hauptsächlich wird die nummerische Gliederung verwandt.
- Die Summe aller Überschriften der Unterkapitel ergibt eine Kapitelüberschrift, daher kann niemals nur ein Unterkapitel erscheinen.
- Es sollten nicht zu viele Unterkapitelebenen eingeführt werden, da sonst die Gliederung unübersichtlich wird und für den Leser nicht mehr nachvollziehbar ist.
- Seitenzahlen werden rechtsbündig gesetzt.

Die folgende Beispielanalyse eines Inhaltsverzeichnisses gibt Ihnen einen Überblick über die formalen Kennzeichen und über die Merkmale von Inhaltsverzeichnissen.

Beispielanalyse eines Inhaltsverzeichnisses

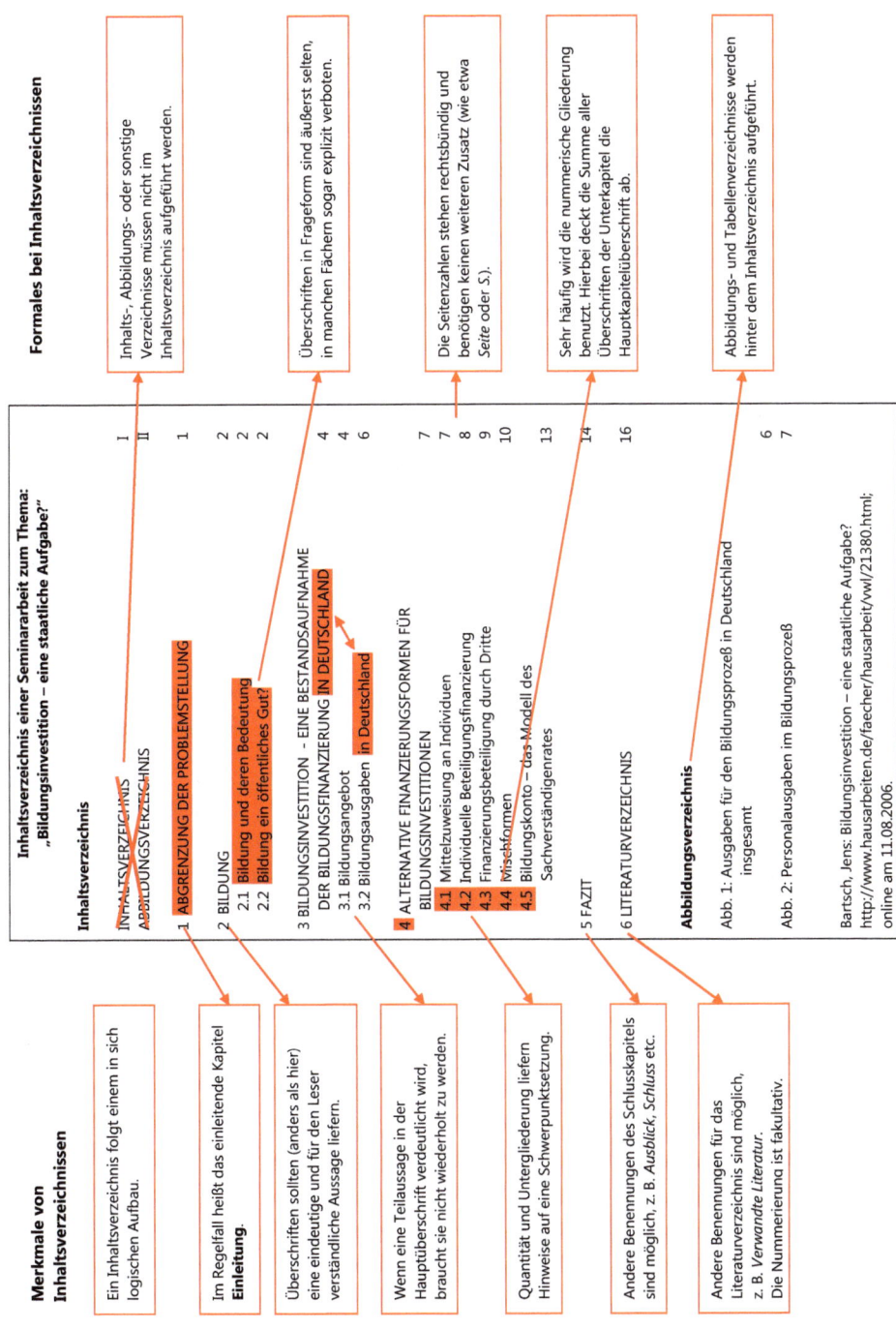

Merkmale von Inhaltsverzeichnissen

Ein Inhaltsverzeichnis folgt einem in sich logischen Aufbau.

Im Regelfall heißt das einleitende Kapitel **Einleitung.**

Überschriften sollten (anders als hier) eine eindeutige und für den Leser verständliche Aussage liefern.

Wenn eine Teilaussage in der Hauptüberschrift verdeutlicht wird, braucht sie nicht wiederholt zu werden.

Quantität und Untergliederung liefern Hinweise auf eine Schwerpunktsetzung.

Andere Benennungen des Schlusskapitels sind möglich, z. B. *Ausblick, Schluss* etc.

Andere Benennungen für das Literaturverzeichnis sind möglich, z. B. *Verwandte Literatur.* Die Nummerierung ist fakultativ.

Inhaltsverzeichnis einer Seminararbeit zum Thema: „Bildungsinvestition – eine staatliche Aufgabe?"

Inhaltsverzeichnis

INHALTSVERZEICHNIS I
ABBILDUNGSVERZEICHNIS II

1 ABGRENZUNG DER PROBLEMSTELLUNG ... 1

2 BILDUNG 2
  2.1 Bildung und deren Bedeutung 2
  2.2 Bildung ein öffentliches Gut? 2

3 BILDUNGSINVESTITION - EINE BESTANDSAUFNAHME DER BILDUNGSFINANZIERUNG IN DEUTSCHLAND ... 4
  3.1 Bildungsangebot 4
  3.2 Bildungsausgaben in Deutschland ... 6

4 ALTERNATIVE FINANZIERUNGSFORMEN FÜR BILDUNGSINVESTITIONEN 7
  4.1 Mittelzuweisung an Individuen 7
  4.2 Individuelle Beteiligungsfinanzierung ... 8
  4.3 Finanzierungsbeteiligung durch Dritte ... 9
  4.4 Mischformen 10
  4.5 Bildungskonto – das Modell des Sachverständigenrates ... 13

5 FAZIT 14

6 LITERATURVERZEICHNIS 16

Abbildungsverzeichnis

Abb. 1: Ausgaben für den Bildungsprozeß in Deutschland insgesamt ... 6

Abb. 2: Personalausgaben im Bildungsprozeß ... 7

Bartsch, Jens: Bildungsinvestition – eine staatliche Aufgabe? http://www.hausarbeiten.de/faecher/hausarbeit/vwl/21380.html; online am 11.08.2006.

Formales bei Inhaltsverzeichnissen

Inhalts-, Abbildungs- oder sonstige Verzeichnisse müssen nicht im Inhaltsverzeichnis aufgeführt werden.

Überschriften in Frageform sind äußerst selten, in manchen Fächern sogar explizit verboten.

Die Seitenzahlen stehen rechtsbündig und benötigen keinen weiteren Zusatz (wie etwa *Seite* oder *S.*).

Sehr häufig wird die nummerische Gliederung benutzt. Hierbei deckt die Summe aller Überschriften der Unterkapitel die Hauptkapitelüberschrift ab.

Abbildungs- und Tabellenverzeichnisse werden hinter dem Inhaltsverzeichnis aufgeführt.

3.6 Übungen

Übung I

Art der Übung: Funktionen und Aufbau von Inhaltsverzeichnissen erkennen
Ziel der Übung: Formulieren von Kapitelüberschriften
Geeignet für
Muttersprachler: Ja
Nichtmuttersprachler: Ja (ab Niveau B2)

Aufgabe 1:

Lesen Sie die folgende Einleitung im Hinblick auf die Informationen zum Aufbau der Seminararbeit. Versuchen Sie anschließend, für diese Arbeit ein Inhaltsverzeichnis zu erstellen.

I Einleitung

[…]
Um die Fortschritte und Stagnationen in diesem Bereich verstehen zu können, wird zu Beginn der Hausarbeit kurz auf den geschichtlichen Hintergrund eingegangen, in dem die Bildungswege und Bildungschancen der Frauen in den letzten 200 Jahren knapp skizziert werden.
Im historischen Abriss werden Gründe für die Veränderungen in der Frauenbildung angesprochen, die dann im nächsten Punkt durch soziologische Begründungen ergänzt werden. Im letzten Abschnitt werden die verschiedenen Bildungseinrichtungen näher beleuchtet. Anhand von verschiedenem Datenmaterial aus Erhebungen und Forschungen wird die aktuelle Situation dargestellt. Es wird der Frage nachgegangen, ob sich die offensichtliche Angleichung von Männern und Frauen in Bezug auf deren Bildung in allen Bereichen konsequent durchgesetzt hat, oder ob sich doch noch Differenzen aufspüren lassen.
Die wichtigsten Ergebnisse werden abschließend in einem kurzen Fazit zusammengetragen.

Bock, Oliver: Bildung von Frauen in der Bundesrepublik Deutschland; http://www.hausarbeiten.de/faecher/vorschau/23769.html; online am 30.07.2010.

Aufgabe 2:

Vergleichen Sie Ihre Version mit dem Original. Wo gibt es Unterschiede? Welche Ursachen könnten diese haben?

Übung 2

Art der Übung: Themenvorschläge einem Inhaltsverzeichnis zuordnen
Ziel der Übung: Erkennen des Zusammenhangs zwischen Kapitelüberschriften und
                       Erwartungshaltung des Lesers
Geeignet für
Muttersprachler: Ja
Nichtmuttersprachler: Ja (ab Niveau B2)

Aufgabe 1:

Ordnen Sie dem folgenden Inhaltsverzeichnis ein passendes Thema zu. Wählen Sie aus den folgenden Möglichkeiten einen passenden Titel aus:

a) Die Illusion der Chancengleichheit
b) Die Reproduktion sozialer Ungleichheit im und durch das deutsche Bildungs- und Schulsystem
c) Soziale Ungleichheit im und durch das Schul- und Bildungssystem in Deutschland – Perspektiven und Konzepte zum Abbau der herkunftsspezifischen Chancenungleichheit
d) Chancenungleichheit beim Zugang zu Schulbildung
e) Chancengleichheit im deutschen Bildungssystem
f) Sozialstruktur und Bildungssystem

Inhaltsverzeichnis

1	Einleitung
2	Soziale Ungleichheit im Bildungssystem
2.1	Die Bedeutung formaler Bildungsabschlüsse
2.2	Chancengleichheit im Bildungssystem
2.3	Soziale Ungleichheit trotz Bildungsexpansion
2.4	Soziale Ungleichheit durch Habitus und Lebensstil
3	Perspektiven eines sozial integrierenden Schul- und Bildungssystems
3.1	Ökonomische Benachteiligung
3.2	Benachteiligung durch das dreigliedrige Bildungssystem
3.3	Soziokulturell bedingte Benachteiligungen
4	Die Gesamtschule – Versuch einer Chancenungleichheit abbauenden Schulkonzeption
4.1	Die Gesamtschule und Chancengleichheit
4.2	Probleme der Gesamtschule
5	Abschließende Stellungnahme Literaturverzeichnis

Aufgabe 2:

Welchen genauen Inhalt erwarten Sie, wenn Sie die Kapitelüberschriften lesen? Welche Gliederungspunkte haben einen eindeutigen Bezug zum genannten Thema, welche nicht?

Aufgabe 3:

Schreiben Sie zu den einzelnen Punkten des Inhaltsverzeichnisses jeweils ein bis zwei Sätze zu Ihren Erwartungen an die Inhalte.

Aufgabe 4:

Grenzen Sie diese grundsätzliche Behandlung des Themas auf einen spezifischen Punkt des Inhaltsverzeichnisses ein, den Sie frei wählen können. Versuchen Sie, eine detaillierte Gliederung zu diesem Punkt zu entwerfen.

Originaltitel zu Aufgabe 1:

Inhaltsverzeichnis:
Reimann, Johannes: Soziale Ungleichheit im und durch das deutsche Schul-und Bildungssystem – Perspektiven und Konzepte zum Abbau der herkunftsspezifischen Chancenungleichheit;
http://www.hausarbeiten.de/faecher/vorschau/10265.html; online am 30.07.2010.

4 Verfassen einer Einleitung

Am Telefon

Das Telefon klingelt.

Henri:	Meierdirks, guten Tag.
Johannes:	Weißt du, der Mann verfolgte seinen Hund, und der trug ein Hühnerbein im Maul. Dann rannten beide über die Straße, hier direkt vor meinem Haus, die Bremsen quietschten …
Henri:	Johannes, bist du das?
Johannes:	Sag ich doch. Erst war es ja lustig, dann krachte es. Das Hühnerbein liegt immer noch auf der Straße, weil sie abgesperrt ist und niemand Zutritt hat, bis die Polizei die Spuren gesichert hat.
Henri:	Johannes, ist alles in Ordnung mit dir?

An diesem Telefondialog fällt die missglückte Kommunikation auf. Johannes verstößt gegen grundlegende Konventionen für einen Dialog, weil
* sich in einem Telefongespräch die Partner zunächst begrüßen sollten,
* ein geeigneter Einstieg fehlt, der die Erzählung vorbereitet.

Am Telefon

Das Telefon klingelt.

Henri:	Meierdirks, guten Tag.
Johannes:	Hallo Henri, hier Johannes.
Henri:	Hallo Johannes. Wie geht's dir?
Johannes:	Bin ein bisschen durcheinander.
Henri:	Durcheinander? Was ist los?
Johannes:	Da ist eben ein merkwürdiger Unfall vor meinem Haus passiert.

In diesem veränderten Dialog grüßt Johannes zuerst Henri, der dann seinerseits Johannes die Frage nach seinem Befinden stellt und ihm damit das Angebot macht zu erzählen. Johannes beginnt seine Mitteilung mit der Ankündigung, worüber er gleich sprechen wird. Henri zeigt seine Bereitschaft zuzuhören.

4.1   Funktion einer Einleitung

Wie der Telefondialog veranschaulicht, gehorchen Texte bestimmten Konventionen. Dies gilt auch für die Einleitung am Beginn akademischer Arbeiten, die den Leser darüber orientieren soll, was ihn erwartet. Wenn Sie diese Erwartungshaltung des Lesers nicht erfüllen, ist die Verständigung gestört. Die Einleitung ist somit integraler Bestandteil der Arbeit. Wird sie weggelassen oder fehlen wichtige Elemente, wird gegen die Erwartungshaltung des Lesers verstoßen.

4.2   Elemente einer Einleitung

4.2.1   Übersicht

Um die beabsichtigte Orientierung zu leisten, sollte eine Einleitung die in Tabelle 4.1 vorgestellten funktionalen Elemente enthalten. Ihre Reihenfolge kann je nach Thema und Bearbeitung variieren.

Elemente	Mögliche Fragen zur Bearbeitung
Hinführung zum Thema	Welcher Einstieg bietet sich an?
Gegenstand/Fragestellung der Arbeit	Welche Fragen, Probleme, Hypothesen werden bearbeitet?
Zielsetzung der Arbeit mit kurzer Begründung	Was soll mit Ihrer Arbeit erreicht werden? Inwiefern ist diese Zielsetzung im Hinblick auf das Thema sinnvoll?
Abgrenzung/Eingrenzung des Themas	Welche inhaltlichen Schwerpunkte werden bearbeitet? Welche Inhalte, die auch zum Thema gehören, können nicht bearbeitet werden? Warum werden diese Schwerpunkte gesetzt?
Angewandte Methode/Vorgehensweise	Welcher theoretische Ansatz wird benutzt/ ist hilfreich für die Bearbeitung des Themas? Welche Methoden werden angewandt?
Bei einer empirischen Arbeit zusätzlich notwendig: Informationen zu Daten und Datenerhebung	Welche Datengrundlage wird genutzt?
Aufbau der Arbeit	Wie folgen die Themenschwerpunkte aufeinander, und warum ist die Arbeit so aufgebaut? Eine Erklärung des logischen Zusammenhangs der Kapitel ist erforderlich.

Tab. 4.1: Wesentliche Elemente einer Einleitung mit Bearbeitungsfragen

Ein Beispiel für eine gelungene Einleitung sehen Sie im Schaubild „Beispielanalyse einer Einleitung". Hervorgehoben sind darin
- die Elemente einer Einleitung,
- die vom Autor benutzten Kommunikationsmittel,
- das Prinzip des unpersönlichen Schreibens (zum Beispiel Passivgebrauch).

Beispielanalyse einer Einleitung

Grammatische Phänomene	Kommunikationsmittel	I. Abgrenzung der Problemstellung	Funktionale Elemente
wird [...] finanziert (Passiv) erscheint [...] notwendig Passiv Sein + Infinitiv: zu decken ist	Es muss aber bezweifelt werden, [...].	In Deutschland wird Bildung zur Zeit in erster Linie aus öffentlichen Mitteln finanziert. Jedoch erscheint selbst bei Erhalt des derzeitigen Status quo der Versorgungsqualität im Bildungsbereich ein wachsender Mittelbedarf notwendig. Es muß aber bezweifelt werden, daß dieser ansteigende Ressourcenbedarf im erforderlichen Umfang aus öffentlichen Mitteln zu decken ist.[1] Aber gerade in unserer Gesellschaft sind Bildungsinvestitionen „Zukunftsinvestitionen von entscheidender Bedeutung"[2] und somit ein wichtiger Bestandteil für die zukünftige Entwicklung eines Landes geworden.	Hinführung
	Daher ist die Frage [...], Gegenstand dieser Seminararbeit.	Daher ist die Frage, ob Bildungsinvestitionen eine staatliche Aufgabe sind, Gegenstand dieser Seminararbeit.	Gegenstand/ Fragestellung
Unpersönlich: Die Arbeit konzentriert sich [...].	Dazu wird im folgenden zunächst auf die Bedeutung [...] eingegangen.	Dazu wird im folgenden zunächst auf die Bedeutung der Bildung für ein Individuum und eine Volkswirtschaft eingegangen sowie eine Bestandsanalyse der derzeitigen Finanzierungssituation von Bildungsinvestitionen gegeben. Die Arbeit konzentriert sich nicht nur darauf, ob Bildung generell als öffentliches Gut kostenfrei angeboten werden sollte, sondern stellt auch Modelle zu Finanzierungsalternativen von Bildungsinvestitionen vor. Hauptaugenmerk der Analyse wird dabei die Bildungsbereich in Deutschland sein.	Konkretisierung und Erweiterung des Gegenstands/ der Fragestellung
Unpersönlich	Hauptaugenmerk der Analyse wird [...] sein.		
Passiv. Im Anschluß werden [...] untersucht	Im Anschluss an [...]. Nach deren Vorstellung [...]. Im abschließenden Fazit [...].	Ebenfalls wird eine Problembetrachtung der derzeitigen Situation angestellt, insbesondere unter Berücksichtigung der zukünftigen Entwicklung und Anforderungen, aber auch unter sozialen Gesichtspunkten. Im Anschluß an diese Status quo Betrachtung werden alternative Möglichkeiten zur Finanzierung von Bildungsinvestitionen untersucht. Nach deren Vorstellung werden jeweils Vorteile und Nachteile gegenübergestellt. Im abschließenden Fazit wird versucht, eine Empfehlung zur optimierten Finanzierung von Bildungsinvestitionen herzuleiten.	Vorgehensweise

Die funktionalen Elemente Gegenstand/Fragestellung, Konkretisierung und Erweiterung des Gegenstands/der Fragestellung sowie Vorgehensweise bilden zusammen den **Aufbau der Arbeit**.

[1] Vgl. Sachverständigenrat Bildung der Hans-Böckler-Stiftung (1998), S. 28.
[2] Bildungskommission NRW (1995), S. 204. Hier in einer Formulierung der Kultusministerkonferenz von 1992 wiedergegeben.

Bartsch, Jens: Bildungsinvestition – eine staatliche Aufgabe? http://www.hausarbeiten.de/faecher/hausarbeit/vwl/21380.html, online am 17.07.2006.

4.2.2 Element: Hinführung zum Thema

Von den sieben in Kapitel 4.2 dargestellten zentralen Elementen der Einleitung kann besonders die Hinführung zum Thema sehr variabel gehandhabt werden.

Abhängig vom Thema, vom Aufbau oder von der Zielsetzung der Arbeit bieten sich unterschiedliche Hinführungen an. Im Folgenden sind Beispiele für Hinführungen zum Thema der Seminararbeit aufgeführt.[2]

Einordnung in den wissenschaftlichen Diskurs

Dieser Einstieg ermöglicht dem Leser eine Orientierung, wenn ihm das Thema unbekannt ist.

Die Idee der Informationsgesellschaft kann ohne Zweifel als einer der derzeit am stärksten diskutierten Gegenstände sozialwissenschaftlicher Forschung bezeichnet werden. [...]
Die Idee der Informationsgesellschaft wurde 1973 von DANIEL BELL in seinem Buch „The Coming of Post-Industrial Society: A Venture in Social Forecasting" erstmals im großen Rahmen postuliert[1]. Nach diesem Anstoß hielt der wissenschaftliche Diskurs von den 1970er Jahren bis heute an und wurde zusehends von neuen Theorien mit unterschiedlichen Perspektiven gespeist. [...]

Göbbels, Sven: Wissen – Bildung – Information. Begriffliche Zugänge zur Informationsgesellschaft; http://www.hausarbeiten.de/faecher/vorschau/12561.html; online am 31.07.2004.

Feststellung als Beginn

Ein allgemein bekannter Sachverhalt dient als Ausgangspunkt.

Das Thema Studiengebühren sorgt nicht nur in Deutschland immer wieder für heftige Diskussionen. Der Fokus wird in dieser Arbeit allerdings auf Deutschland gelegt, um eine intensive Auseinandersetzung mit diesem Thema zu ermöglichen. [...]

Riede, Tobias: Pro-Contra Studiengebühren, http://www.hausarbeiten.de/faecher/vorschau/5929.html; online am 02.05.2016.

---

2   Die Beispiele selbst werden hier wie im gesamten Lehrbuch wie Blockzitate behandelt, das heißt, auf Anführungszeichen wird verzichtet. Der leichteren Lesbarkeit wegen sind die Beispiele jeweils um die Fußnoten gekürzt.

Aktueller Anlass

Aktuelle Ereignisse, die in das Thema einführen, bieten für den Leser einen motivierenden Einstieg.

„Abstieg in die zweite Liga" lautet der Titel eines Spiegel-Artikels über die gegenwärtige Hochschulkrise in der BRD, der nicht gerade sparsam mit Kritik an der deutschen Universität umgeht und ihr die amerikanischen Privatinstitutionen von Harvard oder Yale als Vorbild gegenüberstellt [...]. Bei der aktuellen Diskussion um Reformmaßnahmen für die bundesdeutschen Hochschulen wird nicht selten der Vergleich mit den USA herangezogen und – in geringerem Ausmaß – auch der mit entsprechenden Einrichtungen benachbarter europäischer Staaten. Dabei geht man in der Regel davon aus, dass die Erziehungssysteme dieser Länder prinzipiell miteinander vergleichbar sind, denn trotz vieler politischen, wirtschaftlichen und kulturellen Unterschiede zwischen ihnen handelt es sich hier um moderne Industriegesellschaften, deren Bevölkerungen einen ähnlich hohen Lebens- und Bildungsstandard haben. Wie steht es nun aber mit einem Vergleich zwischen einem Industriestaat wie der Bundesrepublik Deutschland und einem sogenannten Schwellenland wie Mexiko?

Gruhn, Dorit Heike(1997): Aktuelle Tendenzen der Hochschulentwicklung: Ein Vergleich zwischen der Bundesrepublik Deutschland und Mexiko; http://www.grin.com/de/e-book/9021/aktuelle-tendenzen-der-hochschulentwicklung; online am 02.05.2016.

Frage

Weckt das Leserinteresse

Wissensgesellschaft – nur ein Trendwort oder gesellschaftliche Realität? Wird Wissen wirklich wichtiger als andere Leistungskriterien und Produktionsfaktoren, z.B. Kapital, Körperkraft, Sozialkompetenz? [...] Unbestritten ist [...] die Tatsache, [a] dass der Zugang zu Wissen heutzutage wesentlich leichter und universaler ist als in vergangenen Epochen [, b] Wissen komplizierter und komplexer wird und [c] das Wissensvolumen in einem immer höheren Tempo wächst.

Schnurr, Maria: Wissensgesellschaft – Trendwort oder Realität? http://www.hausarbeiten.de/faecher/vorschau/24278.html; online am 02.05.2016.

Historische Einführung

Bekannte historische Ereignisse können als Aufhänger dienen.

Das Thema Chancengleichheit im Bildungssystem der Bundesrepublik Deutschland hat in den letzten Jahren eine Renaissance erlebt. Nachdem Mitte der 60er Jahre eine breite Diskussion um den Ausbau und Veränderungen im Bildungssystem begann und dies eine wahre Bildungsexpansion zur Folge hatte, verschwand das Thema spätestens seit Beginn der 80er Jahre fast vollständig von der politischen Tagesordnung und aus dem öffentlichen Interesse. [...]

Dahlström, Svea: Chancengleichheit im deutschen Bildungssystem; http://www.hausarbeiten.de/faecher/vorschau/25475.html; online am 31.07.2004.

**Der „trockene"
Einstieg**

Als „Notlösung",
wenn dem Verfasser kein anderer
Einstieg einfällt

Die vorliegende Arbeit beschäftigt sich mit den Grundlagen der Sozialen Arbeit, d.h. mit der historischen Entwicklung, den Theorien der Sozialen Arbeit und den verschiedenen Praxisfeldern.

Mücklisch, Monique: Grundlagen der Sozialen Arbeit. Geschichte, Theorien, Praxisfelder; http://www.hausarbeiten.de/faecher/vorschau/215186.html; online am 02.05.2016.

Kommunikationsmittel für die Einleitung finden Sie in Kapitel 13.

Wichtig!
- Die Einleitung einer Seminararbeit ist in der Regel nicht länger als eine Seite.
- Die Einleitung ist in der Regel nicht weiter untergliedert.
- Die Einleitung kann vor dem Schreiben des Hauptteils oder nach seiner Fertigstellung verfasst werden.
- Bei längeren akademischen Texten empfiehlt es sich, eine vorläufige Einleitung zu Beginn der Arbeit zu schreiben, weil der Verfasser so selbst einen Überblick über die zu erledigenden Teilaufgaben erhält.

4.2.3   Element: Angewandte Methode/Vorgehensweise

Unter Methode wird hier die Vorgehensweise verstanden, mit der das Thema der Seminararbeit behandelt wird. Diese bewusst weit gefasste begriffliche Klärung stellt in Rechnung, dass sich im Verlauf des Studiums das Methodenwissen von einer eher weniger reflektierten Ausgangslage bis hin zur Anwendung fachwissenschaftlicher Methoden erweitert.

Die Wahl der Methoden und deren Reflexion ergibt sich aus
- dem wissenschaftlichen Ausbildungsstand des Verfassers (eine Seminararbeit unterscheidet sich hierin wesentlich von einer Examensarbeit),
- den fachwissenschaftlichen Methoden (z. B. exegetisches Verfahren in der Theologie, Interpretationsmethoden in der Literaturwissenschaft etc.),
- dem Thema der Arbeit.

Im Folgenden werden einige Beispiele aus Seminararbeiten dargestellt und kommentiert, die diese Unterschiede verdeutlichen:

Beispiel 1: Seminararbeit in einem wirtschaftswissenschaftlichen Seminar, WWU Münster

Einleitung

[…]

Die soziale Marktwirtschaft entsteht zum Beispiel durch „[…] die Verbindung einer liberalen Marktwirtschaft mit den Prinzipien der christlichen Soziallehre."[2] Zu klären gilt nun jedoch, welche wesentlichen Aussagen die katholische Soziallehre genau beinhaltet und wie diese entstanden sind. Dies soll Ziel der vorliegenden Arbeit sein. […] Als wegweisend für die katholische Soziallehre können die Sozialenzyklen [sic] der Päpste gesehen werden, die in dieser Arbeit näher betrachtet werden sollen. Diese Enzyklen [sic] bauen aufeinander auf und führen zu Aktualisierungen der angestrebten Gesellschaftsordnungen. Thematisiert wird in den päpstlichen Dokumenten unter anderem die Eigentumsfrage, worauf in dieser Arbeit ein Schwerpunkt gelegt wird. Es wird in den Enzyklen [sic] besonders mithilfe des Naturrechts und der Eigentumslehre nach Thomas von Aquin argumentiert. Das zweite Kapitel stellt deshalb die wesentlichen Gedankengänge hierzu vor. […]

Ulrich, Julia: „Katholische Soziallehre";
http://www.wiwi.uni-muenster.de/insiwo/Download/Hausarbeiten/Hausarbeit-Ulrich.pdf; online am 20.01.2010.

Aus dem Thema und dem Ziel der Arbeit ergibt sich als Methode/Vorgehensweise eine Auswertung der päpstlichen Enzykliken. Die Literaturauswahl wird begründet, methodisches Fachwissen im Umgang mit den Texten liegt noch nicht vor.

Beispiel 2: Seminararbeit in einem wirtschaftswissenschaftlichen Seminar, WWU Münster

Einleitung

[…]

In dieser Arbeit sollen HUMBOLDTS Ideen vor der Folie des zu seiner Entstehungszeit herrschenden Paradigmas des Merkantilismus bzw. Kameralismus einer näheren Prüfung auf seine wirtschaftspolitischen Forderungen hin unterzogen werden. Dazu sind zunächst knapp die Entwicklung sowie zentralen Lehren und Konzepte der im aufgeklärt-absolutistischen Preußen dominierenden kameralistischen Spielart des Merkantilismus zu skizzieren, die dort, anders als in Frankreich und England, bis zum Ende des 18. Jahrhunderts vorherrschte.[4]

[…]

Daher wird im Anschluss auf den Entstehungskontext und den Gang der Argumentation in den Ideen eingegangen. Sodann werden HUMBOLDTS Reflexionen zum Zweck und den Mitteln des Staates beleuchtet und in einem abschließenden Kapitel zueinander in Beziehung gesetzt.

Preusse, Joachim (2005): „Alles Eigentum des Staates führt Nachteile mit sich." Wilhelm von Humboldts Minimalstaatskonzept vor dem Hintergrund der merkantilistischen Wirtschaftsordnung seiner Zeit;
http://www.wiwi.uni-muenster.de/insiwo/Download/Hausarbeiten/Hausarbeit-Preusse.pdf; online am 20.01.2010.

Methodisch soll, so der Verfasser, eine Literaturauswertung auf einem wirtschaftsgeschichtlichen Hintergrund stattfinden. Dies stellt im Vergleich zu Beispiel 1 erhöhte Anforderungen an eine systematische Bearbeitung und Darstellung des Themas. Die im Fokus der Analyse stehenden jeweiligen Inhalte werden genannt.

Beispiel 3: Seminararbeit im Rahmen eines Hauptseminars an der Universität Köln

Einleitung
[…]
In dieser Arbeit will ich der Frage des Einflusses von Saint Dunstan auf die Reformen im angelsächsischen England nachgehen. Ich bin mir der methodischen Schwierigkeiten bewusst, die eine solche Aufgabenstellung mit sich bringt. Der Versuch, die konkreten Einflüsse einer Person auf einen Prozess darzustellen, birgt die Gefahr, die Möglichkeiten des Einzelnen weit zu überschätzen. Zumal dieser Prozess wie angedeutet ein europäisches Phänomen war, mit entsprechenden Einflüssen nach England, nicht zuletzt auf Dunstans eigenes Leben. Dennoch will ich versuchen, seinen Lebensweg nachzuzeichnen und dabei die Stationen seines Lebens hervorzuheben, an denen er die Entwicklung in England entscheidend beeinflusst haben könnte. Dieses Verfahren ist auch methodisch von Bedeutung, da nicht nur wegen der Aufgabenstellung, sondern aufgrund der Quellenlage gesicherte Aussagen nur schwer möglich sind.

Anon (1995): Saint Dunstan. Sein Leben und sein Einfluß auf die monastischen Reformen in England bis 970; http://old.hki.uni-koeln.de/people/schassan/HP1998/Historisches/Dunstan.html; online am 20.01.2010.

Ein erster Ansatz zu einer Reflexion der Vorgehensweise ist hier zu erkennen. Eine Auseinandersetzung mit fachwissenschaftlichen Methoden findet zwar an dieser Stelle noch nicht statt, ist aber auf dieser Grundlage im Hauptteil durchaus denkbar.

Beispiel 4: Examensarbeit Universität Potsdam

Einleitung

[...]

In der vorliegenden Arbeit ist ein Unterrichtskonzept (das life3-Unterrichtskonzept) für den Anfangsunterricht in der Jahrgangsstufe 11 entwickelt worden, das auf einem objektorientierten Zugang zur Informatik aufbaut.

Die Entwicklung erfolgte theoriegeleitet (Tulodziecki und Herzig 1998, Möller 1999) nach den Prinzipien des Cognitive Apprenticeship.

Anhand der empirischen Untersuchung des Konzepts wurden Lehr- und Lernprozesse im Informatik-Anfangsunterricht untersucht und ein Beitrag zur empirischen Forschungsmethodik in der Informatikdidaktik geleistet.

Zum Aufbau der Arbeit: Zunächst wird der methodische Ansatz der Arbeit vorgestellt: die theoriegeleitete Entwicklung und die empirische Evaluation. Damit wird die Forschungsmethode begründet.

[...]

Anschließend wird das life3-Unterrichtskonzept anhand lehr-lerntheoretischer Ansätze aus dem Bereich konstruktivistischer Vorstellungen zum Lehren und Lernen und einer Diskussion empirischer Studien aus den mathematisch-naturwissenschaftlichen Fächern ausdifferenziert.

[...]

Schulte, Carsten (2003): Lehr- Lernprozesse im Informatik-Anfangsunterricht. Theoriegeleitete Entwicklung und Evaluation eines Unterrichtskonzepts zur Objektorientierung in der Sekundarstufe II; http://ddi.cs.uni-potsdam.de/Examensarbeiten/Schulte2003.pdf; online am 20.01.2010.

In dieser Orientierung des Lesers über das methodische Vorgehen wird deutlich, dass das Methodenwissen mit dem Fortschreiten der akademischen Ausbildung zunimmt und in einer Dissertation schließlich Teilgegenstand der Arbeit und sogar weiterentwickelt werden kann.

4.3 Übungen

Übung 1

Art der Übung:	Überarbeiten einer Einleitung
Ziel der Übung:	Überarbeiten im Hinblick auf wertendes Schreiben/ sprachlichen Ausdruck
Geeignet für	
Muttersprachler:	Ja
Nichtmuttersprachler:	Ja (ab Niveau B2)

Der folgende Auszug aus einer Einleitung einer Seminararbeit (Element „Hinführung zum Thema") zum Thema „Tourismus als Wirtschaftsfaktor" (Übungen zum Schreiben UNIcert II, Sprachenzentrum der WWU Münster) wurde von einem Dozenten wie folgt kommentiert:

Der Tourismus spielt eine große Rolle für die Freundschaft zwischen den verschiedenen Völkern. Er ist wie eine Brücke zwischen den Völkern, die wegen der Kriege und verschiedener Probleme voneinander getrennt worden sind.	sehr ‚blumige' Einleitung für eine Seminararbeit, in der es um den Tourismus als Wirtschaftsfaktor geht
Der Tourist, der in ein neues Land fährt, bekommt eine Chance, etwas über eine Kultur und andere Tradition zu erfahren und neue Menschen kennen zu lernen. […]	Keine nachvollziehbare Ortsangabe – die ‚Heimat des Autors' ist keine Kategorie.
Der Tourismus spielt eine wichtige Rolle in meiner Heimat. Er ist eine Stütze für die Wirtschaft, weil dadurch das Einkommen des Landes zunimmt. Er hilft bei der internationalen Währungspolitik. Er spielt auch eine Rolle bei der Lösung von vielen Problemen, wie zum Beispiel der Arbeitslosigkeit. […]	zu allgemeine Formulierungen

Grundsätzlicher Kommentar:
Verifizierbare Quellen, die zugrunde gelegt wurden, werden nicht genannt. So entsteht der Eindruck, Sie berichteten über eigene Erfahrungen oder Hoffnungen.

Aufgabe:

Bitte recherchieren Sie nach Wirtschaftsfaktoren für Ihr Heimatland bzw. Ihre Heimatregion. Schreiben Sie dann diesen Teil der Einleitung neu. Versuchen Sie die Kommentare des Dozenten zu berücksichtigen.

Übung 2

Art der Übung: Überarbeiten einer Einleitung

Ziel der Übung: Überarbeiten im Hinblick auf funktionale Elemente
einer Einleitung/Themeneingrenzung/wertendes Schreiben/
sprachlichen Ausdruck

Geeignet für

Muttersprachler: Ja

Nichtmuttersprachler: Ja (ab Niveau B2)

Aufgabe:

Lesen Sie die folgende Einleitung einer Seminararbeit zum Thema „Der Stellenwert von Arbeit in Deutschland" (Universität Osnabrück, Sprachenzentrum, Deutschsprachkurs für internationale Studierende; die Arbeit wurde von zwei Studierenden gemeinsam verfasst) und überprüfen Sie,

a) ob die funktionalen Elemente einer Einleitung vorhanden sind,

b) ob wertendes Schreiben vermieden wurde,

c) ob Normverstöße im Bereich der Formalia auffallen.

d) Bitte verbessern Sie die Passagen, die Ihnen aufgefallen sind.

Die Gesellschaft funktioniert, wenn man arbeitet. Arbeitnehmer sind heute eine wichtige Gesellschaftsschicht. Braucht man wirklich eine Arbeitsstelle? Gibt es noch Probleme? Vielleicht wurde das Thema „Arbeit" schon oft diskutiert, und man kann schon etwas Wesentliches sehen. Aber durch unser Referat möchten wir selbst noch einmal versuchen, eine Lösung zu finden.

Folgende Schwerpunkte werden von uns bearbeitet: die Probleme im Rahmen der Arbeit, die Gründe für das Problem und die Lösungen. Vor allem, was ist das größte Problem im Bereich „Arbeit"? Sind es die Arbeitsbedingungen, die Älteren, die Wohlfahrt oder soziale Ungleichheit? „Arbeitslosigkeit ist die größte Katastrophe in unserem 21. Jahrhundert, und keine Sau weiß, wie man sie beseitigen kann", sagte ein zwölfjähriger Realschüler.

Die Arbeitslosigkeit wird 2008 bundesweit auf unter 3,5 Millionen im Jahresdurchschnitt sinken. Sie wird damit den tiefsten Stand seit über zehn Jahren erreichen. Aber 3,5 Millionen sind immer noch keine kleine Zahl. Jetzt können wir feststellen, dass das Hauptproblem unseres Themas die Arbeitslosigkeit ist. Wir müssen erst mal verstehen, wie Arbeitslosigkeit entsteht. Denn nur wenn die Ursachen bekannt sind, kann man etwas dagegen tun, um das Problem zu lösen.

Themenbezogene Informationen:

http://www.wiwo.de/pswiwo/fn/ww2/sfn/buildww/id/125/id/317640/fm/0/SH/0/depot/0/Süddeutsche Zeitung vom 13.6.2003. Arbeitslosigkeit – Ursachen und Abhilfen, 1. Auflage Sept. 2003, ISSN 0944-8357

Übung 3

Art der Übung:	Korrigieren einer Einleitung
Ziel der Übung:	Überarbeiten im Hinblick auf wertendes Schreiben/ sprachlichen Ausdruck
Geeignet für	
Muttersprachler:	Ja
Nichtmuttersprachler:	Ja (ab Niveau B2)

Die folgende Einleitung einer Seminararbeit zum Thema „Studiengebühren" (Übungen zum Schreiben UNIcert II, Sprachenzentrum der WWU Münster) wurde von einem Dozenten wie folgt kommentiert:

Im Januar 2005 ist die Diskussion über die Studiengebühren geführt worden.	Welche Diskussion wurde wo geführt? Welche Studiengebühren? Ein Nachweis für diese Zeitangabe fehlt
Die Studiengebühren sollen in Deutschland zwischen 500 und 1000 oder sogar 3000 Euro pro Semester betragen. […]	Woher stammen diese Angaben/welche Quellen wurden hier genutzt?
Es ist die Frage, ob sich durch die Studiengebühren die Qualität verändern, verbessern würde. Wird es so sein, dass die Länder, die keine Studiengebühren verlangen, eine schlechtere Qualität beim Studium anbieten werden? Welche Länder wollen aus welchen Gründen hohe Studiengebühren einführen? Wie viele Studenten werden die hohen Studiengebühren bezahlen können?	Welche Qualität?
Es gibt viele Fragen, die nicht beantwortet werden können. Es kann sein, dass sich die Qualität des Studiums durch die Studiengebühren erhöht. Aber dafür werden auch viele Studenten es sich nicht leisten können, eine so hohe Summe zu bezahlen. Auch wenn es Kredite geben sollte, ist das nicht so gut. Am Ende des Studiums haben die Studenten so hohe Schulden, dass sie nur noch für ihre Schulden arbeiten müssten. Das heißt doch, den jungen Menschen ihre Freiheit zu klauen.	Welche Fragen sind aus welchen Gründen nicht zu beantworten? Unter welchen Bedingungen? Subjektives Urteil ohne Angabe einer Begründung: Welche Kredite? Welche Kreditgeber-/nehmer? Eigene Meinung oder Bezug auf eine Meinung? Sehr subjektiv formuliertes Fazit - was ist unter gestohlener Freiheit konkret zu verstehen?

Grundsätzlicher Kommentar:

Das Thema „Studiengebühren" ist ungeeignet, weil es sich im Rahmen einer Seminararbeit nicht umfassend behandeln lässt. Es muss in jedem Fall eingegrenzt werden.
Der Leser erfährt nichts über die (verifizierbaren) Quellen, die zugrunde gelegt wurden. So entsteht eher der Eindruck, Sie seien selbst betroffen und fürchteten, bei Einführung von Studiengebühren ein Studium nicht bezahlen zu können.

Aufgabe:

Versuchen Sie, die Einleitung zu überarbeiten und die Kommentare des Dozenten bei einer Neufassung zu berücksichtigen.

Übung 4

Art der Übung:	Schreiben einer Einleitung
Ziel der Übung:	Funktionale Elemente einer Einleitung formulieren/ Anwenden von Kommunikationsmitteln
Geeignet für Muttersprachler:	Ja
Nichtmuttersprachler:	Ja (ab Niveau C1)

Aufgabe:

Schreiben Sie eine Einleitung zu der Seminararbeit „Die integrierten Schulen Nordirlands"[3]. Benutzen Sie dabei das folgende Inhaltsverzeichnis (Seminararbeit einer Studentin aus dem Schreibkurs „Übungen zum Schreiben, Niveau B2", WWU Münster).

Achten Sie darauf, dass alle wichtigen funktionalen Elemente einer Einleitung in Ihrem Text vorkommen, und verwenden Sie Kommunikationsmittel aus dem Lehrbuch (siehe Kapitel 13).

Inhaltsverzeichnis

1 Einleitung
2 Die verschiedenen Schulsysteme Nordirlands (Controlled Schools,
  Catholic Maintained Schools, Voluntary Grammar Schools,
  Grant Maintain Integrated Schools)
3 Probleme der getrennten Schulen aus Sicht
  des Bildungsforschers Dominic Murray
4 Ziele der integrierten Schulen
5 Ein Beispiel einer integrierten Grundschule
  nach Untersuchungen von Claire McGlynn
    5.1 Anteil der verschiedenen Konfessionen in der Schule
    5.2 Konzepte zur Sicherung der Akzeptanz zwischen den Konfessionen
    5.3 Beteiligung der Eltern
6 Probleme der integrierten Schulen
7 Zukunft der integrierten Schulen
    7.1 Maßnahmen der Regierung Nordirlands zur Gründung integrierter Schulen
    7.2 Rolle der Eltern bei der Gründung integrierter Schulen
8 Fazit

Literaturverzeichnis

---

3   Erläuterung: Unter „integrierten Schulen" versteht man Schulen, denen Schüler, Lehrer und Verwaltung in beiden Konfessionen angehören.

Hier finden Sie die Originaleinleitung als Beispiel. Sie wurde im Hinblick auf grammatische und syntaktische Fehler überarbeitet.

I Einleitung

Die Bewohner Nordirlands befinden sich seit dem 17. Jahrhundert in einem ethnisch-religiösen Konflikt zwischen den katholischen Iren (Nationalisten) und den protestantischen englisch- und schottischstämmigen Bewohnern (Unionisten). Seit 1969 sind 3.349 Bürger ums Leben gekommen.[1] Obwohl 1998 der Friedensvertrag „Good Friday Agreement"[2] unterschrieben wurde, gibt es immer noch Missverständnisse, Diskriminierung und Trennung zwischen den protestantischen Unionisten und den katholischen Nationalisten. Zum Beispiel wohnen die englisch-/schottischstämmigen protestantischen Bewohner und die irischen katholischen Bewohner in getrennten Gemeinden, wobei manche mit einer Mauer oder einem Fluss als Trennlinie mit Gewalt kontrolliert werden. Es gibt auch getrennte Sportvereine und Firmen.[3] Die meisten Ehepaare sind auch nicht mit Unionisten und Nationalisten gemischt.[4]

Ein anderer Aspekt des Lebens, der in Nordirland ebenfalls getrennt ist, ist das Schulsystem. Katholiken und Protestanten gehen auf verschiedene Schulen, in denen nur Lehrer der gleichen Konfession unterrichten und die Klassenkameraden auch fast alle derselben Konfession angehören. 1981 gab es aber die erste integrierte Schule in Nordirland mit Schülern, Lehrern und Verwaltung verschiedener Konfessionen. Heute gibt es 61 integrierte Schulen in Nordirland – verbunden mit der Hoffnung, dass integrierte Schulen zu einem besseren Verständnis und Respekt der Bürger Nordirlands zueinanderführen[5].

Daher ist die zentrale Frage, welche Rolle die integrierten Schulen im Friedensprozess Irlands spielen.

In dieser Arbeit wird untersucht, warum integrierte Schulen gegründet wurden und welche Ergebnisse in der Gesellschaft erzielt wurden. Die Arbeit konzentriert sich auf die Integration der Schulen als Weg, Konflikte zwischen Katholiken und Protestanten zu vermindern. Zu Beginn werden die verschiedenen Schulsysteme Irlands dargestellt. Danach wird das Ziel der integrierten Schulen vorgestellt. Weiterhin wird am Beispiel einer integrierten Städtischen Grundschule untersucht, wie die integrierten Schulen funktionieren. Schließlich wird diskutiert, was die integrierten Schulen in Zukunft machen müssen. Eine Lösung des Nordirland-Konflikts zu finden ist unmöglich, aber durch gesellschaftliche Veränderungen – zum Beispiel im Schulsystem – ist denkbar, dass Nordirland eventuell Einigung erzielen könnte.

---

1 Police Service of Northern Ireland (PSNI): Deaths due to the Security Situation in Northern Ireland 1969–2003: http://www.psni.police.uk/deaths_cy-13.doc.

2 The Agreement: The Agreement Reached in Multi-Party Negotiations. Belfast. 10. April 1998.

3 „CAIN: Background Essay on the Northern Ireland Conflict." CAIN: Northern Ireland Conflict, Politics, & Society. Information on „the Troubles" 1996. Web. 08 July 2010. <http://cain.ulst.ac.uk/othelem/landon.htm>.

4 „Northern Ireland Abstract of Statistics Online." NISRA – Northern Ireland Statistics and Research Agency. Web. 30 June 2010. <http://www.nisra.gov.uk/archive/uploads/ publications/abstract_online/Chapter2HousingandHouseholds.html>.

5 „IE Movement." NICIE – Northern Ireland Council for Integrated Education. Web. 30 June 2010. <http://www.nicie.org/aboutus/>.

Übung 5

Art der Übung:	Überarbeiten einer Einleitung
Ziel der Übung:	Überarbeiten im Hinblick auf funktionale Elemente einer Einleitung/Themeneingrenzung/wertendes Schreiben/ sprachlichen Ausdruck
Geeignet für Muttersprachler:	Ja
Nichtmuttersprachler:	Ja (ab Niveau C1)

Eine Studentin der Interkulturellen Germanistik erhält eine Rückmeldung von ihrem Betreuer, dass sie ihre Einleitung überarbeiten solle, die sie ihm zur Leseprobe gezeigt hatte.

---

1 Einleitung

Das Thema ‚Globalisierung der Kommunikation' befindet sich in den letzten Jahren immer mehr im Zentrum wissenschaftlicher und nicht-wissenschaftlicher Diskussionen. Allerdings wird alltäglich sehr oft über die Konsequenzen der Globalisierung der Kommunikation diskutiert und selten darüber, was zu dieser Globalisierung geführt hat und welche Schritte sie ermöglicht haben; ebenso wenig wie aus einer sehr geographisch begrenzten Kommunikation eine globale wurde, wann diese Entwicklung anfing, wie sie sich entwickelte, veränderte und wie sie heute aussieht und unser aller Leben beeinflusst. Obwohl im Alltag wenig darüber gesprochen wird, gibt es zahlreiche Wissenschaftler, die sich mit diesem Thema beschäftigen.

Da es immer sehr wichtig ist, den Ursprung der aktuellen Phänomene zu kennen, um diese besser verstehen zu können, werde ich mich in meiner folgenden Arbeit hauptsächlich auch mit dem Ursprung der globalen Kommunikationsnetze beschäftigen und wie globale Kommunikation heutzutage erlebt wird.
Ich werde auf wissenschaftliche Werke zurückgreifen, die besonders wichtig sind für die Ausarbeitung der Theorien über dieses Thema.
Im Detail werde ich im Kapitel 2 auf die drei Ereignisse eingehen, die eine große Rolle bei der Globalisierung der Kommunikation spielten: die Verlegung von Kommunikationskabeln auf dem Meeresgrund, die Entstehung internationaler Nachrichtenagenturen und die Einführung internationaler Standards für die Vergabe von Funkfrequenzen. Im 3. Kapitel werde ich einen Überblick über die heutige globale Kommunikation großer Unternehmen wie Bertelsmann, Time Warner geben sowie die Möglichkeiten der Satellitenkommunikationstechnologie und einige Konsequenzen der fast unbegrenzten globalen Kommunikation vorstellen. Abschließend möchte ich auf die Rolle des Kontexts eingehen, der bei der Ausstrahlung globaler Nachrichten eine Rolle spielt. Dies wird am Beispiel China behandelt.

Der Betreuer kritisiert unter anderem,

- dass der Gegenstand nicht deutlich sei bzw. zwei Themen in der Arbeit behandelt würden, eine konkrete Fragestellung dagegen fehle;
- dass nicht deutlich sei, warum China als Beispiel herangezogen werde;
- dass der sprachliche Ausdruck zum Teil ungenau sowie subjektiv und aufgrund langer Sätze leseunfreundlich sei.

Aufgabe 1:

a) Markieren Sie Stellen, in denen der Gegenstand/das Thema der Arbeit genannt wird.
b) Suchen Sie sprachliche Ausdrücke, die relationale Angaben enthalten (z.B. selten, heutzutage) und korrigieren Sie die Aussagen, indem Sie diese durch absolute Angaben (z.B. im Jahr 2010) ersetzen.
c) Markieren Sie die Stellen mit subjektiver Ausdrucksweise (z.B. ich) und ersetzen Sie diese durch unpersönliche Wendungen.
d) Überarbeiten Sie den zweiten Satz der Einleitung so, dass er lesefreundlich wird.

Aufgabe 2:

Bitte schreiben Sie die Einleitung zu der Hausarbeit neu, indem Sie die Ergebnisse aus Aufgabe 1 in die Einleitung einarbeiten und dabei die Kritikpunkte des Betreuers berücksichtigen.

5   Verfassen eines Schlusskapitels

Henri ist irritiert, weil sein Freund mitten im Gespräch auflegt. Aus seiner Sicht hat Johannes die Erzählung nicht beendet. Zudem hat er sich nicht verabschiedet.

5.1   Funktion eines Schlusskapitels

Ebenso wie ein Gespräch erfordert eine Seminararbeit einen Abschluss. Der Schluss dient der Orientierung über die erzielten Ergebnisse (siehe Tabelle 5.1) und bildet zusammen mit der Einleitung den Rahmen für die Arbeit. Somit ist er unverzichtbarer Bestandteil des Textes.

5.2   Elemente des Schlusskapitels

Damit der Schluss seine Aufgaben für den Leser erfüllt, sollte er eine Zusammenfassung der Ergebnisse aufweisen. Er kann zum Beispiel um eine Schlussfolgerung oder einen Ausblick ergänzt werden. Ein Beispiel für einen gelungenen Schluss finden Sie in der folgenden „Beispielanalyse eines Schlusses".

Beispielanalyse eines Schlusses

Grammatische Phänomene / Kommunikationsmittel	6.3 Abschließendes Fazit	Funktionale Elemente
		Je nach Konzeption der Arbeit sind andere Benennungen möglich, wie z. B. *Resümee, Schluss.*
Die vorangegangenen Ausführungen haben gezeigt, dass [...].	Die vorangegangenen Ausführungen haben gezeigt, dass die Frage, inwieweit Behörden innovationsfähig sind und inwiefern sich Innovationen dort im Rahmen von Diffusionsprozessen verbreiten, sehr komplex ist.	zentrale Fragestellung
In dieser Arbeit konnte diesbezüglich [...] betrachtet werden.	In dieser Arbeit konnte diesbezüglich nur ein sehr kleiner Ausschnitt der Problematik am Beispiel eines sehr speziellen Bereiches des Bibliothekswesens betrachtet werden.	Zusammenfassung
Eine umfassendere Untersuchung [...] wäre interessant und wünschenswert, hätte den Rahmen dieser Magisterhausarbeit aber gesprengt.	Eine umfassendere Untersuchung dieser Mechanismen wäre interessant und wünschenswert, hätte den Rahmen dieser Magisterhausarbeit aber gesprengt.	Problematische Aspekte / Ausblick
Aufgrund der durchgeführten Untersuchungen lassen sich [...] erkennen.	Dennoch lassen sich aufgrund der durchgeführten Untersuchungen Tendenzen erkennen, die zwar nicht als repräsentativ für das Bibliothekswesen oder gar Behörden in Deutschland insgesamt gelten können, die aber einen Einblick in die Mechanismen von Diffusion und Innovation im eng begrenzten Bereich des Bibliothekswesens geben.	
Auch kann [...] der Schluss gezogen werden, dass [...].	Auch kann aufgrund der Aussagen vieler Befragter zumindest der Schluss gezogen werden, dass die Entwicklungen in vielen anderen Einrichtungen des Bibliothekswesens durchaus vergleichbar mit denen sind, die in den untersuchten Institutionen anzutreffen waren.	Schlussfolgerung / Fazit
	Die Übertragbarkeit auf andere Bereiche des öffentlichen Dienstes ist aufgrund der besonderen Struktur des Bibliothekswesens sehr beschränkt. Dennoch sind in den untersuchten Bibliotheken einige Diffusions- und Innovationsmechanismen anzutreffen, die als vorbildhaft gelten können.	
Abschließend lässt sich feststellen, dass [...].	Abschließend lässt sich feststellen, dass die Innovationsbereitschaft in den untersuchten Institutionen innerhalb des Bibliothekswesens außergewöhnlich hoch ist. Die Diffusion von Innovationen innerhalb des Bibliothekswesens wird dadurch beschleunigt. Soweit die äußeren Rahmenbedingungen sich nicht gravierend verschlechtern, ist das Potenzial vorhanden, auch in Zukunft durch sinnvolle Neuerungen den Service für die Bibliotheksbenutzer zu verbessern und die zur Verfügung gestellten finanziellen Mittel sinnvoll zu verwenden.	Ausklang / Abschließen der Arbeit
	Niehäuser, Sören: Behörden und Innovation: Eine praxisorientierte Untersuchung am Beispiel der Einführung der Dienstleistung „Nutzerauskunft per Chat" an Hochschulbibliotheken; http://miami.uni-muenster.de/servlets/Document Servlet?id=2724; online am 11.08.2006.	

In der folgenden Tabelle werden die möglichen Elemente des Schlusskapitels erläutert. Ihre Reihenfolge und die Ausführlichkeit der Behandlung können variieren. Die Fragen können Ihnen bei der Ausformulierung helfen.

Elemente	Mögliche Fragen zur Bearbeitung
Zentrale Fragestellungen	
Die Arbeit zusammenfassen	• Welche Ergebnisse wurden erzielt?
Ein Fazit/eine Schlussfolgerung ziehen	• Wie lassen sich diese Ergebnisse in den wissenschaftlichen Diskurs einordnen? • Welche Konsequenzen können diese Ergebnisse haben?
Problematische Aspekte reflektieren/ Methodenkritik	• Auf welche Fragen konnte trotz Bearbeitung in der Seminararbeit keine Antwort gefunden werden? • Warum war es im Rahmen der Arbeit nicht möglich, zu einer befriedigenden Antwort zu kommen?
Einen Ausblick formulieren	• Wie könnten die Ergebnisse Ihrer Arbeit für weitergehende Fragestellungen genutzt werden? • Welche Anwendungsfelder ergeben sich für die Praxis? • Welche Fragen konnten wegen der Eingrenzung des Themas nicht beantwortet werden und könnten in einer nächsten Seminararbeit/der weiteren Forschung bearbeitet werden?

Tab. 5.1: Elemente des Schlusskapitels

Die folgenden Beispiele dienen dazu, diese Elemente zu veranschaulichen:

**Ein Fazit/
eine Schluss-
folgerung ziehen**

Die vorangegangenen Ausführungen haben gezeigt, dass die Frage, inwieweit Behörden innovationsfähig sind [...], sehr komplex ist. In dieser Arbeit konnte diesbezüglich nur ein sehr kleiner Ausschnitt der Problematik am Beispiel eines sehr speziellen Bereiches des Bibliothekswesens betrachtet werden.

Niehäuser, Sören: Behörden und Innovation: Eine praxisorientierte Untersuchung am Beispiel der Einführung der Dienstleistung „Nutzerauskunft per Chat" an Hochschulbibliotheken; http://miami.uni-muenster.de/servlets/DocumentServlet?id=2724; online am 11.08.2006.

Methodenkritik

Angesichts der starken Fehlervarianz im GEPAQ empfiehlt es sich, wenn möglich auf ein reliableres Messinstrument zurückzugreifen. Hierzu könnte der BSRI zählen [...]. Für deutschsprachige Untersuchungen ist er auch geeignet, da es eine deutsche Fassung gibt.
[...]
Kleinere Probleme gibt es auch bei der Operationalisierung zivilcouragierten Handelns. Hier ist die Homogenität der ZC-Indikatoren im Szenario „Alkohol" lediglich ausreichend, während die Homogenität der Indikatoren in den übrigen Szenarien zufrieden stellend ist. Daher wäre es gut, wenn auch eine (noch) reliablere Operationalisierung gefunden werden könnte. Allerdings dürfte dies schwierig werden, da es für diesen Bereich noch keine psychologischen Testverfahren gibt.

Mohseni, R. M.: Auswirkung von moralthematischem Kontext, sozialem Geschlecht und Angstbewältigungsstrategien auf die Bereitschaft zu zivilcouragiertem Handeln: eine empirische Untersuchung; http://psydok.sulb.uni-saarland.de/volltexte/2005/508/; online am 02.10.2006.

**Einen Ausblick
formulieren**

Einige Änderungen sind dazu bereits jüngst in Kraft getreten. Dennoch scheint weiterhin Handlungsbedarf zu bestehen.

Bartsch, Jens: Bildungsinvestition – eine staatliche Aufgabe? http://www.hausarbeiten.de/faecher/hausarbeit/vwl/21380.html; online am 17.07.2006.

Sie können das, was Sie in der Einleitung behandelt haben, im Schlusskapitel wieder aufgreifen. Die folgende Tabelle zeigt übliche Verbindungen zwischen den einzelnen Elementen der Einleitung und des Schlusses. Beispiel: Die in der Einleitung vorgenommene Eingrenzung des Themas kann, das zeigen die beiden Pfeile, sowohl in der Reflexion problematischer Aspekte als auch im Ausblick noch einmal aufgegriffen werden.

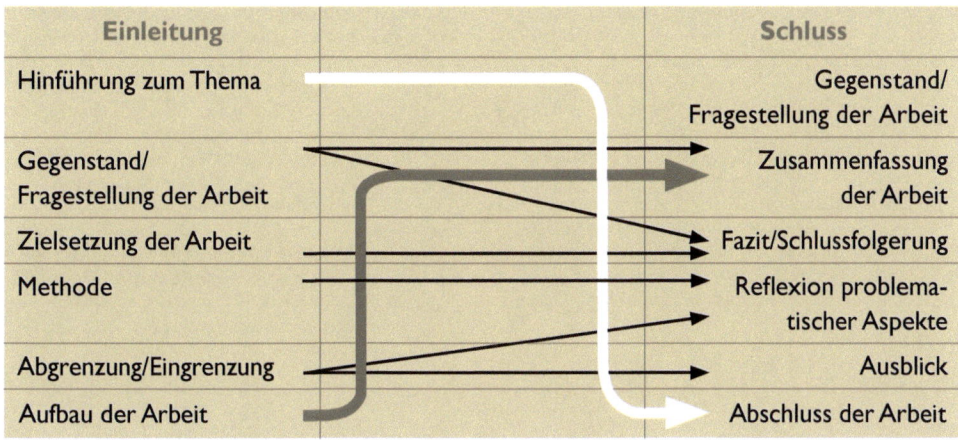

Tab. 5.2: Verbindungen zwischen Einleitung und Schluss

Einige Beispiele veranschaulichen die erwähnten Verbindungen:

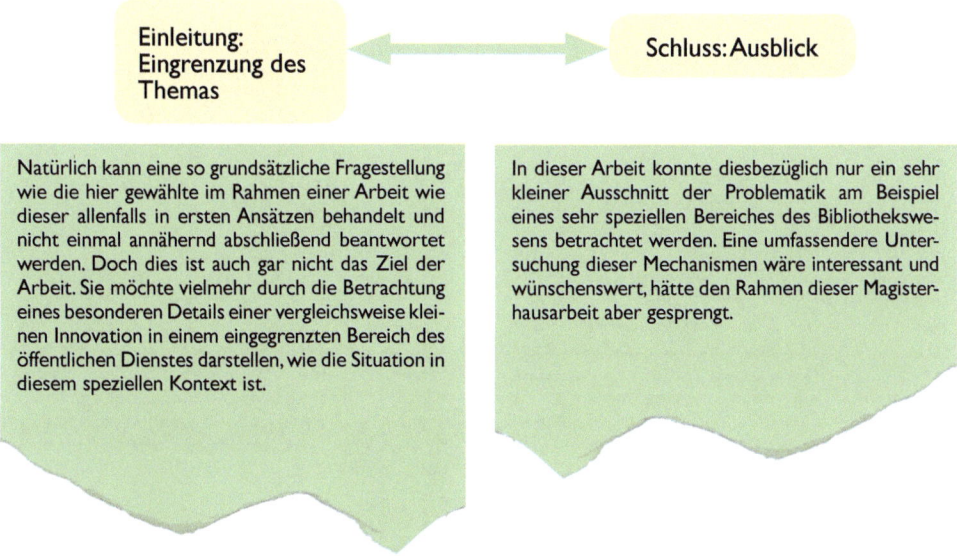

77

Einleitung: Zielsetzung ←→ **Schluss: Fazit**

Fraglich ist also, wie sich in Folge von Alterung und Bevölkerungsschrumpfung nicht nur das Niveau, sondern vor allem die Struktur des zukünftig verfügbaren und damit auch des letztendlich beschäftigten Humankapitals verändert. Das Humankapital kann insbesondere nicht mit den formalen Bildungsabschlüssen der Erwerbsfähigen gleichgesetzt werden, wenn die Leistungsfähigkeit mit zunehmendem Alter einer Erwerbsperson wesentlich stärker durch arbeitsplatzbezogene Erweiterung ihrer Kenntnisse, Weiterbildung oder Nichtnutzung ursprünglich erlernter Fähigkeiten bestimmt wird. Vielmehr wird in der vorliegenden Arbeit ein Humankapitalbegriff abgeleitet, der es erlaubt, die produktiven Eigenschaften der Arbeitnehmer altersabhängig bzw. am Erwerbslebenszyklus orientiert in mehrere Komponenten gegliedert zu erfassen.

Die unaufhaltsam voranschreitende Alterung der deutschen Bevölkerung wird in der Öffentlichkeit zumeist als Problem für die Sozialversicherungssysteme wahrgenommen […]. In der vorliegenden Arbeit wurde hingegen untersucht, welche Konsequenzen sich aus dem demografischen Wandel für das gesamtwirtschaftlich verfügbare und tatsächlich genutzte Humankapital ergeben. Das Humankapital ist gerade deshalb so wichtig, weil es in einer modernen Volkswirtschaft auf dem Weg zur Informationsgesellschaft als Produktionsfaktor gegenüber dem Realkapital zunehmend an Gewicht gewinnt. Die grundlegende Aufgabe bestand darin, den Begriff Humankapital aufzubereiten und ihn in Abhängigkeit vom Alter darzustellen. Klassische Humankapitalindikatoren wie Schulbildung oder Einkommen allein sind als Indikator nicht ausreichend, weil sich dahinter verschiedene Kombinationen von Fähigkeiten verbergen können.

Stemmann, Ute U.C.: Humankapitalentwicklung in alternden Gesellschaften; http://nbn-resolving.de/urn:nbn:de:hbz:6-71699550477; online am 06.10.2006.

Einleitung: Aufbau ←→ **Schluss: Zusammenfassung**

Im 2. Kapitel wird zunächst kurz der bisherige und zukünftige Prozess der Alterung in Deutschland erläutert. Dafür wird der Begriff Alterung definiert und der Bezug zur Bevölkerungsgröße bzw. einer hier adäquaten Definition hergestellt. Zusätzlich müssen die das Ausmaß und die Geschwindigkeit der Alterung beeinflussenden Größen erläutert werden, da sie sich in ihrer Wirkungsweise auf unterschiedliche Bevölkerungsteile unterscheiden. Um schließlich die Bedeutung des Alterns gerade in Deutschland einschätzen zu können, werden zudem Vergleichsdaten aus anderen Industrieländern herangezogen.

In Kapitel 2 wurde zunächst die Relevanz der Alterung in Deutschland im Vergleich zu anderen Industriestaaten untersucht. Hierbei mussten zwei wichtige Unterscheidungen getroffen werden: Zum Ersten galt es, die Alterung der Gesamtbevölkerung von derjenigen der erwerbsfähigen Bevölkerung zu trennen. Nur letztere Größe beeinflusst direkt das verfügbare Humankapital. In diesem Zusammenhang kamen gewisse Zweifel hinsichtlich der Relevanz der Alterung für die zukünftige Humankapitalentwicklung auf. […] Zum Zweiten waren also Veränderungen der Altersstruktur und der Bevölkerungshöhe voneinander zu unterscheiden.

Stemmann, Ute U.C.: Humankapitalentwicklung in alternden Gesellschaften; http://nbn-resolving.de/urn:nbn:de:hbz:6-71699550477; online am 06.10.2006.

5.3   Abschließen der Arbeit: Das Allerletzte

Zu der Frage, wie Sie Ihre Arbeit abschließen können, finden Sie im Folgenden einige Vorschläge.

Aufzeigen einer wünschenswerten Entwicklung

Es bleibt zu hoffen, dass sich vergleichbare Entwicklungen – angepasst an den jeweiligen Bereich – in Zukunft verstärkt auch in anderen Behörden vollziehen. Gelingt dies, besteht eine große Chance, dass die Bürger in Zukunft „Behörden und Innovation" nicht mehr als zwei einander ausschließende Begriffe verstehen.

Niehäuser, Sören: Behörden und Innovation: Eine praxisorientierte Untersuchung am Beispiel der Einführung der Dienstleistung „Nutzerauskunft per Chat" an Hochschulbibliotheken; http://miami. uni-muenster.de/servlets/ Document Servlet?id= 2724; online am 11.08.2006.

Vorschlag für weitere Forschungen

Vergleiche zwischen Ländern, die vor ähnlichen Herausforderungen stehen, können sicherlich dazu beitragen nationale Handlungserfordernisse und -optionen aufzuzeigen. Ein gutes Beispiel hierfür stellt die PISA-Studie dar, die in Deutschland zu einer deutlichen Belebung der bildungspolitischen Diskussionen und zur Umsetzung verschiedener Konzepte führte. Auch im Bereich der Integrationspolitik können komparative Studien in Zukunft die Basis für den Austausch von wichtigen Erfahrungen und Erkenntnissen bilden.

Wilp, Markus: Die Arbeitsmarktintegration von Zuwanderern in Deutschland und den Niederlanden: Eine vergleichende Untersuchung zentraler Hintergründe, aktueller Entwicklungen und ausgewählter politischer Maßnahmen; http://nbn-resolving.de/ urn:nbn:de: hbz:6-32669490310; online am 11.08.2006.

Abschließende Stellungnahme

Aus diesen Kritikpunkten wird deutlich, dass seine Theorie zwar schlüssig ist, aber nicht auf empirischen Befunden fußt.

Weinrich, Karina (2007): Referatsausarbeitung zum Thema „Siegfried Kracauer und der expressionistische Film". Seminararbeit WWU Münster im WS 06/07.

6   Schreiborientiertes Lesen

9.55 Uhr auf dem Bahnsteig:
Marie, Henri und Johannes auf dem Weg nach Hamburg

Johannes:	Mist, unser Zug fällt aus! Typisch Bahn!
Marie:	Komm, reg dich nicht auf! Schaut schnell nach, wann der nächste Zug fährt. Ich hol uns da vorne am Automaten mal was zu trinken.

Marie geht.

Henri:	Schau mal Johannes, da fährt ja jetzt sogar ein direkter Zug nach Berlin.
Johannes:	Stimmt. Sonst musste man immer in Hamm umsteigen.
Henri :	Da könnten wir doch mal am Wochenende einen Kurztrip machen.
Johannes:	Hier, die Zeit passt ja auch, 16.37, das schaffen wir Freitag nach der Arbeit.
Henri:	18.37 würde auch noch einer fahren.
Johannes:	Ankunft 21.25, dann können wir gleich losziehen.

Marie kommt mit drei Bechern Kaffee wieder.

Marie:	Und? Wann fährt der Zug?
Johannes:	Ach ja, stimmt, haben wir ganz vergessen. Warte, ich schau schnell nach – 10.06 auf Gleis 3.
Marie:	Das ist ja in einer Minute, den schaffen wir jetzt auch nicht mehr. Wieso habt ihr so lange gebraucht? Ihr seid wirklich dämlich!

Henri und Johannes haben sich ablenken lassen und die Absicht, mit der sie den Fahrplan lesen wollten, vergessen. Mit anderen Worten: Beim Lesen des Fahrplans haben sie ihr ursprüngliches Leseinteresse verloren und sich der Idee gewidmet, einen Ausflug nach Berlin zu unternehmen. Entsprechend haben sie nach den passenden Informationen hierzu im Fahrplan gesucht.

6.1   Interessegeleitetes Lesen

Das Leseverhalten hängt davon ab, mit welcher Zielvorstellung Texte gelesen werden. In jedem Fall lesen Sie aus einem bestimmten Interesse, das jedoch unterschiedlich ausgerichtet sein kann. In Abbildung 6.1 sind exemplarisch verschiedene Leseinteressen dargestellt:

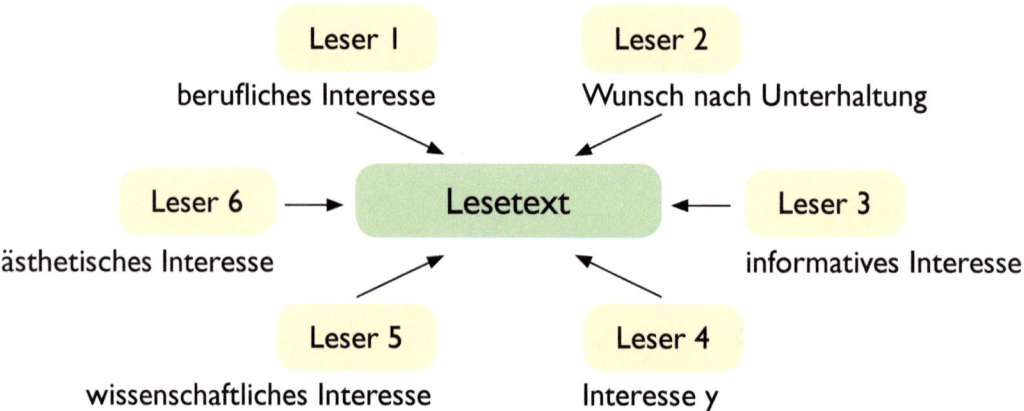

Abb. 6.1: Interessegeleitetes Lesen

Während das Lesen eines Romans meistens der Unterhaltung dient, geht es beim wissenschaftlichen Lesen darum, gezielt Informationen zu einem Thema zu finden und weiterzuverarbeiten. Das Lesen aus einem wissenschaftlichen Interesse mit dem Ziel, eine Seminararbeit zu schreiben, stellt insofern einen Spezialfall interessegeleiteten Lesens dar. Dieses interessegeleitete Lesen ist an den Anforderungen ausgerichtet, selbst einen akademischen Text zu verfassen (schreiborientiertes Lesen).

Haben Sie sich für ein Thema entschieden, recherchiert und Publikationen gefunden, stellt sich die Frage, mit welcher spezifischen Leseabsicht Sie die Texte lesen möchten. Suchen Sie beispielsweise nur eine Detailinformation für Ihre Seminararbeit, so reicht es, wenn Sie in der entsprechenden Publikation ausschließlich nach dieser Information suchen.

Bevor Sie mit dem Lesen beginnen, sollten Sie sich also eine bestimmte Leseabsicht überlegen, die davon abhängig ist, in welcher Lese- bzw. Schreibphase Ihrer Seminararbeit Sie sich befinden. Das spezifische Interesse in dieser Phase bestimmt dann Ihr Leseverhalten.

Beispiele für derartige schreiborientierte Leseabsichten und das daraus resultierende Leseverhalten sind in der folgenden Tabelle aufgeführt.

Beispiele für schreiborientierte Leseabsichten (Was ist mein Ziel?)	Leseverhalten (Wie kann ich dieses Ziel erreichen?)
… das Finden eines Themas	Recherche wissenschaftlicher Literatur (auf der Basis einer Lehrveranstaltung): • einen Überblick über das Themenfeld gewinnen, indem ausgewählte Publikationen orientierend gelesen werden • …
… das Einlesen in ein Thema	• sich einen Überblick über die Literatur zum Thema verschaffen • sich einen Überblick über wesentliche Inhalte des Themas verschaffen, indem man orientierend und kursorisch liest • durch kursorisches und selektives Lesen zentrale wissenschaftliche Erkenntnisse in ihrer groben Ausrichtung erkennen • …
… das Finden einer Fragestellung	• Fragestellungen wissenschaftlicher Publikationen durch selektives Lesen zum Beispiel von Einleitungen oder Abstracts kennen lernen • …
… die Suche nach Detailinformationen auf der Grundlage einer Fragestellung (siehe Kapitel 6.2)	• Auswahl von Textstellen, die die gesuchten Informationen enthalten, indem man selektiv liest • intensives Lesen dieser Textstellen • …
… die Entwicklung einer kritischen Haltung zur Publikation	• mittels intensiven Lesens die Tragfähigkeit der Fragestellung, der Argumentation, der angewandten Methoden, der abgeleiteten Erkenntnisse etc. überprüfen

Tab. 6.1: Leseabsichten und -verhalten beim Verfassen einer Seminararbeit

Ein nicht angemessenes Leseverhalten kann dazu führen,

- nicht zielgerichtet und damit unbrauchbare Texte zu lesen,
- für das Thema relevante Textstellen/Informationen nicht zu finden,
- Textstellen nicht korrekt zu verstehen und wiederzugeben,
- sich zu intensiv mit Texten und gegebenenfalls unnötig mit Detailinformationen auseinanderzusetzen.

Vor diesem Hintergrund ist es sinnvoll, das Verfassen einer Seminararbeit als einen Lese-Schreib-Prozess aufzufassen, bei dem die Qualität des Schreibens mit dem Leseverhalten eng zusammenhängt. Um diesen Zusammenhang exemplarisch zu erläutern, wurde eine fortgeschrittene Phase des Leseprozesses ausgewählt, die im folgenden Kapitel dargestellt wird.

6.2 Das frage- oder themengeleitete Lesen wissenschaftlicher Texte

Am Beispiel einer Seminararbeit zum Thema

> „Alles Eigentum des Staates führt Nachteile mit sich.“
>
> *Wilhelm von Humboldts Minimalstaatskonzept*
> *vor dem Hintergrund der merkantilistischen*
> *Wirtschaftsordnung seiner Zeit*[4]

soll gezeigt werden, wie bei der Leseabsicht „Finden von Detailinformationen" (siehe Tabelle 6.1) das mögliche Leseverhalten des Verfassers aussehen könnte.

Es wird dabei angenommen, dass der Verfasser bereits – eventuell aufgrund von Vorwissen oder als Ergebnis der Lesephase „Einlesen in das Thema" – thematische Aspekte erarbeitet hat, die er in seiner Seminararbeit behandeln möchte:

---

[4]   Preusse, Joachim (2005): „Alles Eigentum des Staates führt Nachteile mit sich." Wilhelm von Humboldts Minimalstaatskonzept vor dem Hintergrund der merkantilistischen Wirtschaftsordnung seiner Zeit; http://www.wiwi.uni-muenster.de/insiwo/Download/Hausarbeiten/Hausarbeit-Preusse.pdf; online am 20.01.2010.

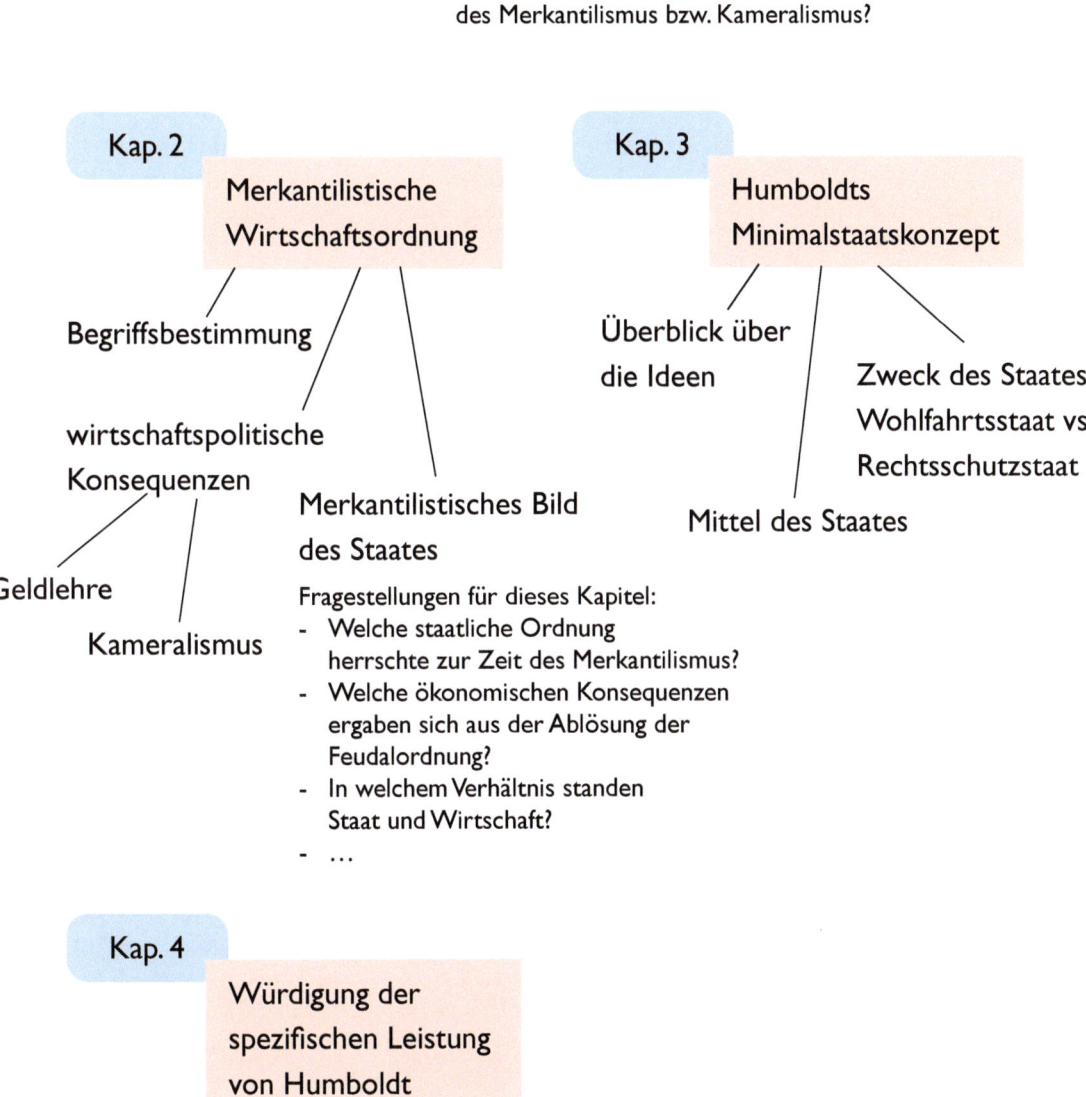

Kap. 1

Einleitung mit der zentralen Fragestellung:

Welche wirtschaftspolitischen Implikationen und Forderungen finden sich in Humboldts Ideen in Bezug auf das zu seiner Zeit herrschende Paradigma des Merkantilismus bzw. Kameralismus?

Kap. 2

Merkantilistische Wirtschaftsordnung

Begriffsbestimmung

wirtschaftspolitische Konsequenzen

Geldlehre

Kameralismus

Merkantilistisches Bild des Staates

Fragestellungen für dieses Kapitel:
- Welche staatliche Ordnung herrschte zur Zeit des Merkantilismus?
- Welche ökonomischen Konsequenzen ergaben sich aus der Ablösung der Feudalordnung?
- In welchem Verhältnis standen Staat und Wirtschaft?
- …

Kap. 3

Humboldts Minimalstaatskonzept

Überblick über die Ideen

Zweck des Staates: Wohlfahrtsstaat vs. Rechtsschutzstaat

Mittel des Staates

Kap. 4

Würdigung der spezifischen Leistung von Humboldt

Abb. 6.2: Mind-Map zur Seminararbeit

Der Verfasser hat also bereits drei Themenblöcke festgelegt, wie das vorausgehende Mind-Map veranschaulicht.

Er entscheidet sich dafür, Material zum Thema „Merkantilistisches Bild des Staates" zu suchen, zu lesen und dazu ein Kapitel zu schreiben. Auf der Grundlage der zentralen Fragestellung der gesamten Arbeit und seines Mind-Maps hat er Fragen formuliert (siehe Abbildung 6.2), die er in diesem Kapitel beantworten möchte.

Für den sich anschließenden fragegebundenen Leseprozess könnte er – vereinfacht und linear dargestellt – die folgenden Phasen durchlaufen:

a) Recherche für das Kapitel „Merkantilistisches Bild des Staates"

Die spezifischen Fragen an das Thema des Kapitels leiten den Verfasser bei seiner Recherche nach passender Literatur und bei der Entscheidung, ob ein Buch, ein Kapitel eines Buches oder ein Textabschnitt für das Kapitel verwertbar sind oder nicht. Eine Orientierung bieten:

- Titel
- Verfasser
- Publikationsjahr
- Klappentext
- Stichwort- und Inhaltsverzeichnis
- Personen- und Sachregister
- Zusammenfassungen
- die Einleitung
- das Schlusskapitel
- Über- und Zwischenüberschriften, Fettgedrucktes
- Abstracts
- Abbildungen/Grafiken
- Rezensionen
- usw.

Bei der Recherche zum Thema „Merkantilistisches Bild des Staates" hat der Verfasser die vier folgenden Titel als zentral angesehen:

Kolb, Gerhard (1998): Geschichte der Volkswirtschaftslehre. Dogmenhistorische Positionen des ökonomischen Denkens, München.

Schachtschabel, Hans G. (1971): Geschichte der volkswirtschaftlichen Lehrmeinungen. Stuttgart, Düsseldorf.

Söllner, Fritz (2001): Die Geschichte des ökonomischen Denkens. Zweite verbesserte Auflage, Berlin u. a.

Tichy, Geiserich E. (1970): Theoretische Grundlegung der Politischen Ökonomie. Wirtschaftstheorie als Gestaltungslehre, Berlin.

b) Selektiv lesen

Der Verfasser liest für sein Unterkapitel in den vier recherchierten Publikationen selektiv, indem er zum Beispiel auf der Grundlage von Schlüsselwörtern nach Antworten auf seine Fragen sucht. Er markiert die Passagen, in denen er für sein Kapitel relevante Informationen vermutet.

c) Intensiv lesen

Diese markierten Textteile liest er nun intensiv und entscheidet, was er in seine Seminararbeit einbinden möchte.

Um eine wissenschaftliche Publikation zielorientiert bearbeiten zu können, ist es hilfreich, sich die gestellten Fragen direkt vor Augen zu führen sowie eine möglichst präzise Vorstellung des zu schreibenden Textes zu haben. In der folgenden Abbildung ist ein Auszug aus einer Quelle, die der Verfasser nutzt, dem Text seiner Seminararbeit gegenübergestellt. Hieran wird deutlich, inwiefern er in seiner selektiven und intensiven Lesephase zentrale Informationen zur Beantwortung seiner Fragen rezipiert hat. Im Beispiel ist zu sehen, wie er die Quellinformationen in seinen eigenen akademischen Text als Zitat bzw. Paraphrase einbindet.

Benutzte Quelle: Schachtschabel (1971), S.20 f

Zweites Kapitel

Merkantilismus

Durch die großen Geistesströmungen der Renaissance sowie des Humanismus, aber auch durch realbedingte Wandlungen, verändern sich die politischen, gesellschaftlichen und wirtschaftlichen Verhältnisse grundlegend. [...]
Doch bestehen erhebliche nationale Unterschiede. Im kleinstaatlichen Deutschland der damaligen Zeit schlagen sich die merkantilistischen Strömungen in der spezifischen Form des Kameralismus nieder.

A. Das merkantile System

I. Das Verhältnis von Staat und Wirtschaft

1. Das entscheidende Merkmal ist die Suprematie des Staates über die Wirtschaft. Für den Staat ist die Wirtschaft ausschließlich Mittel staatlich-politischer Bestrebungen. Zwecks Erreichung der staatlich gesetzten Ziele, hat die Wirtschaft dafür die ökonomischen und finanziellen Mittel bereitzustellen.
2. [...]
Das Individuum wird zum wirtschaftlichen Handeln angeregt, es wird zugleich auf Ziele ausgerichtet, die den Gesamtinteressen förderlich sind. Allgemein gilt die Auffassung, daß es für das Ganze, also für den Staat, zweckmäßig ist, das Wirken und Walten der Einzelinteressen zielorientiert zu leiten und zu lenken. Dem Individuum gegenüber wird seine Glückseligkeit, vor allem in materieller Hinsicht, vielfach als Maxime betont, [...]

Text des Studenten*:

2.2 Merkantilistisches Bild des Staates

Das Europa des Merkantilismus ist durch die Ablösung der mittelalterlichen Feudalordnung und den Aufstieg der Nationalstaaten gekennzeichnet (vgl. zu besonderen Situation in Deutschland Kap. 2.3.3). Dies führte zu einem beschleunigten ökonomischen Wandel: „Handel, Industrie (vor allem Textil- und Glasindustrie) florierten; neue Institutionen wie die der Kapitalgesellschaft oder die der Lohnarbeit entstanden."[12] Als weitere Kontextfaktoren werden die Herausbildung der Ökonomie als ethisch und theologisch ungebundene Wissenschaft sowie der geistesgeschichtliche Hintergrund von Renaissance und Humanismus genannt, auf dem sich eine individualistische Naturrechtslehre entwickeln konnte.[13] Gleichwohl wird die Wirtschaft im Merkantilismus in den Dienst des Staates gestellt, individuelles ökonomisches Handeln wird durch nationalstaatliche Erfordernisse überlagert und an diese gekoppelt. In so weit [sic] können die wirtschaftspolitischen Lehren des Merkantilismus als staatswirtschaftlich bezeichnet werden. Diese „Suprematie des Staates über die Wirtschaft"[14] ist den absolutistischen und polizeistaatlichen politischen Strukturen geschuldet. Ziel war es dementsprechend, den Reichtum und die Macht der Nationen zu vermehren, was im Wege der Steigerung des gesamtwirtschaftlichen Produktionspotenzials erreicht werden sollte. Die kleinstaatlichen Verhältnisse in Deutschland haben zu einer spezifischen Ausprägung, dem Kameralismus, geführt. Im Folgenden sollen zunächst ausgewählte praxisorientierte Vorschläge der merkantilistischen Autoren vorgestellt werden, daran anschließend folgt eine Übersicht über den Kameralismus, unter dessen Vorherrschaft im Preußen des 18. Jahrhunderts die Ideen verfasst worden sind. Auf politisch und geographisch bedingte Unterschiede in der Argumentation, so z.B. den sog. Kommerzialismus in England oder den Colbertismus in Frankreich, kann im Rahmen dieser Arbeit nicht eingegangen werden.

12 SÖLLNER (2001), S. 10
13 Vgl. TICHY (1970), S. 32 f.; SCHACHTSCHABEL (1971), S. 20 f.
14 KOLB (1998), S. 16

* Preusse, Joachim (2005) „Alles Eigentum des Staates führt Nachteile mit sich."''Wilhelm von Humboldts Minimalstaatskonzept vor dem Hintergrund der merkantilistischen Wirtschaftsordnung seiner Zeit; http://www.wiwi.uni-muenster.de/insiwo/studieren/hausarbeiten.html; online am 19.06.2010.

6.3   Der Übergang vom Lesen zum Schreiben

Für den Schreiber akademischer Texte ist es wichtig, an seine Leser zu denken. Der Leser Ihrer Seminararbeit möchte erkennen, aus welchen Quellen Ihr Text hervorgegangen ist. Die Herkunft von Informationen und ihre Nachprüfbarkeit sind im wissenschaftlichen Diskurs von zentraler Bedeutung. Zwingend notwendig sind also Quellenangaben im Text.

Beim Lesen sollten Sie darauf achten, wie Sie das Gelesene bearbeiten, um beim Schreiben darüber verfügen zu können.

Die Einzeltätigkeiten bei der Bearbeitung der Quellen werden als

- Zusammenfassen,
- Paraphrasieren und
- Zitieren

bezeichnet. Entscheidend ist, wie Sie die so entstehenden Textteile in Ihre Seminararbeit einbinden (siehe Kapitel 7).

6.4   Übung

Art der Übung:	Literatur zu einem vorgegebenen Thema suchen, sie auswerten und die Einbindung in einen eigenen Text vorbereiten
Ziel der Übung:	Fragegeleitetes Lesen üben
Geeignet für	
Muttersprachler:	Ja
Nichtmuttersprachler:	Ja (ab Niveau B2)

Aufgabe 1:
Suchen Sie zu dem folgenden Inhaltsverzeichnis einer Seminararbeit Texte zu Kapitel 6.

Aufgabe 2:
Markieren Sie in den Texten die Stellen, die Sie verwenden wollen.

Aufgabe 3:
Bringen Sie die Textstellen in eine Ordnung zueinander (inhaltlich, zeitlich o. Ä.) und erstellen Sie für das Kapitel 6 eine Untergliederung.

http://www.wiwi.uni-muenster.de/insiwo/Download/Hausarbeiten/Hausarbeit-Schmitz-Huebsch.pdf;
online am 15.04.2010.

7   Einbinden fremder Textteile

Wissenschaftliches Arbeiten bedeutet nicht nur, sich eigene Gedanken zu machen, sondern erfordert auch, sich mit fremden Texten sowie Fakten, empirischen Daten etc. auseinanderzusetzen und sich darauf zu beziehen. Damit können Sie schon in einem frühen Stadium Ihres Studiums ein gewisses Maß an Fachkenntnissen zeigen.

Mit einer Seminararbeit ordnen Sie sich demnach in den wissenschaftlichen Diskurs ein, denn Wissenschaft ist nur im Kontakt und Austausch mit anderen wissenschaftlichen Positionen sinnvoll. Es gilt u. a.

- zu ermitteln und darzustellen, was zum Thema bereits veröffentlicht wurde;
- festzuhalten, welche Positionen sich dabei herausgebildet haben;
- empirische Daten in der Seminararbeit zu bearbeiten.

Die Aussagen fremder Texte müssen ihren Autoren klar zugeordnet werden. Sie dürfen auf keinen Fall fremde Gedanken übernehmen, ohne dies durch exakte Quellenangaben zu kennzeichnen.

Die Schreibtätigkeiten bei der Wiedergabe fremder Textteile sind das Zusammenfassen, Zitieren, Paraphrasieren und Definieren.

7.1   Zusammenfassen gelesener Literatur

Im Krankenhaus

Johannes:	Hallo Henri, wie geht's dir denn? Du siehst schon wieder richtig gut aus.
Henri:	Ach, hör doch auf. Mir geht's echt besch… , das kannst du dir gar nicht vorstellen.
Marie:	Jetzt reicht's aber. Ich dachte, dir geht's schon besser.
Henri:	Besser, besser … Die Schmerzen sind zwar weg, aber todlangweilig ist es hier. Kannst du mir nicht 'ne DVD vorbeibringen?
Johannes:	Klar. Was möchtest du denn sehen?
Henri:	Weiß ich doch nicht. Bring einfach irgendeinen guten Film mit.
Johannes:	„Jenseits der Stille" ist ein guter Film, den hab ich auch auf DVD.
Henri:	Wovon handelt der?
Johannes:	Es geht um ein Mädchen, das taube Eltern hat und das Klarinette spielen lernt. Aber der Vater hasst die Klarinette, weil er sie nicht hören kann.
Marie:	Also Johannes, wie kannst du Henri denn diesen Film empfehlen? Der lohnt sich überhaupt nicht. Kitsch, Vollmondromantik, Sonnenuntergangsstimmung, und das Mädchen ist einfach nur ein kleines Aas.
Johannes:	Henri, entscheide du.
Henri:	Soll ich mal wieder schlichten zwischen euch? Wisst ihr was, ich informiere mich im Internet. Hab ja Zeit hier.

Im Internet findet Henri dann Zusammenfassungen von „Jenseits der Stille", die sehr unterschiedlich sind.

Laras Eltern sind gehörlos. Wenn die Lehrerin das Ehepaar einbestellt, um über die schulischen Leistungen der Tochter zu klagen, oder wenn die Eltern einen Termin bei der Bank haben, muß Lara dolmetschen. So wie andere Kinder heimliche Laster, verbotene Idole, verschwiegene Freundschaften haben, so hat Lara ihre Klarinette, die ihr die Tante geschenkt hat. Die Töne tragen sie weg aus dem Reich der Stille, der Gebärdensprache, der wortlosen Spiele. Der Vater aber kann das Instrument, aus dem die Klänge kommen, nicht leiden, weil es ihn an sein eigenes Kindsein erinnert, an den Kampf des gehörlosen Jungen gegen seine musizierende Schwester, an das ungleiche Ringen um die Liebe der Eltern. Was er nicht hören kann, macht ihn zornig, und der Alltag wird zum stillen Krieg: Laras Musik gegen das Schweigen des Vaters. Als Lara schließlich nach Berlin zu ihrer Tante und später zu ihrem Onkel geht, um sich am Konservatorium zu bewerben, scheint der Konflikt zu eskalieren.

Caroline Links Debütfilm erhielt eine Oscar-Nominierung.

http://www.abm-medien.de/objektiv/32b.htm; online am 20.06.2005.

Erzählt wird die Geschichte von Lara, die als Tochter gehörloser Eltern bei ihrem Vater auf Unverständnis stößt, als sie beginnt sich für Musik zu begeistern. Die Familiengemeinschaft droht nach dem Tode der Mutter, an dem der Vater Lara die Schuld gibt, völlig zu zerbrechen.

Umschmeichelt von süßen Klarinettenklängen sinken die Zuschauer bald tiefer in ihre Sessel, um sich zu laben an der hemmungslosen Nettigkeit der Geschichte. Die erste Hälfte zeigt Lara als brilliantes [sic], kleines Aas, das versucht das Leben mit ihren behinderten Eltern mit der Liebe zu ihrer musizierenden Tante, und somit auch zur Musik in Einklang zu bringen. Glaubwürdige Charakter-Darstellungen sind da auch in kleinen Rollen zu betrachten, Howie Seago als Vater, Sibylle Canonica als Clarissa und erstmals, dafür aber sehr witzig und überzeugend Tatjana Trieb als gewieftes, kleines Mädchen. Später, als Lara, achtzehnjährig, in die Großstadt reist, wird die Geschichte konventioneller und ein bißchen zu putzig; mal ist's ein Sonnenuntergang oder ein Vollmond zu viel, dann trieft die junge Liebe von der Leinwand. Im Großen und Ganzen erfreut der Mut zum gefühls-echten Mainstream-Kino.

http://www.artechock.de/film/text/kritik/j/jedest.htm; online am 20.06.2005.

Die beiden Zusammenfassungen vom Inhalt des Films unterscheiden sich in einigen Punkten. Dennoch ist nicht eine von ihnen richtig und die andere falsch. Es werden lediglich unterschiedliche Schwerpunkte und Perspektiven gewählt.

Das ist insofern legitim, als bei Zusammenfassungen, entsprechend dem Leseinteresse (siehe Kapitel 6), nur die Informationen referiert werden, die für die Bearbeitung des eigenen Themas von Bedeutung sind. Schreibabsichten können sein:
- die Darstellung des aktuellen Forschungsstandes/einer Position zum gewählten Thema,
- die Gegenüberstellung wissenschaftlicher Positionen,
- …

Das Zusammenfassen ist eine Form der Verwendung öffentlich zugänglicher Literatur. Sie schreiben eine Zusammenfassung, indem Sie die Gedanken eines fremden Textes, die Sie als bedeutsam für das eigene Thema ausgewählt haben, mit eigenen Worten in Ihren Text integrieren.

7.1.1 Elemente von Zusammenfassungen

Eine Zusammenfassung ist ein Textbaustein, der einen Teil Ihres Gesamttextes (Seminararbeit) darstellt und in der Regel aus einer verkürzten Fassung eines Originaltextes oder aus Teilen dieses Originaltextes besteht.

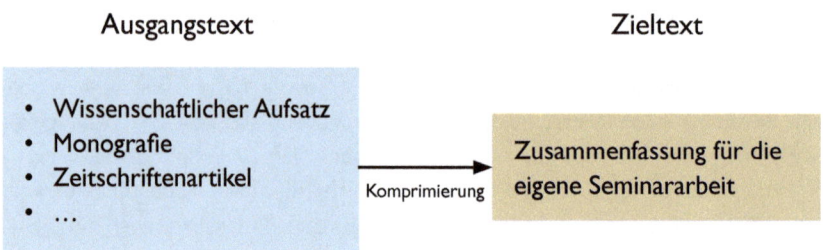

Abb. 7.1: Schematische Darstellung der Komprimierung eines Textes

Wenn Sie dem Leser zum Beispiel einen Überblick geben wollen, können Sie mehrere Ausgangstexte in eine Zusammenfassung integrieren.

Ausgangstexte   Zieltext

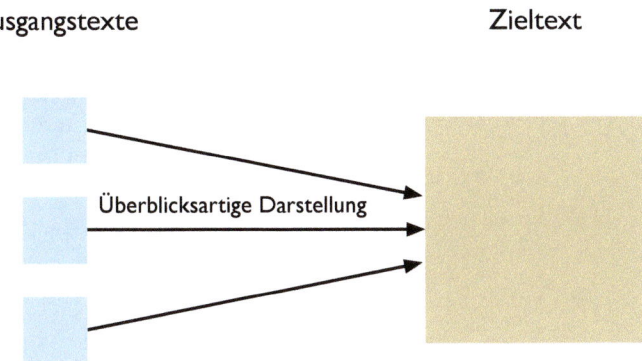

Abb. 7.2: Schematische Darstellung der Komprimierung mehrerer Texte

Der Zieltext wird in ihre Seminararbeit eingebunden (siehe Kap. 7.4.1 und 7.4.2). Er braucht zunächst eine sprachliche bzw. inhaltliche Anknüpfung an den vorhergehenden Textteil. In einem einleitenden Teil, dem sogenannten textbeschreibenden Abschnitt, können Informationen über den Ausgangstext gegeben werden, die der Leser einer wissenschaftlichen Arbeit erwartet. Alternativ können textbeschreibende Merkmale wie zum Beispiel Quellenangaben auch in einer Fußnote oder in einer Klammer (Müller 1990, S. 123) angegeben werden.

Eine Zusammenfassung enthält – vergleichbar einem Exzerpt – folgende Teile:

Anschluss an den vorherigen Textteil

Textbeschreibender Teil	Der Textbestandteil zur Orientierung des Lesers über den Text enthält • Informationen zu Textart, Autor, Erscheinungsjahr, Untersuchungsmethode, evtl. Forschungsrichtung und Kerninhalt des Textes. Er stellt eine Art Einleitung einer Zusammenfassung dar.
Inhaltsbezogener Teil	Die spezifische Zusammenfassung der Inhalte kann im Allgemeinen, entsprechend der eigenen Fragestellung, folgende Informationen enthalten: • ausgewählte Aussagen des Textes • Thesen des Autors • Untersuchungsergebnisse • Beispiele • Zitate besonders wichtiger Stellen • …

Kommentierender Teil	Die Einschätzung kann Informationen darüber enthalten, wie Sie sich als Autor der Seminararbeit zu dem Text stellen:
	• Ordnend, indem Sie den Text wissenschaftlich einer bestimmten Schule, einer Richtung oder einem Standort zuweisen etc.
	• Abgrenzend, indem Sie auf Besonderheiten dieses Autors oder Textes im Unterschied zu anderen hinweisen: Wie verhält sich die Aussage des zusammengefassten Textes zu den Kernaussagen anderer Autoren, die Sie referieren?
	• Beurteilend:
	  – Wie verhält sich die Aussage des zusammengefassten Textes zur Kernaussage Ihres Kapitels/Ihrer Arbeit?
	  – Wie beurteilen Sie die Argumentation?
	  – Wie schätzen Sie die Untersuchungsmethode ein?

 Überleitung zum nachfolgenden Textteil

Tab. 7.1: Teile von Zusammenfassungen

Die Länge der Zusammenfassung ist abhängig von der Bedeutung, die sie in Ihrem Text erhalten soll. Im Folgenden finden Sie die Beispielanalyse einer Zusammenfassung. Den Ausgangstext finden Sie im Anschluss.

Beispielanalyse einer Zusammenfassung mit dem Schwerpunkt „Seminarangebot"

Elemente einer Zusammenfassung		Sprachliche Merkmale
Vorhergehender Bestandteil: • Anknüpfen an vorausgegangene Textelemente • Spezifischen (eigenen) Gedankengang vorstellen	Bei der Fragestellung, welche Auswirkungen Studiengebühren auf das Lehrangebot der Universitäten haben, wird häufig die Situation in den USA herangezogen.	
Den Leser orientieren: • Vollständige bibliographische Angaben des Quelltextes • Kerninhalt des Textes nennen	Fritz Breithaupt gibt in seinem Artikel „König Student hält Hof. In Amerika werben Universitäten mit Event-Seminaren und Spaß-Vorlesungen. Denn Studiengebühren machen aus Studenten einflussreiche Kunden" (Die Zeit, 9.9.2004), in dem er sich mit dem unterschiedlichen Selbstbewusstsein amerikanischer und deutscher Studenten auseinandersetzt, wichtige Hinweise zur Beantwortung dieser Frage.	sich auseinander setzen mit etwas (Dat.)
	Im Gegensatz zur Situation in Deutschland, wo zur Zeit Fragen nach der Rechtmäßigkeit, der Sozialverträglichkeit und der Verwendung der Studiengebühren im Mittelpunkt der Diskussion ständen, werde in den USA der Rolle der Studenten als Kunden Aufmerksamkeit geschenkt, da die finanzielle Situation der Universitäten und damit die Anzahl der Stellen, Lehr- und Forschungsmittel und nicht zuletzt das Gehalt der Professoren von der Zahl und der Zufriedenheit der Studenten abhänge.	Konjunktiv
Spezifisch zusammenfassen: • Die für die eigene Fragestellung wichtigen Aussagen des Autors herausarbeiten	Für die oben genannte Fragestellung sind die folgenden Abschnitte des Artikels von Interesse, in denen Breithaupt verschiedene an amerikanischen Universitäten durchgeführte Maßnahmen, Studenten zu werben, vorstellt. Eine Marketing-Methode bestehe darin, attraktive, dem vorgeblichen Geschmack der breiten Mehrheit angepasste Kursthemen zu formulieren, wofür er mehrere Beispiele aus verschiedenen Fächern anführt. Eine andere Möglichkeit sei kurzfristig neue Fachbereiche zu eröffnen und neue Kurse anzubieten, sofern nur genügend zahlende Studenten bereit seien, sich in diesen einzuschreiben, wobei der Verfasser auch die Gefahr der möglichen Schließung von Instituten bzw. ganzer Universitäten bei fehlender Nachfrage thematisiert.	Für die oben genannte Fragestellung sind die folgenden Abschnitte des Artikels von Interesse ... Eine andere Möglichkeit sei... Der Verfasser thematisiert ... Der Autor nennt ...
	Die Einführung von Studiengebühren werde demgemäß für deutsche Universitäten eine Revolution bedeuten, ohne dass bisher über die Vor- und Nachteile dieses Modells – Breithaupt nennt im Folgenden noch den Kontakt zwischen Professoren und Studenten, die Durchführung universitärer Veranstaltungen und die Studiendauer – diskutiert worden sei.	
Einschätzen und Überleiten: • Durch eine Einschätzung des Zusammengefassten zum weiteren Text überleiten	Insofern lässt sich aufgrund der Beschäftigung mit dem amerikanischen Modell feststellen, dass die Einführung von Studiengebühren in Deutschland wohl nicht ohne Einfluss auf den Lehrbetrieb bleiben wird, wobei der negative – zu nennen ist die Orientierung an der Nachfrage der Studierenden und nicht in erster Linie an wissenschaftlichen Anforderungen – überwiegen dürfte.	

König Student hält Hof
Von Fritz Breithaupt

In Amerika werben Universitäten mit Event-Seminaren und Spaß-Vorlesungen. Denn Studiengebühren machen aus Studenten einflussreiche Kunden

Es ist nach Mitternacht, das Telefon klingelt. Ist jemand ins Krankenhaus eingeliefert worden? „Hallo, Professor Breithaupt, Jason hier. Ich wollte Sie wegen des Tests morgen fragen, ob Sie mir die Sache mit den Strukturelementen noch einmal erklären könnten?" Wir sind in Amerika, und wohl fast jeder Hochschullehrer hier hat ähnliche Anrufe bekommen. Die Studenten haben, neutral gesagt, ein anderes Selbstbewusstsein als ihre deutschen Kollegen. Sie sind zahlende Kunden.

In Deutschland wird derzeit vor allem über die Rechtmäßigkeit und die Sozialverträglichkeit der Studiengebühren gestritten und darüber, ob der erhoffte Geldsegen die Universitäten retten kann oder nicht. Dabei wird meist vergessen, dass Studiengebühr Geld anderer Art ist als das Geld, das vom Staat kommt. Studiengebühr macht die Studenten stark, denn wer zahlt, zählt. Es zählt, wie viele Studenten sich in einen Kurs einschreiben, wie viele in einem Fachbereich studieren und vor allem, wie sie ihre Zufriedenheit in quantifizierten Evaluationen kundgeben.

„Raumschiff Enterprise" statt „Bibelkunde"

Also heißt es für die Profs: Ran an den Feind. Es beginnt mit den Kursthemen. Statt „Einführung in die Kulturwissenschaft mit praktischer Übung" heißt es dann „Von der Hexe zum Serienmörder. Eine Kulturgeschichte des Verbrechens". Die Musikhochschulen werben Studenten anderer Disziplinen nicht mit „Methodenanalyse für Studenten im Nebenfach", sondern eher mit „Die Geschichte des Rock 'n' Roll". Theologen locken nicht mit „Bibelkunde", sondern mit „Raumschiff Enterprise und die Religion". Die Physiker werfen sich mit „Quantum-Rätsel für jedermann" ins Zeug, die Biologen kontern mit „Die Biologie der Dinosaurier". Und damit die Literaturwissenschaftler auch ja niemanden mit Textlastigkeit vergraulen, heißt es etwa: „Wer bin ich? Rasse, Gender und Identität".

Die Verwaltungen der Universitäten in den USA ebenso wie die der privaten Unis in Deutschland haben ihre administrative Struktur längst auf Geld als Organisationsmedium umgestellt. Sprich: Jede absolvierte Unterrichtseinheit eines Studenten bringt der Abteilung Geldpunkte ein. Und diese Geldpunkte bescheren der Abteilung Anrechte auf neue Professuren, Lehrmittel, Stipendien und auch Forschungsmittel. Ein kleiner Teil wandert dann auf Umwegen auch in die Lohntüte der erfolgreich Lehrenden. Mit der Studiengebühr, wenn sie denn kommt, steht der deutschen Universität eine Revolution bevor. Die Diskussion über die Vor- und Nachteile dieser Revolution des Kunden Student wird allerdings bislang noch nicht geführt.

Die Nachfrage bestimmt das Angebot. Fachbereiche und Kurssequenzen werden in kurzer Zeit aus dem Boden gestampft, sobald die Planer zahlende Studenten wittern. So kam es etwa zur Gründung der *creative writing*-Studiengänge. Just ist auch das lang versprochene und reich bebilderte Kursbuch *Porn Studies* in der sehr auf populäre und allzu populäre Themen ausgerichteten Duke University Press erschienen, welche das Unterrichten von Pornografie auf akademisches Niveau heben will. Niemand hat Zweifel daran, dass die Akademien sich zu verkaufen haben. Das Schreckgespenst kennen alle. Akademische Abteilungen werden geschlossen, wenn die Nachfrage sinkt, was auch traditionelle Fächer wie die Physik betreffen kann. Auch ganze Universitäten und Colleges können Pleite gehen. Allein seit 1980 haben in den USA mindestens 146 die Türen dichtgemacht, seit 1970 sogar 272, darunter renommierte Adressen wie kürzlich das 200 Jahre alte Bradford College.

Der Student ist König. Ein König ist aber neben seinem feudalen Auftreten gekennzeichnet durch den Hof von Vasallen, die ihn umwerben. Diesen Hof bilden neben den offiziellen Freizeitplanern und vielen Beratungszentren vor allem die Professoren.

Jeder Kontakt mit dem Studenten ist eine wichtige Dienstleistung. Das zeigt sich etwa in den Sprechstunden mit dem Professor. In Deutschland kann es da, in den 180 Sekunden, heißen: „Sie wollen eine Benotung der Seminararbeit? Dann geben sie noch mal her, dann muss ich das ja lesen." In der Service-Universität dagegen beginnt die Sprechstunde wie eine Therapiesitzung mit Smalltalk. Tatsächlich soll der Professor auch regelmäßig über den Zusammenbruch einer Beziehung hinwegtrösten. In der Hauptphase der Sitzung geht es um den Balanceakt, den König Student einerseits zu bestätigen und ihm andererseits zu erklären, dass er noch etwas zu lernen hat. Kein Treffen ohne Einladung zur baldigen Wiederkehr. Ein deutscher Professor in Amerika wird auch regelmäßig frequentiert, nur um über die besten Urlaubsziele zu informieren. „*Where is* Neuschwänstien?"

Die Seminarsitzungen ähneln Theaterimprovisationen. Immerhin muss das Kurstreffen in der erlebnisorientierten Universität bestehen können gegen das überreiche Freizeitangebot, finanziert ebenfalls durch die Studiengebühren.

Man denke als Vergleich an die erste Jura-Vorlesung, die ein deutscher Student zu überstehen hat. Der Professor hebt einmal kurz die gefürchteten rot gebundenen Loseblattsammlungen hoch, die alle zu erwerben haben. Das ist der Willkommensgruß. Dann öffnet er seine abgegriffene Mappe und liest. 45 Minuten später wird er seine Augen wieder heben. Auch in der amerikanischen *law school* geht es in der ersten Stunde zur Sache, auch dort sitzen 100 oder mehr junge Menschen auf harten

78 Stuhlreihen. Doch der Professor ruft als erstes einen Studenten mit Namen auf. Die
79 Namen kennt er bereits – etwa von einer DVD, die in der Orientierungswoche ange-
80 fertigt und verteilt wurde. Sofort beginnt ein Dialog, streng nach der sokratischen
81 Methode, zum ersten Fall. Sie rede in einer Veranstaltung selten mehr als eine Minute
82 am Stück, berichtet Hannah L. Buxbaum, Professor of Law an der Indiana University.
83 Alle Thesen kommen vom Studenten. Das ist sicher nicht allein der anderen Rechts-
84 kultur geschuldet. Wer zahlt, der redet. Und wer redet, der ist auch voll dabei.
85
86   „Sechs Minuten lesen kostet sieben Dollar"
87
88 Das Feindbild an der Service-Universität ist nicht der dumme Student, sondern der
89 gelangweilte. Einem Professor außerhalb der Mathematik fährt der Schreck in die
90 Glieder, wenn ein Student während der Veranstaltung den Taschenrechner zückt. Denn
91 vermutlich rechnet der Student dann aus, wie viel er für die just laufende Stunde ver-
92 geudet hat. Die sechs Minuten etwa, die das Lesen dieses Artikels kostet, würden
93 an einer privaten Universität als Teil einer Unterrichtseinheit mit etwa sieben US-
94 Dollar zu Buche schlagen.
95
96 Auch der Student, der nach Mitternacht den Professor heimsucht, ist nicht nur dreist.
97 Behutsam auf die Uhrzeit aufmerksam gemacht, sagt der: „Aber, Professor, ich muss-
98 te erst alle anderen Hausaufgaben erledigen. Um mein Studium zu verkürzen, muss
99 ich die Kurse von zwei Semestern in einem nehmen. Die volle Regelstudienzeit kann
100 ich mir nicht leisten."
101
102 http://www.zeit.de/2004/38/C-KurseUSA; online am 27.05.2007.

7.1.2   Das Zusammenfassen als Schreibprozess

Das Zusammenfassen lässt sich in vielfältiger Weise durchführen. Deshalb sind die folgenden Schritte beim Zusammenfassen exemplarisch zu verstehen.

Schritt 0 (Handlungsvoraussetzung): Entscheidung zum Zusammenfassen

Sie haben sich orientierend mit einem Ausgangstext (zum Beispiel „König Student hält Hof")
auseinandergesetzt und entschieden, dass er für die Bearbeitung Ihres Themas wichtig ist.
Deshalb möchten Sie ihn zusammenfassen.

Schritt 1: Überschriften für ausgewählte Absätze finden

Das geschilderte Vorgehen in den Schritten 1 und 2 gilt für jeden Absatz, den Sie zusammenfassen möchten:

- Sie lesen den konkreten Absatz genau.
- Sie markieren relevante Stellen und Schlüsselwörter. } Das heißt, dass Sie Wichtiges von Unwichtigem trennen.
- Sie notieren wichtige Stichwörter und ordnen diese. }
- Sie formulieren eine Überschrift zu dem Absatz, die das zentrale Thema des Absatzes erfasst.

Für den Zeitungsartikel „König Student hält Hof" könnten die folgenden Überschriften gefunden werden:

Absatz	Überschrift
1.	Student als Kunde: Beispiel an amerikanischer Universität
2.	Aktuelle Diskussion über Studiengebühren in Deutschland
3.	Maßnahmen zur Steigerung der Attraktivität von Seminaren
4.	Umstellung auf Geld als Organisationsmedium
5. bis Ende	Vor- und Nachteile von Studiengebühren

Schritt 2: Kernaussagen finden und in eigenen Worten formulieren

- Lesen Sie noch einmal die markierten, wichtigen Stellen des Absatzes.
- Verdeutlichen Sie sich mithilfe der Überschrift und der markierten Informationen die zentrale(n) Aussage(n) des Absatzes.
- Sie können aus den entnommenen Informationen die Kernaussage(n) formulieren, indem Sie die gefilterten, für Ihre Zusammenfassung relevanten Informationen in eigenen Worten und vollständigen Sätzen niederschreiben. Dabei übernehmen Sie Fachtermini wörtlich.

Wichtig bei diesem Schritt ist, dass Sie den ausgewählten Absatz auf das für Sie Wesentliche komprimieren und nicht möglichst vollständig alle enthaltenen Informationen wiedergeben.

Wenn Sie eine Zusammenfassung eines Teils Ihres Ausgangstextes erstellen möchten, formulieren Sie nur zu den Absätzen Kernaussagen, die Sie bei der Orientierung als informationstragend für Ihre Frage(n) an den Text ausgewählt haben. Sollten Sie sich unsicher sein, ob in weiteren Absätzen wichtige Informationen stehen, müssen Sie diese nach Schlüsselwörtern durchsuchen und eventuell ebenfalls genau lesen, um eine Kernaussage formulieren zu können.

Zu den fünf Überschriften lassen sich die folgenden Kernaussagen finden:

Absatz	Überschrift	Kernaussage
1.	Student als Kunde: Beispiel an amerikanischer Universität	Mit großem Selbstverständnis ruft ein Student an einer amerikanischen Universität mitten in der Nacht seinen Professor an, um Nachhilfe zu erhalten.
2.	Aktuelle Diskussion über Studiengebühren in Deutschland	Die deutschen Universitäten sind sich nicht einig, ob Studiengebühren rechtmäßig und sozialverträglich sind. Durch die Einführung von Studiengebühren steigt der Status der Studierenden.
3.	Maßnahmen zur Steigerung der Attraktivität von Seminaren	Seminare werden umbenannt, um Studierende anzulocken.
4.	Umstellung auf Geld als Organisationsmedium	Die Umstellung auf Geldpunkte bewirkt an amerikanischen und privaten deutschen Universitäten, dass hoch frequentierte Veranstaltungen und hohe Absolventenzahlen belohnt werden. Die Einführung von Studiengebühren bedeutet für deutsche Universitäten eine Revolution.
5.	Vor- und Nachteile von Studiengebühren	„Die Nachfrage bestimmt das Angebot." (Z. 39) Dies bedeutet, dass neue, vielversprechende Studiengänge geschaffen werden, wenn sie viele Studierende anlocken. Die Studierenden werden als zahlende Kunden behandelt und mit entsprechenden Serviceangeboten versorgt, so dass die gesamte Studienstruktur auf ihre Bedürfnisse ausgerichtet wird. Als Nachteile werden genannt, dass die Inhalte der Ausbildung zugunsten der Kundeninteressen vernachlässigt werden könnten und dass Studierende aufgrund der Kostenbelastung in kurzer Zeit studieren müssen.

Schritt 3: Wiederholen der Schritte 1 und 2

Wiederholen Sie nun die Schritte 1 und 2 für jeden Absatz, den Sie zusammenfassen möchten.

Schritt 4: Zusammenführen der Kernaussagen

Nun können Sie die einzelnen Kernaussagen zu einem zusammenhängenden Text zusammenführen. Hierfür müssen Sie zunächst überlegen, ob Sie die Kernaussagen in der ursprünglichen Reihenfolge übernehmen oder in Ihrer Zusammenfassung in veränderter Folge anordnen möchten. Zur Verknüpfung verschiedener Kernaussagen spielen insbesondere Konnektoren eine bedeutende Rolle, da diese über die Art der Zusammenhänge Aufschluss geben. Wenn Sie die Kernaussagen treffend formuliert haben, benötigen Sie den Ausgangstext nicht mehr. Häufiger ist es jedoch notwendig, beim Verbinden der Kernaussagen noch einmal gezielt in dem Ausgangstext nachzulesen, um geeignete Verbindungen zu finden, die die Intention des Autors berücksichtigen. Durch eine neue Sortierung der Kernaussagen und durch die Verknüpfungen müssen Sie die Kernaussagen zum Teil umformulieren und syntaktisch anpassen.

In der folgenden Übersicht finden Sie in der rechten Spalte die Notizen zur Anordnung der Kernaussagen.

Absatz	Überschrift	Kernaussage	Reihenfolge in der Zusammenfassung
1.	Student als Kunde: Beispiel an amerikanischer Universität	Mit großem Selbstverständnis ruft ein Student an einer amerikanischen Universität mitten in der Nacht seinen Professor an, um Nachhilfe zu erhalten.	Absatz wird in der Zusammenfassung nicht berücksichtigt, da es sich hierbei um ein Beispiel handelt. Thematisiert wird der Sachverhalt auch in Absatz 5.
2.	Aktuelle Diskussion über Studiengebühren in Deutschland	Die deutschen Universitäten sind sich nicht einig, ob Studiengebühren rechtmäßig und sozialverträglich sind. Durch die Einführung von Studiengebühren steigt der Status der Studierenden.	1. Abschnitt

3.	Maßnahmen zur Steigerung der Attraktivität von Seminaren	Seminare werden umbenannt, um Studierende anzulocken.	wird in den 3. Abschnitt integriert
4.	Umstellung auf Geld als Organisationsmedium	Die Umstellung auf Geldpunkte bewirkt an amerikanischen und privaten deutschen Universitäten, dass hoch frequentierte Veranstaltungen und hohe Absolventenzahlen belohnt werden. Die Einführung von Studiengebühren bedeutet für deutsche Universitäten eine Revolution.	2. Abschnitt
5.	Vor- und Nachteile von Studiengebühren	„Die Nachfrage bestimmt das Angebot." (Z. 39) Dies bedeutet, dass neue, vielversprechende Studiengänge geschaffen werden, wenn sie viele Studierende anlocken. Die Studierenden werden als zahlende Kunden behandelt und mit entsprechenden Serviceangeboten versorgt, so dass die gesamte Studienstruktur auf ihre Bedürfnisse ausgerichtet wird. Als Nachteile werden genannt, dass die Inhalte der Ausbildung zugunsten der Kundeninteressen vernachlässigt werden könnten und dass Studierende aufgrund der Kostenbelastung in kurzer Zeit studieren müssen.	3. Abschnitt

Das folgende Beispiel zeigt eine erste Zusammenfassung, in der die Kernaussagen neu angeordnet und durch logische Bezüge verknüpft sind.

Erste Zusammenfassung: Kernaussagen mit logischen Bezügen

Bislang sind sich deutsche Universitäten nicht einig, ob Studiengebühren rechtmäßig und sozialverträglich sind. Wenn Studiengebühren an deutschen Hochschulen eingeführt werden, steigt der Status der Studierenden. Durch die Einführung von Studiengebühren werden deutsche Universitäten revolutioniert. Denn eine organisatorische Umstellung auf Geldpunkte bedeutet für deutsche Universitäten eine Revolution. Die Umstellung auf Geldpunkte bewirkt an amerikanischen und privaten deutschen Universitäten, dass hoch frequentierte Veranstaltungen und hohe Absolventenzahlen belohnt werden. Folglich gilt dann auch für staatliche Hochschulen die marktwirtschaftliche Regel: „Die Nachfrage bestimmt das Angebot" (Z. 39). Dies bedeutet, dass neue, vielversprechende Studiengänge geschaffen werden, wenn sie viele Studierende anlocken. Die Studierenden werden also als zahlende Kunden behandelt und mit entsprechenden Serviceangeboten versorgt, so dass die gesamte Studienstruktur auf ihre Bedürfnisse ausgerichtet wird. Hierzu ist unter anderem zu zählen, dass Seminare attraktiver benannt werden, um Studierende anzulocken. Breithaupt führt ebenso Nachteile auf, die mit der Einführung von Studiengebühren zu erwarten sind, zum Beispiel, dass die Inhalte der Ausbildung zugunsten der Kundeninteressen vernachlässigt werden könnten und dass Studierende aufgrund der Kostenbelastung in kurzer Zeit studieren müssen.

Schritt 5: Eine eigene Stellungnahme formulieren

Bei der Stellungnahme geht es um eine Kommentierung des gelesenen Textes (siehe Kapitel 7.1.1).

Wahrscheinlich sind Ihnen bereits während des Lesens eigene Ideen zu dem Gelesenen gekommen. Diese können Sie während des Lesens in Form von Stichworten am Textrand vermerken, oder Sie können sich Ihre Ideen mithilfe Ihrer Zusammenfassung in Erinnerung rufen. Notieren Sie sich Ihre Kommentierungen zu dem Gelesenen in Stichworten und ordnen Sie sie anschließend nach der Übersicht in Kapitel 7.1.1. Dann können Sie Ihre Stellungnahme in vollständigen Sätzen formulieren. Bitte beachten Sie dabei, dass Sie alle Kommentierungen begründen und wenn möglich belegen müssen.

Notizen zur Stellungnahme

Einordnend	Der Artikel stammt aus dem Jahre 2004, also vor der Einführung von Studiengebühren an staatlichen deutschen Hochschulen. In Bayern erhoben staatliche Universitäten zum Wintersemester 2005/2006 erstmalig Studiengebühren in Höhe von 500 € pro Semester.
Abgrenzend	Breithaupt bezieht nicht eindeutig Stellung zum Thema, sondern bemüht sich um eine eher neutrale Darstellung. Anders sind Texte, die sich klar gegen die Erhebung von Studiengebühren aussprechen, zum Beispiel vom AStA (Allgemeiner Studierendenausschuss).
Beurteilend	Durch den Bezug zu der Situation an amerikanischen Hochschulen wird eine Vorstellung über die Folgen von Studiengebühren vermittelt. Insbesondere das Beispiel des Rat suchenden Studierenden verdeutlicht die Verstärkung des Servicecharakters. Eine Übertragung auf deutsche Universitäten leicht möglich.

Stellungnahme

Obwohl der Zeitungsartikel bereits aus dem Jahre 2004 stammt – also vor der ersten Einführung von Studiengebühren an staatlichen deutschen Universitäten –, zeigt er durch seinen Bezug zu amerikanischen Universitäten deutlich die Folgen der Erhebung von Studiengebühren auf. Insbesondere die verstärkte Kundenorientierung verhilft, nach Breithaupt, den Studierenden zu mehr Rechten. Aber ebenso erwähnt der Verfasser die Nachteile von Studiengebühren, zum Beispiel der Zwang durch die Kosten zu einem schnelleren und dadurch eventuell oberflächlicheren Studieren. Somit bemüht er sich um eine neutrale, umfassende Darstellung des Themas und äußert seine Position nicht eindeutig. Dies ist in Deutschland dem Meinungsjournalismus vorbehalten (Kommentar, Kritik, Glosse usw.), während Meldungen und Berichte ereignisbetont sind.

Schritt 6: Textbeschreibenden Teil formulieren

Der textbeschreibende Teil am Beginn Ihrer Zusammenfassung verschafft dem Leser eine Orientierung (siehe Kapitel 7.1.1). Daher sollten Sie sich vergegenwärtigen, welche Informationen der Leser benötigt, um den Kontext des Ausgangstextes vollständig nachvollziehen zu können.

> In seinem am 09.09.2004 in der *ZEIT* erschienenen Artikel „König Student hält Hof" setzt Fritz Breithaupt sich mit der Frage auseinander, welche Auswirkungen Studiengebühren an amerikanischen Universitäten haben.

Schritt 7: Einbinden der Zusammenfassung

Wenn Sie die Zusammenfassung in Ihre Seminararbeit einfügen, müssen Sie sowohl zu Beginn als auch zum Abschluss eine Kontextualisierung erreichen. Hierzu formulieren Sie zu Beginn eine Ankündigung, damit der Leser weiß, dass ihn eine Zusammenfassung erwartet und wozu sie im Rahmen der Seminararbeit dient.

Nach der Zusammenfassung leitet die Anbindung zum weiteren Fließtext Ihrer Seminararbeit über und verdeutlicht dem Leser den Zusammenhang zwischen dem Thema der Zusammenfassung und dem weiteren zu bearbeitenden Thema.

> **Überleiten vom eigenen Text zur Zusammenfassung**
>
> Neben innerdeutschen politischen und soziologischen Überlegungen zur Erhebung von Studiengebühren ermöglicht der Blick auf die Praxis an ausländischen Universitäten wertvolle Rückschlüsse für deutsche Hochschulen. Dies zeigt Breithaupt am Beispiel der Situation an amerikanischen Hochschulen auf.
>
> **Überleiten von der Zusammenfassung zum eigenen Text**
>
> Breithaupt zeigt durch die Übertragung der Situation an amerikanischen Universitäten auf die deutschen, welche Folgen die Einführung von Studiengebühren nach sich ziehen kann. Diese prognostizierten Folgen werden nun der tatsächlichen Situation an einigen ausgewählten Universitäten gegenübergestellt, die zum Wintersemester 2005/2006 Studiengebühren eingeführt haben und somit über erste Erfahrungen und Evaluationen verfügen.

In der folgenden Abbildung ist der Prozess des Zusammenfassens noch einmal schematisch im Überblick dargestellt.

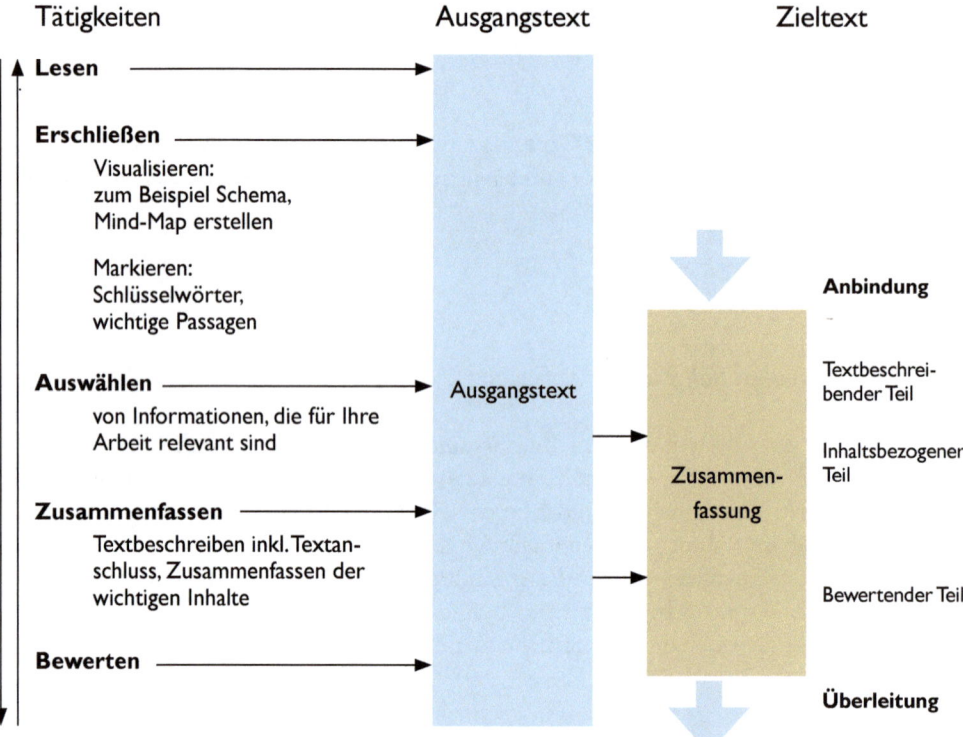

Abb. 7.3: Überblick über den Prozess des Zusammenfassens

Wichtig!	• Häufig haben Fehler einer Zusammenfassung ihre Ursache in einem ungenügenden Verständnis des Ausgangstextes. • Häufig ist die Distanz zum zusammengefassten Text nicht gewährleistet. • Häufig fehlen grammatische und sprachliche Markierungen von Textwiedergaben (siehe Kapitel 11.3).

7.2   Zitieren und paraphrasieren

> Ich schreibe einen Hit,
> die ganze Nation kennt ihn schon,
> alle singen mit,
> ganz laut im Chor, das geht ins Ohr.
> Keiner kriegt davon genug,
> alle halten mich für klug,
> hoffentlich merkt keiner den Betrug.
>
> Denn das ist alles nur geklaut,
> das ist alles gar nicht meine,
> das ist alles nur geklaut,
> doch das weiß ich nur ganz alleine,
> das ist alles nur geklaut
> und gestohlen,
> nur gezogen
> und geraubt.
> Entschuldigung, das hab' ich mir erlaubt.
>
> Und das ist alles nur geklaut ...
> [...]
>
> Die Prinzen (1993)
>
> © 2003, '04 lyricsgalaxy.de
> Script – © 2003, '04 by BGBe; online am 13.11.2004

Es ist allgemein bekannt, dass Diebstahl verboten ist, und dieses Verbot wird meistens akzeptiert – auch dann, wenn die Gefahr, beim Stehlen erwischt zu werden, nur sehr gering ist. Das Verbot gilt auch für die Gedanken anderer.

Neben Zusammenfassungen, die den Quelltext verkürzen, stellen Zitate und Paraphrasen einzelner Teile eines wissenschaftlichen Textes eine Möglichkeit dar, Bezüge zu Texten anderer Autoren herzustellen. Unter *Zitat* werden hier ausschließlich wörtlich wiedergegebene Textstellen verstanden. Die Wiedergabe von fremden Texten kann aber auch sinngemäß erfolgen. Diese Form der Wiedergabe mit eigenen Worten wird hier als *Paraphrase* bezeichnet. Zitate erlauben es beispielsweise den Lesern der Seminararbeit besonders gut, die Urheberschaft von Textstellen zu erkennen und sie damit in ihren ursprünglichen Kontext einzuordnen. Sie machen besonders (schon optisch durch die Anführungszeichen oder als Blockzitat) deutlich, dass der Autor der Seminararbeit das geistige Eigentum anderer Autoren respektiert. Gerade die Nachprüfbarkeit ist ein wesentliches Merkmal wissenschaftlichen Arbeitens. Um Nachprüfbarkeit zu gewährleisten, werden Quellen angegeben. So werden zum Beispiel Zitate und Paraphrasen auffindbar. Der Leser kann damit bei Bedarf in der Quelle selbst nachschlagen.

Grundsätzlich gilt darüber hinaus, nicht zu viele Zitate zu verwenden. Dadurch kann der Vorwurf des *name-dropping* vermieden werden. Zudem wird nicht der Eindruck erweckt, dass die eigene (Nicht)Meinung hinter den Positionen anderer Autoren versteckt wird.

Korrektes Zitieren und Paraphrasieren ist also Ausdruck einer wissenschaftlich korrekten Arbeitsweise. Jedes Zitat muss gekennzeichnet und die Quelle muss angegeben werden:

> „Unsere Vorstellungen von geistiger Urheberschaft sind relativ jungen Datums und tauchen in Verbindung mit der Entstehung des Urheberrechts Ende des 19. Jahrhunderts auf […].
> Heutzutage gilt das Verständnis, dass der Urheber („geistige Schöpfer") eines Werks das Recht auf Namensnennung hat. Er oder sie kann auch bestimmen, was mit dem Werk passiert und welche Bearbeitungen zulässig sind."
>
> Weber-Wulff, Debora: Von Wortverdrehern, Dünnbrettbohrern und Halbsatzpanschern; http://www.spiegel.de/unispiegel/studium/0,1518,222156,00.html; online am 26.09.2007)

Eine Ausnahme stellt lediglich allgemein bekanntes Wissen dar, das nicht mehr belegt werden muss.

Ob Textstellen zitiert oder paraphrasiert werden, hängt von der spezifischen Funktion ab, die diese Textstelle in Ihrer Arbeit hat.

Folgende Funktionen von Zitaten und Paraphrasen sind denkbar, wobei entweder inhaltliche oder eher stilistische Gründe für die Entscheidung ausschlaggebend sind, ob zitiert oder paraphrasiert wird.

Funktionen von Zitaten	• als Motto • als Möglichkeit der Vermittlung von Authentizität • zur Kennzeichnung besonders wichtiger Passagen des Quellentextes • zur exakten Übernahme (fach)wissenschaftlicher Terminologien
Funktionen von Zitaten und Paraphrasen	• als Ausgangspunkt einer eigenen Argumentation • zur Absicherung der eigenen Position • zur Markierung einer eigenen, gegensätzlichen Position
Funktion von Paraphrasen	• als Möglichkeit der Erzielung stilistischer Einheitlichkeit

Tab. 7.2: Funktionen von Zitaten und Paraphrasen

Gemeinsame Funktionen von Zitaten und Paraphrasen

Die vorgestellten Beispiele vermitteln einen Einblick in Funktionen, die Paraphrasen und Zitate gleichermaßen erfüllen.

In den folgenden drei Beispielen wäre es auch möglich gewesen, Paraphrasen an Stelle von Zitaten zu verwenden, da nicht der Stil, sondern der Inhalt relevant ist.

Das fremdsprachige Zitat zum Thema „Arbeitsmarktintegration" dient dem Verfasser als Ausgangspunkt für seine eigene Fragestellung, wie dieser Begriff operationalisiert werden kann.

Zitate und Paraphrasen als Ausgangspunkt einer eigenen Argumentation

[...] Die bisherigen Ausführungen können auf den für die vorliegende Untersuchung besonders relevanten Begriff der Arbeitsmarktintegration übertragen werden. Folglich bezeichnet auch dieser Terminus sowohl einen Prozess als auch einen angestrebten Zustand. Die für diesen Bereich maßgebliche Zielsetzung lautet: „Successful labour market integration should be reflected in employment structures that are the same, in terms of unemployment, earnings, and employment rate, for comparable groups of nationals and nonnationals."[32] [...] An diesem Punkt stellt sich nun die für den weiteren Gang der Untersuchung wichtige Frage, auf welche Weise der Begriff Integration operationalisiert werden kann. Beim Verlauf von Integrationsprozessen handelt es sich grundsätzlich um ein sehr vielschichtiges und komplexes Thema. Dementsprechend existieren keine verbindlichen Gradmesser, an denen der Stand der Integration abgelesen werden könnte.

Wilp, Markus: Die Arbeitsmarktintegration von Zuwanderern in Deutschland und den Niederlanden: Eine vergleichende Untersuchung zentraler Hintergründe, aktueller Entwicklungen und ausgewählter politischer Maßnahmen; http://nbn-resolving.de/urn:nbn:de:hbz:6-32669490310; online am 10.08.2006.

Das Zitat der Bildungskommission NRW, die in diesem Kontext als Autorität gesetzt wird, hat die Funktion, die eigene Fragestellung zu legitimieren („Daher ist die Frage [...]").

Zitate/Paraphrasen zur Absicherung der eigenen Position

Zitate und Paraphrasen können die eigene Position „absichern", indem sie die Bezugnahme auf eine anerkannte Erkenntnis/Position ermöglichen.

Aber gerade in unserer Gesellschaft sind Bildungsinvestitionen „Zukunftsinvestitionen von entscheidender Bedeutung"[2] und somit ein wichtiger Bestandteil für die zukünftige Entwicklung eines Landes geworden.
Daher ist die Frage, ob Bildungsinvestitionen eine staatliche Aufgabe sind, Gegenstand dieser Seminararbeit.

2   Bildungskommission NRW (1995), S. 204. Hier in einer Formulierung der Kultusministerkonferenz von 1992 wiedergegeben.

Bartsch, Jens: Bildungsinvestition - eine staatliche Aufgabe?
http://www.hausarbeiten.de/faecher/hausarbeit/vwl/21380.html; online am 11.08.2006.

Die These von Huber/Frank wird als „zu kurzsichtig" angesehen, im Folgenden werden zwei Gegenargumente genannt.

Zitate/ Paraphrasen zur Markierung einer eigenen, gegensätzlichen Position

Zitate und Paraphrasen können auch der Distanzierung von der zitierten Position dienen.

HUBER/FRANK (1991: 153) führen die geringe Belohnung für Lehrleistungen darauf zurück, dass das Ansehen als Lehrer im Gegensatz zur Anerkennung als Forscher „unkalkulierbar und kaum überregional oder gar international konvertierbar" ist, und sehen dies als Folge der Differenz zwischen abstrakter Forschungskommunikation und konkreter, interaktionsgebundener Kommunikation in der Lehre.

In dieser Arbeit wird die Ansicht vertreten, dass diese Argumentation zu kurzsichtig ist. Erstens führen die Autoren selbst das Gegenbeispiel der USA an, wo durchaus Kriterien zur Beurteilung von Lehrleistungen entwickelt wurden, um als Grundlage für Personalentscheidungen zu dienen. [...] Zweitens vernachlässigen die Autoren, dass die Standards, an denen wissenschaftliche Leistungen gemessen werden, nicht wissenschaftsimmanent sind, sondern soziale und historische Konstruktionen darstellen, so dass entsprechende Kriterien für die Lehre durchaus konstruiert werden könnten.

Müller, Constanze: „Qualität der Lehre" – Evaluation aus informationsökonomischer Sicht; http://elib.uni-osnabrueck.de/publications/diss/E-Diss541_thesis.pdf; online am 23.03.2007.

Funktionen von Zitaten

Diese Beispiele vermitteln Ihnen einen Einblick in Funktionen, die ausschließlich von Zitaten erfüllt werden.

Zitate als Motto

Sie werden meistens der Arbeit oder einem Kapitel vorangestellt. Häufig handelt es sich hierbei um Sentenzen, Aphorismen oder auch kurze und „griffige" Formulierungen.

Gegenseitige Duldung ist eine Notwendigkeit für alle Zeiten und alle Rassen [...]. Duldung erfordert nicht, dass ich das, was ich dulde, auch billige. (Worte Mahatma Gandhis um 1922)

Breer, Martina: Jugend – Medien – Bildung: die STEP 21-Medienbox als Beitrag zur Modernisierung von schulischen und außerschulischen Entwicklungsprozessen; http://nbn-resolving.de/urn:nbn:de:hbz:6-23689465034; online am 19.07.2006.

In diesem Beispiel ist es nicht möglich, die Jugendsprache adäquat als Paraphrase wiederzugeben.

Zitate als Möglichkeit, Authentizität zu vermitteln

Durch Zitate gelingt es oft besser als durch Paraphrasen, Authentizität und Anschaulichkeit zu vermitteln. In einigen Fächern wird daher empfohlen, Auszüge aus Primärtexten zu zitieren, Auszüge aus Sekundärtexten dagegen zu paraphrasieren.

Das Ergebnis der Erarbeitungsprozesse der Schüler hinsichtlich der Auseinandersetzung mit der Thematik Ausländerfeindlichkeit kann als eine Sensibilisierung in der Wahrnehmung bezeichnet werden. Die Frage nach dem Stellenwert und der Wichtigkeit des Themas macht dies deutlich. Für Florian ist das Thema im Unterricht „mittelwichtig"[522]. Eine größere Rolle spielt es, „dass wir auch eingreifen können."[523] „Mittelwichtig" wird von Florian so erklärt, dass der Unterricht auf der einen Seite dazu beiträgt, dass die Schüler jetzt „wissen, worum es auch geht"[524], aber dieses Wissen keinen Einfluss darauf hat, keine Hilfe bietet, wenn sie in ihrer Freizeit angegriffen werden.[525] Drei Ebenen werden in den Äußerungen von Florian angesprochen: An erster Stelle nennt er Aspekte der Handlungsfähigkeit („dass wir auch eingreifen können"), anschließend geht er auf die Wissensebene ein („dass wir auch wissen, worum es auch geht, warum die zum Beispiel an den Kassen nach hinten geschoben werden") und als dritte Ebene nennt er die fehlende Möglichkeit, dieses Wissen in einer Angriffssituation zu verwenden, denn es „bringt nichts, ob wir das jetzt durchnehmen und wir jetzt in der Stadt irgendwelche treffen und dir dann trotzdem eine auf das Maul hauen".

Breer, Martina: Jugend – Medien – Bildung : die STEP 21-Medienbox als Beitrag zur Modernisierung von schulischen und außerschulischen Entwicklungsprozessen; http://nbn-resolving.de/ urn:nbn:de:hbz:6-23689465034; online am 19.07.2006.

Die zitierten Passagen aus dem Text von Moser könnten durch eine Paraphrase nur schwer in dieser Exaktheit und Deutlichkeit formuliert werden.

Zitate besonders wichtiger Passagen des Quellentextes

Durch Zitate gelingt es oft besser als durch Paraphrasen, für die eigene Seminararbeit besonders wichtige Passagen des zugrunde gelegten Textes hervorzuheben.

Moser fragt: „Auch die Frage, ob Bildung sich heute noch allein auf eine literarische Buchkultur beschränken kann, muss gestellt werden […]. Kann man heute noch Bildung elitär vom Gesichtspunkt zeitlos gültiger Werte definieren, die bestimmte kulturelle Produkte auszeichnen und andere ausschließen? Oder hat eine demokratisierte Gesellschaft nicht von einem Bildungsbegriff auszugehen, der die Inhalte der Populärkultur nicht von vornherein ausgrenzt? […]" Da eine Grenzziehung der Wertigkeit im Sinne eines Bildungskanons ihm zufolge nicht mehr möglich ist, kommt er zu folgender Antwort: „Alle Versuche, Bildung über einen Kanon von unverzichtbaren Bildungsgütern zu definieren, müssen letztlich daran scheitern, dass nicht mehr klar ist, welche Inhalte für die Zukunft Gültigkeit behalten, bzw. welches Wissen überdauert […]."

Breer, Martina: Jugend - Medien - Bildung : die STEP 21-Medienbox als Beitrag zur Modernisierung von schulischen und außerschulischen Entwicklungsprozessen; http://nbn-resolving.de/urn:nbn:de:hbz:6-23689465034; online am 19.07.2006.

Terminologie bzw. Definitionen sollten zitiert werden.

Zitate zur exakten Übernahme (fach)wissenschaftlicher Terminologien	„Dabei bedeutet Kulturtechnik nichts anderes als eine ‚durch Erziehung vermittelte Fähigkeit, die die Aneignung, Erhaltung u. Verbreitung von Kultur ermöglicht (zum Beispiel Lesen, Schreiben, Rechnen)‘."
	Breer, Martina. Jugend – Medien – Bildung : die STEP 21-Medienbox als Beitrag zur Modernisierung von schulischen und außerschulischen Entwicklungsprozessen; http://nbn-resolving.de/urn:nbn:de:hbz:6-23689465034; online am 19.07.2006.

Funktion von Paraphrasen

Diese Paraphrase ist in den Text integriert, da ein Zitieren des niederländischen Originaltextes an dieser Stelle leserunfreundlich wäre.

Paraphrasen als Möglichkeit, stilistische Einheitlichkeit zu erzielen.	PAUL SCHEFFER schuf im Jahr 2000 mit einem Artikel im NRC HANDELSBLAD die Grundlage für eine solche Diskussion. In seinen Ausführungen, die er mit der Überschrift „Het multiculturele drama" versehen hatte, äußerte er sich skeptisch über den Stand und die Perspektiven der Integration von Migranten in den Niederlanden.[239]
Durch Paraphrasen gelingt es oft besser als durch Zitate, eine stilistische Einheitlichkeit des eigenen Textes zu gewährleisten. Dies gilt vor allem, wenn auf ältere oder fremdsprachige Texte Bezug genommen wird.	239 Der Autor richtet seine Kritik vor allem darauf, dass die Probleme der allochthonen Bevölkerung vor allem in den Bereichen Bildung und Arbeit nicht intensiv und kritisch genug betrachtet werden. […]
	Wilp, Markus. Die Arbeitsmarktintegration von Zuwanderern in Deutschland und den Niederlanden: Eine vergleichende Untersuchung zentraler Hintergründe, aktueller Entwicklungen und ausgewählter politischer Maßnahmen; http://nbn-resolving.de/urn:nbn:de:hbz:6-32669490310; online am 25.07.2006.

7.3   Umgehen mit Definitionen

Dasselbe sagen – aber nicht dasselbe meinen

Henri:	Was kochen wir denn heute?
Johannes:	Heute ist doch unser fett- und kalorienarmer Tag, oder? Dann schlage ich vor, wir essen Fisch.
Marie:	Fisch? Auf deine Art?
Johannes:	Ja, Fisch, Kartoffeln, dazu eine Senfsauce, leicht gesüßt, einen grünen Salat und Nachtisch.
Marie:	Aber das ist doch nicht kalorienarm.
Johannes:	Nicht? Warum nicht? Der grüne Salat hat doch nichts. Und als Fisch nehme ich Zander.
Marie:	Paniert wie immer? Johannes, ich …
Johannes:	Klar paniert. Schmeckt dann wie Fischstäbchen.
Marie:	Und die Salatsauce?
Johannes:	Ein bisschen säuerlich. Vielleicht mit Crème Fraîche?
Marie:	Das hört sich lecker an, Johannes. Aber heute ist mir danach, essen zu gehen.
Johannes:	Ist auch eine Option. Wohin denn?
Marie:	Was hältst du von der Salatbar in der Carolastraße?
Johannes:	Ein Salat vorneweg ist nicht schlecht.
Marie:	Nicht vorneweg. Als Hauptgericht.
Johannes:	Als Hauptgericht?
Henri:	Denk an deine Gicht. Wir wollten doch kalorien- und fettarm essen.
Johannes:	Aber das Essen ist doch kalorienarm.
Marie:	Das ist doch nicht kalorienarm. Du bist übergewichtig.
Johannes:	Wer sagt das?
Marie:	Der Arzt, du warst doch dabei.
Johannes:	Der geht doch nur nach seiner Tabelle. Ich fühle mich gut.

Es ist offensichtlich, dass Marie und Johannes unterschiedliche Vorstellungen mit einem kalorienarmen Essen und mit Übergewicht verbinden. Ohne Einigung auf einen genauen Kalorienwert des Essens wird es ihnen schwerfallen, sich auf ein Gericht zu verständigen. Auch die Frage, ob Johannes übergewichtig ist, lässt sich nur dann beantworten, wenn sie sich darauf verständigen, was sie unter Übergewicht verstehen.

7.3.1 Funktionen von Definitionen

Um möglichen Missverständnissen vorzubeugen, muss deutlich gemacht werden, wie Schlüsselwörter bzw. Begriffe zu verstehen sind. Begriffe werden in der Wissenschaft oft uneinheitlich benutzt bzw. sind in verschiedenen Forschungsrichtungen unterschiedlich belegt. Deshalb ist es wichtig, für die Seminararbeit aussagekräftige Definitionen aus der Fachliteratur zugrunde zu legen und dies zu begründen. Diese Festlegung trägt wesentlich zur Genauigkeit akademischer Texte bei.

Eine Definition geht häufig vom Allgemeinen zum Speziellen. Dies bedeutet, dass zunächst ein Oberbegriff genannt wird, von dem ausgehend eine Spezifizierung geleistet wird. Diese kann charakteristische Eigenschaften, Merkmale oder Besonderheiten hervorheben.

Begriff		Oberbegriff	Charakteristische Merkmale, Eigenschaften, Besonderheiten
Lernen	ist der	Prozess,	der zu einer relativ stabilen Veränderung von Reiz-Reaktions-Beziehungen führt [...].

Zimbardo, Philip/Gerrig, Richard J. (1999[7]): Psychologie, Berlin et al., 229.

7.3.2 Abgrenzen

Als Teil des Definierens kann man auch die Abgrenzung zu anderen Begriffen verstehen. Es gibt auch die Möglichkeit, dass Autoren einen Begriff unterschiedlich definieren. Abgrenzungen ermöglichen es häufig besonders gut, Unterschiede und Gemeinsamkeiten genau zu benennen.

Schematisch lässt sich das Umgehen mit Definitionen wie folgt darstellen:

Phrase		Bedeutungsfelder
X und Y bedeuten nur teilweise dasselbe. Gemeinsam ist beiden Begriffen, dass …	• Qualität des Abgrenzens • Schnittmenge/ Gemeinsames betonen	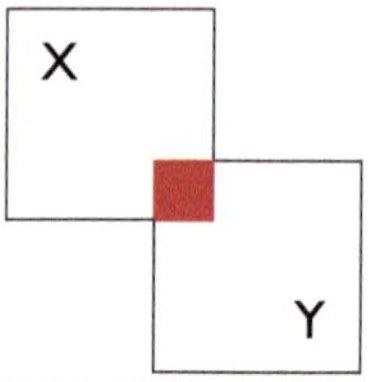
Unterschiedlich ist, dass … Der Unterschied zwischen X und Y besteht darin, dass … X umfasst … Unter Y hingegen wird … verstanden. Während X … beinhaltet, hat Y folgenden Schwerpunkt …	• Detailunterschiede hervorheben	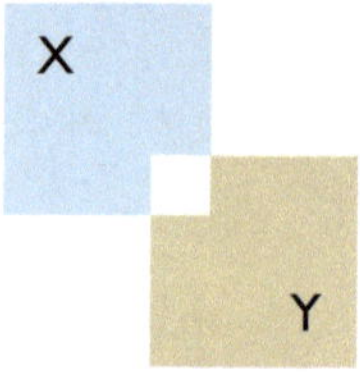
Die Begriffe X und Y haben sowohl Gemeinsamkeiten als auch Unterschiede. Im Einzelnen umfasst …	• Gemeinsamkeiten und Unterschiede thematisieren	
X bedeutet … Ausgeschlossen in dieser Definition ist … Die Begriffe X und Y haben nichts miteinander gemeinsam.	• Unterschiede betonen	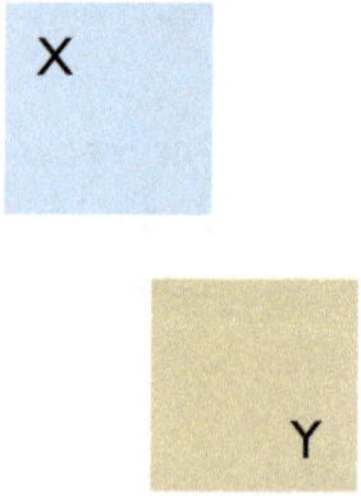

Abb. 7.4: Schematische Darstellung über den Umgang mit Definitionen

Definitionen sollten nicht zusammenhanglos an den Beginn der Seminararbeit gestellt, sondern an passender Stelle in den Text integriert werden. In dem folgenden Beispiel finden Sie einen Auszug aus einer Arbeit, in dem die Autorin sinnvoll mit Definitionen umgeht.

Elemente von Definitionen

Begriff: Lernumgebung
Oberbegriff: äußere Rahmenbedingungen
Charakteristische Merkmale: Lernmaterial, Lernaufgabe und deren Gestaltung

Begriff: menschliches Lernen
Oberbegriff: aktiver, konstruktiver Prozess
Charakteristische Merkmale: vermittels dessen der Lernende in planvoller und strategischer Weise verfügbare Informationen so organisiert, dass er neues Wissen so erzeugen oder besser mit vorhandenem Wissen umgehen kann, um Probleme zu lösen

Hinweis auf Forschungsrichtung, in der der Begriff benutzt wird

Nennung der „instruktionalen Unterstützung" zur Ergänzung

Beispiele für den Umgang mit Definitionen

Die Lern- und Bildungswirkungen der Medien hängen entscheidend von der speziellen Lernsituation ab. Damit kommt der gesamten Lernumgebung ein bedeutender Stellenwert zu. Unter Lernumgebung sind die äußeren Rahmenbedingungen, wie das Lernmaterial und die Lernaufgabe und deren Gestaltung, zu verstehen. Günter Dörr & [sic] Peter Strittmatter betonen, dass bei der Entwicklung des didaktischen Designs einer multimedialen Lernumgebung[70] zu klären ist, „aufgrund welcher Überlegungen verschiedene Medien bzw. Medienbausteine zusammengesetzt werden können, damit sie ein Optimum an Lernwirksamkeit erreichen."[71] Dabei spielt es ihnen zufolge keine Rolle, ob es sich um alte oder neue Medien handelt. „Ausgangspunkt und Grundlage für diese Klärung ist die Annahme, dass das menschliche Lernen als ein aktiver, konstruktiver Prozess verstanden wird, vermittels dessen der Lernende in planvoller und strategischer Weise verfügbare Informationen so organisiert, dass er neues Wissen so erzeugen oder besser mit vorhandenem Wissen umgehen kann, um Probleme zu lösen."[72] Diese dem Konstruktivismus zugrunde liegende Definition von Lernen wird insbesondere in medienpädagogischen Konzepten zum Lernen mit Medien als Begründung für das selbstgesteuerte Lernen herangezogen. Damit wird dem Lerner eine grundsätzliche Bereitschaft und Fähigkeit zur Selbststeuerung und Eigenverantwortung zugesprochen.[73] Da jedoch nicht davon auszugehen ist, dass Kinder und Jugendliche diese Fähigkeiten in allen Lern- und Bildungssituationen anwenden wollen, geschweige denn können, kommt der instruktionalen Unterstützung und Anleitung ein bedeutender Stellenwert zu. Gabi Reinmann-Rothmeier & [sic] Heinz Mandel erklären hierzu: „Aktive Wissenskonstruktion in Eigenverantwortung schließt allerdings systematische Wissensvermittlung und instruktionale Unterstützung der Lernenden nicht aus; erst beides zusammen gewährleistet wirksame Lehr-Lernprozesse."[74] Die instruktionale Unterstützung steht damit nicht im Widerspruch zum konstruktivistischem [sic] Lernbegriff.

Breer, Martina: Jugend – Medien – Bildung : die STEP 21-Medienbox als Beitrag zur Modernisierung von schulischen und außerschulischen Entwicklungsprozessen; http://nbn-resolving.de/urn:nbn:de:hbz:6-23689465034; online am 19.07.2006.

Sprachliche Merkmale

Unter Lernumgebung sind […] zu verstehen.

Diese dem Konstruktivismus zugrunde liegende Definition wird […] herangezogen.

7.4 Das Einbinden von Zusammenfassungen, Definitionen, Zitaten und Paraphrasen in den eigenen Text

Vor dem Theater

Henri:	Hallo Johannes.
Johannes:	Hallo Henri.
Henri:	Wie geht's dir?
Johannes:	Im Moment nicht so gut. (Hustet.) Um 20 Uhr gehe ich mit Marie ins Theater. (Guckt auf die Uhr, hustet.)
Henri:	Dazu hätte ich auch keine Lust.
Johannes:	Bitte?
Henri:	Na ja, Theater, da könnte ich mir auch was Besseres vorstellen.
Johannes:	Nein, ich gehe doch gern ins Theater.
Henri:	Ich denke, es geht dir dabei schlecht.
Johannes:	Das habe ich nicht gesagt.
Henri:	Du hast gesagt, es geht dir schlecht, weil du Husten hast und weil du ins Theater gehen musst.
Johannes:	Nein, das hast du vollkommen falsch verstanden. Ich freue mich schon die ganze Woche auf das Stück. (Schaut auf die Uhr, hustet.)

Johannes hat den Eindruck, sich klar ausgedrückt zu haben. Henri glaubt, Johannes richtig verstanden zu haben. Trotzdem funktioniert die Verständigung nicht. Grund dafür ist ein Missverständnis. Johannes sagt nicht, dass der Husten Grund für sein Unwohlsein ist. Er glaubt vielmehr, dass Henri diese Verbindung selbst herstellt. Henri jedoch verbindet das Unwohlsein mit dem Theaterbesuch.

Für Sie als Schreiber ist es ebenso wichtig, sowohl einzelne Sätze als auch größere Textelemente miteinander zu verbinden. Zusammenfassungen, Definitionen, Paraphrasen, Zitate, aber auch Abbildungen und Tabellen sind Textbausteine, die miteinander verbunden oder in einen bestehenden Text eingebunden werden müssen, damit dieser eine Einheit bildet.

Es soll deshalb – ohne wissenschaftlichen Anspruch und nur als Hilfe für das Schreiben gedacht – eine Vorstellung von dem Wesen eines Textes vermittelt werden.

7.4.1 Der Text

Text als Gewebe

Um mit einer Reihe von hintereinander gestellten Sätzen, Absätzen und Textbausteinen den Charakter eines Gesamttextes herzustellen, muss der Schreiber dem Leser deutlich machen, wie die Informationen miteinander verknüpft sind. Er kann zum Beispiel eine zeitliche Abfolge oder einen kausalen Zusammenhang herstellen. Dadurch verdeutlicht er seine Kommunikationsabsicht.

An Ringen und Ketten lässt sich dieser Vorgang veranschaulichen. Eine Ansammlung von Ringen (Informationen/Sätzen) ergibt noch keine Kette (Text).

0	Mir geht es schlecht.	
0	Ich gehe ins Theater.	Ringe/Sätze

Erst die Verknüpfung der Ringe untereinander ergibt eine Kette:

0	Mir geht es schlecht,	
	weil	
0	ich erkältet bin.	Kette/Text
	Trotzdem	
0	gehe ich heute ins Theater.	

Die Kette hat aufgrund der Verbindungteile eine andere Qualität als die Ansammlung von Ringen, der Text eine andere Qualität als eine Ansammlung von Sätzen. Anders gesagt: Ein Text wird gewebt. Dies gilt für die Sätze und Absätze, die der Autor selbst schreibt, aber auch für das Einbinden fremder Textteile in einen bereits bestehenden Text.

7.4.2   Das Einbinden fremder Textteile in den eigenen Text

Ein akademischer Text wird geschrieben, um einem Leser bestimmte Inhalte zielgerichtet zu vermitteln. Daher ist es notwendig, dass der Autor den Leser durch den Text führt und ihm zeigt, wie er die vorgestellten Sachverhalte verstehen soll. In solchen Orientierungen vermittelt der Verfasser dem Leser,

- was für ihn wichtig ist,
- welche Inhalte besonders betont werden,
- welches Ziel er erreichen möchte,
- wie er zu dem angestrebten Ziel kommt,
- …

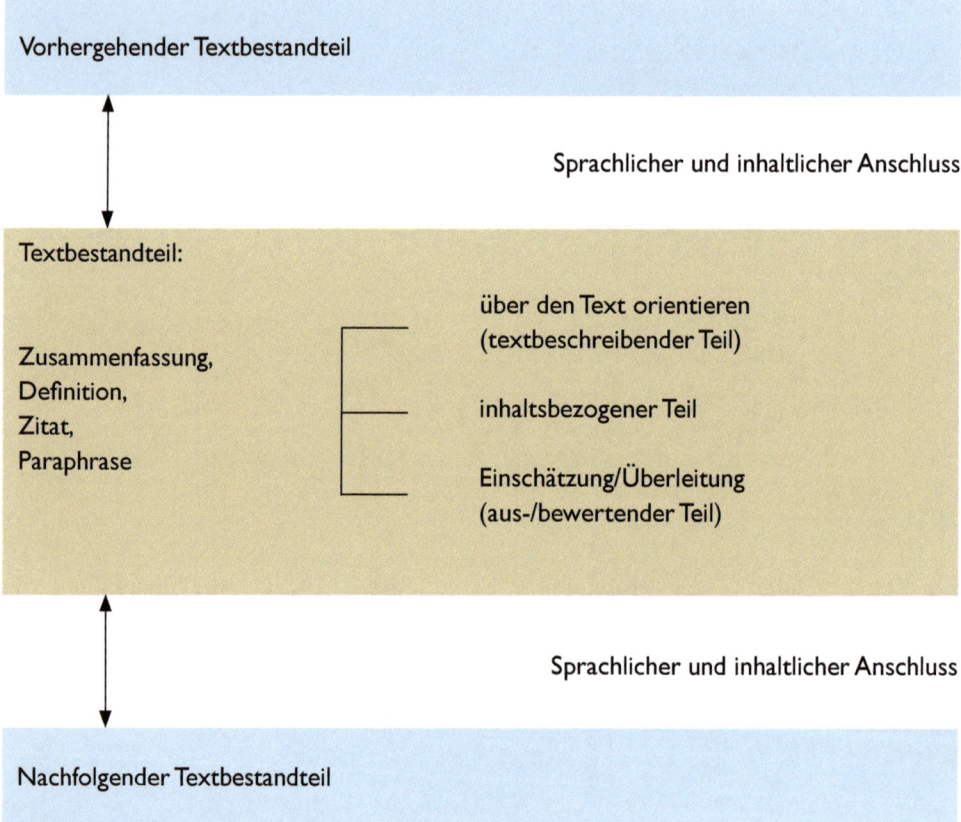

Abb. 7.5: Schematische Darstellung zum Einbinden fremder Textteile

Mit diesem Schema wird veranschaulicht, dass ein Textelement eine sprachliche und inhaltliche Anknüpfung an den vorhergehenden Text benötigt. In dieser Anknüpfung teilt der Verfasser dem Leser mit, in welchem Kontext er das Textelement sehen möchte.

Beispiel:

> „Steht das vorangegangene Kapitel für die Abbildung jedes individuellen Falles und wurde hier jede Autorenbiographie durch die Identifikation der zentralen Themen hinsichtlich der autobiographischen Prägung des Narratives untersucht, geht es im Folgenden um die letzten beiden analytischen Schritte im Rahmen dieser Forschungsarbeit: 1. den der ‚fallvergleichenden Analyse‘, und 2. den der Darstellung einer ‚Ergebnis-Essenz‘.“

Kelm, Heike: Autobiographische Spuren im Narrativ ausgewählter deutscher Kinder- und Jugendbuchautoren der Kriegs- und Nachkriegsgeneration: eine qualitative Studie;
http://nbn-resolving.de/urn:nbn:de:hbz:6-20689437600; online am 03.09.2007.

7.4.3 Kontextualisieren

Unter Kontextualisieren wird verstanden, dass Sie dem Leser die Lesart angeben. Dies bedeutet, dass Sie ihm verdeutlichen müssen, wie er eingebundene Textteile verstehen soll. Kontextualisierungen sind unerlässlich, um den Leser durch die Seminararbeit zu führen.

Einbinden von	Sprachliches Handeln: Kontextualisieren
Zitaten, Paraphrasen, Zusammenfassungen	• dem Leser zeigen, wie er die eingebundenen Textteile verstehen soll • hervorheben, was Sie an der Textstelle bemerkenswert finden
Definitionen	• dem Leser zeigen, wie er eine Definition verstehen soll, das heißt, wie sie in der Seminararbeit angewandt wird
Abbildungen, Tabellen	• beschreiben, was zu sehen und wie es zu verstehen ist • verdeutlichen, welche Elemente für den Inhalt der Seminararbeit besonders wichtig sind

Tab. 7.3: Übersicht über Kontextualisierungsmöglichkeiten

Bei der Leserführung nimmt der Autor eine Haltung zu dem fremden Text ein, die stets begründet werden muss. Der Autor kann eine fremde Aussage neutral wiedergeben, ihr zustimmen, sie ablehnen oder sie einschränken. Insofern beinhalten Anschlüsse häufig auch Wertungen bzw. Stellungnahmen des Autors. Beispiele finden Sie in der folgenden Tabelle:

Haltung des Verfassers	Textbeispiele
Zustimmen	Gerade diese Alternativsuche scheint für die zukünftige Bildungsfinanzierung in Deutschland einen gewichtigen Stellenwert zu haben, da eine radikale Umstellung des Systems nicht zu erwarten ist.
Eine Meinung ablehnen	Jedoch ist die Bildungsfinanzierung durch Dritte derzeit schwerlich in der Lage eine Vollversorgung der Bevölkerung mit Bildung sichern zu können. […] Ebenso besteht das Problemfeld, dass die Institutionen nach Klientel und sozialem Umfeld trennen. Daraus können soziale Differenzen entstehen.
Einen Sachverhalt einschränken	Demnach scheint fraglich, ob bei diesem Modell die Forderung der Chancengleichheit auf Bildung realisiert werden kann. […] Bildung kann auch durch die Beteiligung Dritter finanziert werden. Dies kann zum Beispiel durch Stiftungen oder Sponsoren geschehen. Dabei kann es sich um eine Vollfinanzierung oder Teilfinanzierung handeln. Es können dabei sowohl die Bildungsinstitutionen Empfänger der Zuwendungen sein als auch die Individuen. In Deutschland wird diese Form eher skeptisch betrachtet. Argumentativ wird angeführt, dass dadurch die Freiheit von Forschung und Lehre beeinträchtigt werden kann. Sicherlich ist dieses Argument gewichtig, da Dritte mit einem Engagement durchaus eigene Interessen vertreten und nicht ausschließlich aus Motiven der Wohlfahrt handeln. Dennoch erscheint ein Bedeutungszuwachs in der Zukunft nicht von der Hand zu weisen. Textbeispiele aus: Bartsch, Jens: Bildungsinvestition – eine staatliche Aufgabe? http://www.hausarbeiten.de/faecher/hausarbeit/vwl/21380.html; online am 11.08.2006.

Tab. 7.4: Beispiele für Haltungen des Verfassers zu den eingebundenen Textteilen

7.5   Übungen

Übung I

Art der Übung:	Einordnung von Redemitteln zur Einleitung von Zitaten und Paraphrasen
Ziel der Übung:	Erreichen stilistischer Varianz beim Einsatz von Redemitteln

Geeignet für

Muttersprachler:	Ja
Nichtmuttersprachler:	Ja (ab Niveau B2)

Aufgabe 1:

Bitte ordnen Sie die nachfolgenden Redemittel ein. Geben Sie eine neutrale, positive oder negative Einschätzung an?

positiv	neutral	negativ

X stellt fest …
X legt überzeugend dar, dass …
Nach X …
X führt vor Augen, dass …
Laut X …
X vertritt die Position, dass …
X vertritt die These, dass …
X belegt, dass …
X meint, dass …
X schreibt, dass …
X führt aus, dass …
X kommt zu dem Ergebnis, dass …
X zufolge …
X zeigt, dass …
X verdeutlicht, dass …
Aus Sicht von X ist …
X berücksichtigt nicht/zu wenig/unzureichend, dass …
X beobachtet …
X irrt, wenn er meint, dass …
X verweist darauf, dass …
X führt stichhaltige Argumente für … an
X weist daraufhin, dass …
X behauptet, dass …
X weist nach, dass …
X lässt außer Acht, dass …
X übersieht, dass …
X verweist auf …
X geht fehl in der Annahme, dass …

Aufgabe 2:

Suchen Sie in wissenschaftlichen Publikationen Ihres Faches weitere Kommunikationsmittel und ordnen Sie diese ebenfalls ein.

Übung 2

Art der Übung: Auswählen zitierfähiger Textpassagen
Ziel der Übung: Zitaten- und Paraphrasenfunktionen erkennen
Geeignet für
Muttersprachler: Ja
Nichtmuttersprachler: Ja (ab Niveau B2)

In einer wissenschaftlichen Publikation findet sich folgende Aussage:

> „In Arbeiten seit 1984 überwiegt der Versuch einer Verbindung verschiedener Ansätze. Dadurch werden reichhaltigere, auch die Hintergrundphänomene von Werbetexten erfassende Analysen von Werbeanzeigen ermöglicht. Dennoch muss man aber zugeben, dass Arbeiten mit kombinierten Ansätzen unter pragmatischem Aspekt defektiv sind" (Meier 1997, S. 215).

Ein Student möchte in seiner Seminararbeit gerade diese Passage wiedergeben und schreibt folgenden Text:

> In neueren Arbeiten, die nach 1984 erschienen sind, bemüht man sich, verschiedene Ansätze miteinander zu verbinden, um zu einer reichhaltigeren, auch die Hintergrundphänomene von Werbetexten erfassenden Analyse von Werbeanzeigen zu kommen. Dennoch seien derartige Arbeiten mit multiplem Zugriff unter pragmatischem Aspekt noch defektiv, sagt Meier.

Aufgabe 1:

Kennzeichnen Sie die zitierten Teile im Text des Studenten mit Anführungszeichen.

Aufgabe 2:

Suchen Sie aus dem Originaltext den Ihrer Ansicht nach wichtigsten Satz oder das wichtigste Wort, den/das Sie zitieren möchten. Paraphrasieren Sie jetzt den Originaltext und zitieren Sie nur die Zentralstelle, die Sie ausgewählt haben.

Übung 3

Art der Übung: Identifizieren von Zitaten und Paraphrasen
Ziel der Übung: Einüben von Zitaten/Paraphrasen (inkl. Formalia)
Geeignet für
Muttersprachler: Ja
Nichtmuttersprachler: Ja (ab Niveau B2)

Aufgabe 1:

Lesen Sie den folgenden Auszug aus Kapitel 2 einer Seminararbeit zum Thema „Labern als sprachlicher Code der Universität". Markieren Sie, welche Aussagen als zitierter oder paraphrasierter Text gekennzeichnet sind (Anführungszeichen, Konjunktivgebrauch) und welche von der Verfasserin der Seminararbeit stammen.

[...]
2   Wissenschaftliche Meinungen

2.1   Merkmale der Wissenschaftssprache

Spätestens seit der Universitätsreform Ende der 60er Jahre gibt es immer wieder kritische Stimmen auch aus der Universität über die Universität, so auch wiederholt über die Sprache der Wissenschaftler.

In einem eher populär- denn wissenschaftlichen[2] Buch, [sic] „Uni-Angst und Uni-Bluff" (1992), [sic] beschreibt Wolf Wagner die Spielformen universitärer Kommunikation, wobei seiner Erfahrung nach Unsicherheit oder Unwissen häufig durch gezielten „Bluff" und bewusste Vagheit vertuscht werden. Die wissenschaftliche Sprache sei als unpersönlich gekennzeichnet durch die Verwendung der Termina [sic] ‚man‘ (‚Man sieht also, dass ...‘) oder ‚wir‘ (‚Wir kommen so zu dem Ergebnis, dass ...‘) anstelle des konkreteren ‚ich‘. Weiter zeichne sie sich aus „durch verdrehte Konjunktive, mit denen sich die Sprecherinnen und Sprecher von dem distanzieren, was sie gerade eben sagen: ‚ich würde sagen (oder gar meinen) wollen, daß ...‘" und die „Kompliziertheit des Redens" durch „eingeflochtene[n] Nebenschachtelsätze" (Wagner 1992:16). So sieht er als allgemeines Merkmal der Wissenschaftssprache, dass die Form eines Beitrags Vorrang vor dem Inhalt hat (Wagner 1992:57). Dabei nimmt er Bezug auf einen Artikel Helmut Seifferts:

---

2 Auch ich unterliege an dieser Stelle dem von Wagner kritisierten universitären Denkschema, dass Wissenschaftlichkeit gut und Popularität [sic] minderwertig sei. Ich versuche, dies als Beweis für die These der unbewussten Anpassung an die jeweilige Kommunikationsnorm (Wagner 1992:114) zu nehmen.

Becker, Karin: ‚Labern‘ als sprachlicher Code der Universität;
http://www.hausarbeiten.de/e-book/106233; online am 31.01.2009.

Man tut so, als ob Innovation etwas anderes sei als Neuerung und rigide etwas anderes als starr. Man unterschlägt also, bewußt oder unbewußt, die schlichte Synonymität (Bedeutungsgleichheit, W.W.) der Wortpaare, die jedem Übersetzer geläufig ist, und tut so, als könne man mit Innovation und rigide atemberaubend neue Sachverhalte bezeichnen.
Seiffert 1979:681; zitiert nach Wagner (seine Anmerkung) 1992:17

Unnötige Fremdwörter sind für Seiffert [...] das hauptsächliche und problematische Element der Wissenschaftssprache. So werde „die Wissenschaftssprache [...] von einem Teil ihrer Benutzer dazu gebraucht, anderen zu imponieren. [...] Sie soll zeigen, daß der Benutzer ‚in' ist, daß er einer bestimmten sozialen Gruppe zugerechnet werden darf" (Seiffert 1979:680). Die Wissenschaftssprache also als verbaler Kode der Universität.
All dies führt letztendlich zu Wagners These, dass „schwieriges bis unverständliches Reden und weltabgewandte Exklusivität [...] mithin konstitutive Kriterien des universitären Regelsystems [sind]" (Wagner 1992:59). Wie sehr dies der Fall ist und wie wenig man sich dem entziehen mag, beweist nicht nur das [sic] durch Wagners Anmerkung betonte „Synonymität" in Seifferts Artikel, auch Wagner selbst kann sich nicht ganz von mehr oder minder unnötigen Fremdwörtern wie „Exklusivität" oder „konstitutiv" (siehe letztes Zitat) befreien.

Zitiert wird: Wagner, Wolf (1992): Uni-Angst und Uni-Bluff. Wie studieren und sich nicht verlieren. Berlin. (Dieser Nachweis ist insofern unvollständig, als ein Hinweis auf die Auflage fehlt; die erste Auflage erschien 1977.)

Aufgabe 2:

a) Lesen Sie die beiden folgenden Texte und markieren Sie die Stellen, die Sie für die Seminararbeit zusätzlich verwenden möchten.
b) Paraphrasieren oder zitieren Sie diese Passagen und bauen Sie diese in den Text der Seminararbeit ein.

Text 1

[...]

In jeder Kultur müssen Neulinge lernen sich zurechtzufinden. In der Universitätskultur ist es nicht anders. Obwohl Ihre Schulausbildung Sie schon auf viele Konventionen der Universitätskultur vorbereitet hat, stellt das Studieren an der Universität immer noch Neuland dar. Sowohl Schule als auch Universität sind institutionalisierte Bildungseinrichtungen. Während jedoch die Schulausbildung hauptsächlich darauf abzielt, eine breite Basis für spezialisiertere Weiterbildung zu legen, ist die Universität eine der Bildungseinrichtungen, die für diese spezialisiertere Weiterbildung zuständig sind.

Die Universität bildet nicht nur Studierende als Experten in bestimmten Bereichen aus, sondern sie hat auch einen Forschungsauftrag. Diese zwei Aufgaben führen dazu, dass in der Universitätskultur teilweise andere Konventionen gelten als in der Schulkultur. Selbstständigkeit und Eigenverantwortung sind wichtige Werte in der Universitätskultur. Neben existierenden formalen und inhaltlichen Vorgaben wird von Studierenden erwartet, sich auch selbst Ziele zu setzen, autonom auf sie hin zu arbeiten [sic] und so Mitverantwortung für die Steuerung und Qualität der eigenen Ausbildung zu übernehmen. [...]

Auch die Kommunikations- oder Diskurskultur der Universität richtet sich an den Hauptaufgaben und -werten dieser Institution aus. Ziel dieses Dokuments ist, Sie mit bestimmten allgemeinen Mechanismen des wissenschaftlichen Diskurses bekannt zu machen, so dass Sie Ihr Hineinwachsen in diese Kommunikationskultur bewusst gestalten und steuern können. Es geht nicht darum, Ihnen vorzuschreiben, wie Sie an der Uni zu hören, zu schreiben, zu sprechen und zu lesen haben. Wie in jeder anderen Kultur haben Sie auch in der universitären Kultur die Wahl, wie Sie sich zu ihr verhalten wollen. Sollten Sie sich dafür entscheiden, aktiv am Diskurs teilzunehmen, kann dieses Dokument Ihnen dabei behilflich sein, selbständig und kritisch über diese Diskurskultur zu reflektieren: Selbständigkeit, Kritikfähigkeit und Reflektiertheit sind drei der Kernkompetenzen, ohne die eine erfolgreiche Teilnahme an diesem Diskurs nicht möglich ist.

Dies ist also keiner der Ratgeber im klassischen Sinne, in denen Ihnen auf komplexe Fragen oft zu einfache Antworten gegeben werden. Wir werden Sie stattdessen dazu herausfordern, Konventionen zu beobachten, Fragen zu ihren Funktionen zu stellen und eigene Kommunikationsprozesse bewusst zu gestalten, denn reine Anwesenheit in Lehrveranstaltungen und auch unreflektierte Wiedergabe von Gelerntem verhindern, dass Sie zu einem kompetenten Mitglied dieser Kultur werden. Selbstverständlich handelt es sich hierbei um einen Prozess, für den jeder Neuling Zeit braucht und für den Sie sich auch Zeit lassen sollten. Ferner setzt er Fachwissen voraus, das Sie im Laufe Ihres Studiums erst erwerben müssen.

Besonderheiten des wissenschaftlichen Diskurses

Folgende Karikatur der Wissenschaftssprache zeigt eine außerhalb der Universität beliebte Vorstellung darüber, wie Wissenschaftsdiskurs aussieht: In manchen Ohren könnte die Lebensweisheit „Die dümmsten Bauern haben die dicksten Kartoffeln" sich in der Wissenschaftssprache wie folgt anhören: „Die Größe subterraner Knollen des Solanum tuberosum ist reziprok proportional der intellektuellen Kapazität des Produzenten aus dem agrarökonomischen Sektor." Witzig ist diese zweite Aussage, weil zwei Charakteristika der Wissenschaftssprache (ein neutraler, nicht personenbezogener Stil und die Verwendung von Fachterminologie) ad absurdum geführt werden. Ein drittes Charakteristikum, die Qualität des Inhalts, jedoch fehlt, da die Aussage nicht nachvollziehbar auf wissenschaftlichen Erkenntnissen beruht. In einem wissenschaftlichen Kontext wäre folgende Aussage sprachlich wie inhaltlich eher akzeptabel: „Es gibt nicht notwendigerweise eine Korrelation zwischen intellektueller Kapazität und ökonomischer Situation." Diese Bespiele sollen zwei Aspekte aller Diskurse verdeutlichen: In jeder Kommunikationssituation gibt es Regeln dafür, was gesagt wird, und Regeln dafür, wie es gesagt wird. Kennzeichnend für den wissenschaftlichen Diskurs ist, dass er in besonders hohem Maße reguliert ist. So werden Inhalte als Theorien standardisiert und oft als Modelle dargestellt. Ferner bestimmen Regeln zu Formalia und Textaufbau die schriftliche Kommunikation (z.B. wie zu zitieren ist, welche Teile ein Text aufweisen muss etc.) und Fachterminologien werden angewandt. Diese Regeln resultieren daraus, dass Kommunikation in jeder Situation bestimmten Zwecken dient. Diese Zwecke führen zu bestimmten Konventionen, die die Kommunikation regeln. Für Neulinge stellt die Teilnahme an der Kommunikation in einer neuen Kultur oft eine Herausforderung dar, da Zweck und Konventionen nicht immer explizit gemacht werden, sondern eher als eine Art ungeschriebenes Gesetz funktionieren. So dient ein wissenschaftlicher Artikel u.a. dem Zweck, einen Austausch zwischen Experten über Fachinhalte zu ermöglichen. Die Nutzung von Fachterminologie – als ein Beispiel für eine Konvention – kondensiert komplexe Inhalte in einem einzelnen Terminus, über den im Fach ein weitgehender Konsens bestehen muss. Wenngleich die Zwecke eines Texttyps – wie der wissenschaftliche Artikel – in unterschiedlichen wissenschaftlichen Subkulturen gleich sein können, können die Konventionen sich unterscheiden.

[...]

Beinke, Christiane/Coetzee-Lachmann, Debbie: Kommunikation an der Universität: Bewusstes Hören, Lesen, Sprechen und Schreiben; http://www.tutorien.uni-osnabrueck.de/field.php/Main/kompetentStudieren; online am 20.11.2010.

Text 2

Die Lehre des wissenschaftlichen Schreibens und ihre Anwendung beginnen meist erst an der Hochschule, nachdem die Studierenden in ihrer Schulzeit über viele Jahre Erfahrungen mit zahlreichen Textsorten gesammelt haben. Während sich die in der Schule geübten Textsorten (Briefe, Beschreibungen, Erzählungen usw.) an konkreten Dingen orientiert haben, gehört zum Lesen und Schreiben wissenschaftlicher Texte eine gewisse Abstraktionsfähigkeit. Während Schüler immer ihren Adressaten vor Augen haben, wenn sie einen Text schreiben, fühlt sich der Verfasser einer wissenschaftlichen Arbeit oft in einen Monolog verwickelt. Dieser Aspekt, allein vor einem leeren Blatt zu sitzen, verwirrt junge Studierende so sehr, dass sie das wissenschaftliche Schreiben als eine sehr mühsame Aufgabe ansehen: die gedachten Ideen zu äußern, zu gliedern und zu vermitteln.

Wenn man Studierende bittet, das wissenschaftliche Schreiben zu definieren, merkt man, dass sie über keine spontane Antwort verfügen. Oftmals zählen sie sogar nur begrenzte und formale Aspekte auf wie das Einfügen einer Bibliographie oder von Fußnoten. Sicher besteht eine wissenschaftliche Arbeit aus festgelegten Komponenten wie Einleitung, Gliederung, Schlussfolgerung usw., jedoch bilden sie nicht das Wesen einer wissenschaftlichen Arbeit. So sind neben der Beherrschung von Orthographie und Grammatik auch Kompetenzen im Bereich der verschiedenen Textsorten, des Stiles, der Rhetorik, des Lesens, der Rezeption und des Hinweisens vonnöten (vgl. Kruse/ Jakobs 1999: 23–24).

Wissenschaftlich arbeiten heißt eigentlich auch, der Forschung etwas Neues zu bringen: entweder eine neue Theorie zu entwickeln oder einen Gegenstand aus einem anderen Blickwinkel zu sehen (Eco 1998: 41). Anhand der Zitate und der Anmerkungen kann der Lesende die dargestellten Theorien oder Ideen nachprüfen und dazu weitere Informationen suchen.

Bei der Lektüre mancher Wissenschaftstexte hat man leider den Eindruck, die Charakteristik der Wissenschaftssprache bestehe darin, einen Text durch die Anhäufung von Fach- und Fremdwörtern, durch eine Unmenge an Quellenangaben, langen Sätzen usw. unverständlich werden zu lassen. George Perec (französischer Schriftsteller, 1936–1982) hat mehrere Aufsätze geschrieben, in denen er diese seltsame Sprache, welche man in Wissenschaftstexten findet, karikiert. Seine Aufsätze wirken zwar auf den ersten Blick sehr wissenschaftlich, bringen dann aber bald durch ihre unerwarteten Inhalte, Quellen und Begriffe den Leser zum Lachen.

François, Audrey: Wissenschaftliches Schreiben in der Fremdsprache Deutsch am Beispiel von Abschlussarbeiten französischer Studierender; http://dokumentix.ub.uni-siegen.de/opus/volltexte/2006/71/pdf/francois.pdf; online am 20.11.2010.

8 Nachvollziehen von Argumentationen und eigenständiges Argumentieren

Nach dem Theater gehen Johannes, Henri und Marie in eine Kneipe

Johannes:	Das Stück war doch wirklich gut.
Henri:	Das ist nicht dein Ernst, oder?
Johannes:	Doch, wirklich, es hat mir gefallen.
Henri:	Deinen Geschmack möchte ich nicht haben! Das war doch Provinztheater.
Johannes:	Du bist ein alter Nörgelpott. Die Schauspieler waren doch gut. Besonders die weibliche Hauptrolle. Und was die für eine Figur hat …
Henri:	Mehr hat sie auch nicht zu bieten. Soll übrigens die Freundin vom Regisseur sein.
Johannes:	Das sagst du doch nur, weil es gestern auch so in der Zeitung gestanden hat.

Marie kommt hinzu.

Johannes:	Wie hat dir denn das Stück gefallen, Marie?
Marie:	Überhaupt nicht, ehrlich gesagt. Die Hauptdarstellerin …
Johannes:	Ich weiß, ich weiß, diese Bettgeschichte. Aber das ist doch albern.
Marie:	Entscheidend ist doch, dass der Regisseur sich nicht an den Text der Vorlage gehalten hat, finde ich. Darin geht es vor allem um die gesellschaftliche und soziale Konstellation der Protagonisten.
Johannes:	Davon war im Stück aber nichts zu spüren.
Marie:	Eben! Ich hab' die Vorlage ja gelesen. Der Regisseur hat ganze Textpassagen gestrichen und so die weibliche Hauptrolle viel zu sehr betont.
Johannes:	Aber sie war doch sehr ausdrucksstark, oder?
Marie:	Das schon, aber man muss doch sagen, dass durch die Streichungen das ganze Stück an Brisanz verliert.
Johannes:	Na ja …

Bei diesem Gespräch stehen sich zuerst zwei gegensätzliche Meinungen gegenüber. Weder Henri noch Johannes sind in der Lage, den anderen von der eigenen Ansicht zu überzeugen, weil ihnen (überzeugende) Argumente fehlen. Erst Marie gelingt es, ihre Meinung fundiert darzulegen, indem sie diese begründet.

In einer Seminararbeit haben Sie in der Regel zunächst die Aufgabe, den wissenschaftlichen Forschungsstand zu einem Thema darzustellen und zu referieren. Diese Aufarbeitung von Forschungsergebnissen erreichen Sie, indem Sie wissenschaftliche Positionen referieren, einander gegenüberstellen, die Unterschiede und Gemeinsamkeiten herausarbeiten. Dieses wird hier als Nachvollziehen von Argumentationen (siehe Kapitel 8.1) bezeichnet.

Der Leser muss die Entwicklung Ihrer Gedanken im Text nachvollziehen können, so dass er zum einen die Fakten, Sachverhalte, wissenschaftlichen Erkenntnisse etc. erfährt und zum anderen Ihre Bewertung des Dargestellten auf der Grundlage Ihrer Fragestellung nachvollziehen kann. Daher ist es wichtig, dass Sie Ihren Text logisch und schlüssig strukturieren.

Insbesondere bei Arbeiten im fortgeschrittenen Studium sollten Sie dann auch Stellung beziehen, fundiert Ihre eigene Ansicht zu einem Thema äußern oder sogar Ihre eigenen Forschungsergebnisse darlegen. Dies wird als eigenständiges Argumentieren (siehe Kapitel 8.2) bezeichnet.

Es ist nicht das Ziel dieses Kapitels, gängige rhetorische Argumentationsmodelle zu referieren. Diese zu vermitteln, sollte die spezifische Aufgabe des jeweiligen Faches bleiben. Vielmehr werden Ausschnitte aus zwei Arbeiten vorgestellt, um zu zeigen, wie in einer Seminararbeit die Argumentation anderer Autoren nachvollzogen (siehe Kapitel 8.1) bzw. wie in einer Dissertation eine eigenständige wissenschaftliche Argumentation entwickelt wird (siehe Kapitel 8.2).

8.1 Nachvollziehen von Argumentationen

Zu Beginn Ihres Fachstudiums wird von Ihnen in der Regel verlangt, in einer Seminararbeit zu zeigen, dass Sie Fachwissen erworben haben und es darstellen können. Dazu müssen Sie die bisherigen Forschungsergebnisse sowie deren argumentative Herleitung und Rechtfertigung zu einem ausgewählten Themenbereich aufzeigen. Erst auf dieser Grundlage können Sie dann kritisch Stellung zu diesen wissenschaftlichen Positionen und ihrer Herleitung beziehen.

Insofern ist das Nachvollziehen von Argumentationen eine Sonderform des Zusammenfassens, allerdings nicht nur mit Bezug auf Ergebnisse, sondern auch auf den Begründungszusammenhang und auf die argumentative Herleitung und Rechtfertigung von Ergebnissen.

Die folgenden Schritte zeigen Ihnen, wie Sie beim Nachvollziehen vorgehen können.

1. Schritt: Geordnete, übersichtliche Darstellung von Positionen

Wenn Sie Forschungsergebnisse eines Autors darstellen und deren argumentative Stützung nachvollziehen, so besteht Ihr Text zunächst – wie bei einer Zusammenfassung – aus folgenden Textteilen:

- sprachliche Anbindung
  - textbeschreibender Teil (Autor, eventuell Textsorte etc.)
  - inhaltsbezogener Teil (Ergebnisse und argumentative Stützung)
- sprachliche Anbindung

Referieren Sie die Positionen mehrerer Autoren, so ordnen Sie die Autoren entsprechend ihren Unterschieden und Gemeinsamkeiten.

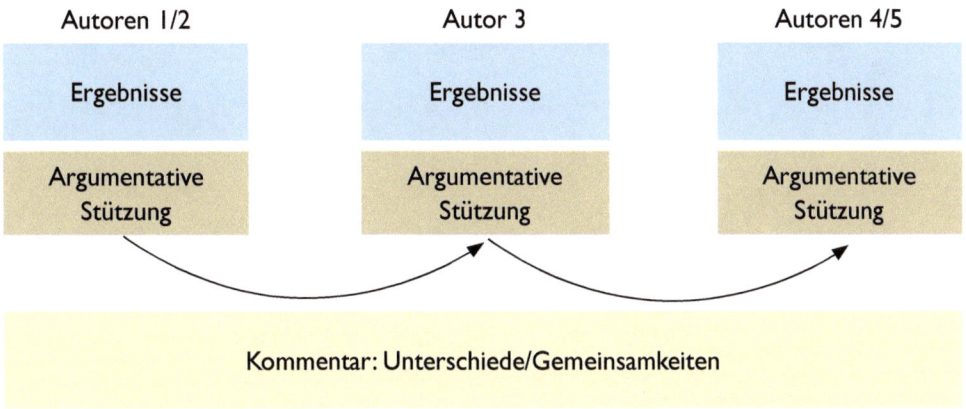

Abb. 8.1: Referieren der Positionen mehrerer Autoren

2. Schritt: Kritische Auseinandersetzung mit den Positionen

Häufig wird von Ihnen erwartet, dass Sie sich kritisch mit diesen Positionen auseinandersetzen. Das kann zum Beispiel geschehen durch

- eine Prüfung der Stichhaltigkeit der Argumente und der Folgerungen,
- das Nachvollziehen einer kritischen Auseinandersetzung mit einem Autor mithilfe anderer wissenschaftlicher Literatur,
- eine Prüfung der Quellen[5] und ihre Auslegung,
- eine Sichtung weiterer Quellen,

---

5   Unter Quellen werden neben wissenschaftlicher Literatur alle schriftlichen Zeugnisse, wie zum Beispiel Briefe, Werke etc. verstanden.

- eine Bewertung von Äußerungen auf der Grundlage von Grundsätzen, Menschenrechten, Gesetzen, Werten (wie Toleranz).

3. Schritt: Einbinden in die Seminararbeit

Das Einbinden in die Seminararbeit erfolgt durch sprachliche Anschlüsse sowie durch inhaltliche Bezüge.

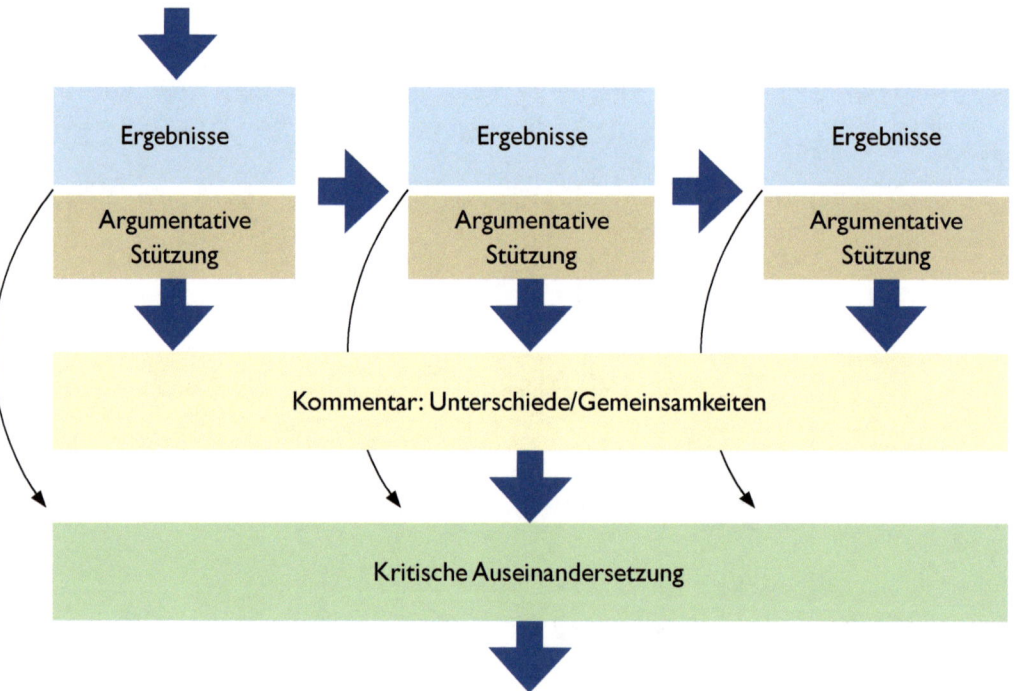

Abb. 8.2: Schematische Darstellung der Schritte 1 bis 3

Beispiel

Das folgende Beispiel zeigt Ihnen, wie wissenschaftliche Positionen einander gegenübergestellt, ihre argumentative Stützung nachvollzogen und die jeweiligen Stärken und Schwächen benannt werden können.

2. Bilingualismus und Spracherwerb […] Die wissenschaftliche Forschung befasst sich seit über 200 Jahren mit diesem Phänomen [des Spracherwerbs; Anm. der Verfasser]. Insbesondere Linguisten sind daran interessiert, wie Kinder ihre Muttersprache sprechen und verstehen lernen. Verschiedene Theorien sind aus Forschungen hervorgegangen. Eine davon ist der Behaviorismus. Er geht davon aus, dass Lernen durch Belohnung und Nachahmung gesteuert werden kann. Insbesondere Skinner (1957) hat dieses Modell geprägt und sieht beim Lernen eine Reiz-Reaktion-Verknüpfung, die durch Konditionierung erfolgt. Dabei wird davon ausgegangen, dass vorausgehende Reize eine bestimmte Reaktion auslösen, wobei das Verhalten mit den Ereignissen, die ihm nachfolgen, in Verbindung steht. Verhalten hat bestimmte Konsequenzen und diese entscheiden über das zukünftige Auftreten.	**Orientierung des Lesers** Ziel des Kapitels: Nachvollziehen von Forschung zum Spracherwerb. **Lerntheorie 1: Behaviorismus** Zusammenfassen der Theorie des Behaviorismus als Ausgangspunkt. Lernen kann durch Belohnung und Nachahmung gesteuert werden; B. F. Skinner wird als Hauptvertreter dieser Richtung genannt und fungiert als Autorität. **Stützendes Argument für Lerntheorie 1:** Vorausgehende Reize lösen eine bestimmte Reaktion aus.
Der Spracherwerb von Kindern erfolgt demnach, indem gehörte Äußerungen nachgeahmt und hervorgebracht werden. Korrekte Äußerungen werden belohnt, während inkorrekte Äußerungen bestraft werden. Äußerungen werden dann gelernt, wenn sie eine Verstärkung zur Folge haben.	Übertragung der Lerntheorie auf den Spracherwerb.
Die Kritik, die an diesem Modell geäußert wird, ist, dass lediglich die äußeren Bedingungen des Lernens betrachtet werden, nicht aber die mentalen Voraussetzungen.	Kritik am Behaviorismus **(Gegenargument 1)**: Mentale Voraussetzungen beim Lerner werden nicht berücksichtigt. Wissenschaftliche Literatur dient als Stütze.
Auch ist es fraglich, ob allein durch Nachahmung und Verstärkung Verhaltensweisen erlernt werden können, die zu Belohnung führen (vgl. Oksaar 2003, 84).	Durch den Behaviorismus nicht beantwortete Frage **(Gegenargument 2)**: Werden neue Verhaltensweisen allein durch Nachahmung und Verstärkung gelernt? Wissenschaftliche Literatur dient als Stütze.

Ein weiterer Kritikpunkt dieser Theorie ist, dass Kinder oft nicht in der Lage sind, grammatikalische Konstruktionen Erwachsener wortgetreu nachzuahmen, wenn sie dazu aufgefordert werden (vgl. Crystal 1995, 234).

Kritik am Behaviorismus (Gegenargument 3): Wortgetreue Nachahmung funktioniert nicht sofort.
Wissenschaftliche Literatur dient als Stütze.

Nennung der Gegenargumente 1–3 => Überleitung zu einer neuen Lerntheorie

Von einer entgegengesetzten Theorie geht der Nativismus aus. Nach dieser Theorie erfolgt Spracherwerb aufgrund einer angeborenen linguistischen Fähigkeit. Das Modell ist durch Chomsky geprägt worden, der seine Theorie damit begründet, dass Kinder mit einer außerordentlichen Geschwindigkeit sprechen lernen und dies nicht allein durch Nachahmung und Verstärkung geleistet werden könne und daher für ein derart komplexes Lernobjekt Sprache ungeeignet ist. Er ist der Auffassung, dass Kindern von Geburt an ein Spracherwerbsmechanismus (language acquisition device – LAD) zur Verfügung steht in Form einer Universal Grammar (UG), die es ihnen ermöglicht Strukturen von Sprache in gehörten Äußerungen erkennen und daraus Regeln über die Grammatik einer Sprache ableiten zu können. Aus diesem Wissen heraus über die Regeln einer Sprache werden anschließend Sätze konstruiert.

Lerntheorie 2: Nativismus
Spracherwerb erfolgt aufgrund einer angeborenen Fähigkeit (ein Hauptvertreter nativistischer Lerntheorien ist N. Chomsky; die Verfasserin bezieht sich ausdrücklich auf ihn und referiert seine Position).

Stützende Argumente für Lerntheorie 2:
* Widerlegen des Behaviorismus (Lernobjekt Sprache ist zu komplex, als dass es allein durch Nachahmung und Verstärkung erfolgreich erworben werden könnte).
* Stattdessen Annahme eines LAD.

Kritik wird an dieser Theorie in der Form erhoben, dass Chomskys LAD den Spracherwerb von anderen Erkenntnisbereichen und der notwendigen soziokulturellen Umgebung der Sprachverwendung isoliert (vgl. Oksaar 2003, 86).

Kritik am Nativismus (Gegenargument): Soziokulturelle Beeinflussung bleibt beim Nativismus unberücksichtigt. (Verfasserin stützt sich auch hier auf die wissenschaftliche Literatur.)

Nach dem heutigen Stand der Forschung gibt es keine allgemeingültige Theorie des Spracherwerbs. Ist doch der Bereich des Spracherwerbs derartig komplex, dass kaum eine Theorie allein diesen erläutern könnte. Es wird jedoch davon ausgegangen, dass sowohl Nachahmung beim Spracherwerb eine Rolle spielt, als auch ein angeborener Spracherwerbsmechanismus dem Kind zur Verfügung steht.

Nachvollziehen des gegenwärtigen Forschungsstands

Hack, Monika (2005): Die bilinguale Gesellschaft – eine Vision von Morgen? Unveröffentlichte Seminararbeit; WWU Münster.

Zu Beginn erfolgt eine Leserorientierung, indem die Verfasserin die zentrale Fragestellung nennt und sie historisch einordnet. Darauf folgt eine Darstellung der Theorie des Behaviorismus mit ihrer argumentativen Stützung. Die Kritik an dieser Theorie entwickelt die Autorin nicht selbst, sie übernimmt sie aus der wissenschaftlichen Literatur (hier: Oksaar und Crystal). Den Nativismus als zweite Theorie setzt sie von der ersten durch ein Attribut ab („Von einer entgegengesetzten Theorie […]") und orientiert den Leser damit über das Verhältnis der Theorien zueinander. Am Schluss kommt die Verfasserin zu einer Einschätzung des gegenwärtigen Forschungsstands.

8.2 Eigenständiges Argumentieren

Wenn ein Autor bereits über größeres Fachwissen verfügt, kann er eigenständige wissenschaftliche Positionen entwickeln. Dies ist in fortgeschrittenen Seminararbeiten oder auch erst bei Abschlussarbeiten der Fall.

1. Schritt: Entwickeln eigenständiger Positionen

Zu eigenen Erkenntnissen gelangen Sie,
* wenn Sie bestehende wissenschaftliche Erkenntnisse und Methodenwissen auf neue Sachverhalte transferieren,
* wenn Sie Quellentexte ohne Zuhilfenahme von Sekundärliteratur auslegen, zum Beispiel bei literaturwissenschaftlichen, philosophischen, historischen Arbeiten,
* wenn Sie empirische Daten analysieren.

In Ihrer Seminar- oder Abschlussarbeit reicht es aber nicht aus, allein Ihre wissenschaftlichen Erkenntnisse zu benennen. Ebenso ist es notwendig, den Erkenntnisweg zu beschreiben. Dieser stellt dem Leser die Vorgehensweise vor, so dass er die gewählte Methode nachvollziehen und beurteilen kann, ob sie dem Forschungsstand angemessen gewählt wurde.

Dies bedeutet, dass Sie dem Leser zeigen, wie Sie zu Ihren Erkenntnissen gelangt sind. Belege aus wissenschaftlicher Literatur dienen Ihnen dabei als Stütze.

Eigenständige wissenschaftliche Position

Beschreibung: Wie sind Sie zu Ihren Erkenntnissen gekommen? (mit Belegen)

Abb. 8.3: Überblick über den ersten Schritt der Entwicklung eigenständiger wissenschaftlicher Positionen

2. Schritt: Einwände wissenschaftlich fundiert widerlegen oder abschwächen

Bei der Entwicklung Ihrer eigenständigen wissenschaftlichen Position werden Ihnen Gegenargumente bzw. Einschränkungen bewusst, die die Gültigkeit Ihrer Position in Frage stellen. Es gilt, sich hiermit kritisch auseinanderzusetzen, indem Sie möglichst versuchen sollten, diese Einwände zu widerlegen bzw. abzuschwächen. Wie beim ersten Schritt dienen Ihnen u. a. anerkannte wissenschaftliche Erkenntnisse als Belege. Ziel dabei ist es, dem Leser zu zeigen, dass Sie den wissenschaftlichen Sachverhalt durchdacht haben und dass Ihre Position stichhaltig ist.

Der zweite Schritt lässt sich wie folgt darstellen:

Eigenständige wissenschaftliche Position

Widerlegen bzw. Abschwächen von Gegenargumenten (mithilfe von Belegen)

Abb. 8.4: Überblick über das Darstellen von Einwänden

Selbstverständlich ist es nicht notwendig, den ersten und den zweiten Schritt getrennt voneinander durchzuführen. Vielmehr können sie parallel durchgeführt werden, und auch in Ihrem Text können sie ineinandergreifen.

3. Schritt: Wahl der Darlegung

Für die endgültige Darlegung Ihrer eigenständigen wissenschaftlichen Position mit ihrer Herleitung und einer Widerlegung von Einwänden werden Ihnen im Folgenden zwei gängige Verfahren vorgestellt. Sie können zuerst Ihren Erkenntnisgewinn benennen und anschließend die Begründung anführen. Dieser Abschnitt wird in der Regel mit einer Zusammenfassung abgeschlossen.

Ebenso ist es möglich, Ihren Text mit einer Problemstellung, Frage oder Hypothese zu beginnen. Daran schließen Sie die Lösung, die Beantwortung, die Verifizierung bzw. Falsifizierung an und formulieren am Ende des Abschnitts die gewonnene eigenständige wissenschaftliche Position. Grafisch sind beide Argumentationsweisen in Abbildung 8.5 verdeutlicht:

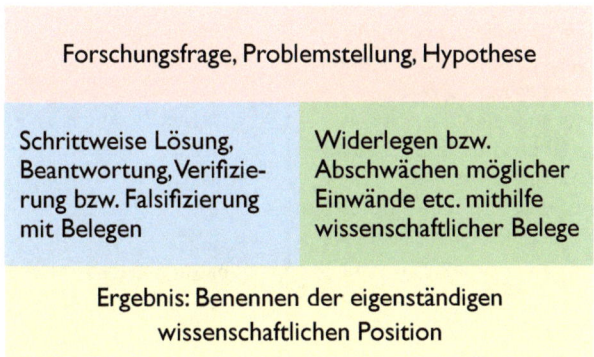

Benennen der eigenständigen
wissenschaftlichen Position

| Begründung in Form einer Beschreibung des Erkenntnisgewinns mit Belegen | Widerlegen bzw. Abschwächen möglicher Einwände etc. mithilfe wissenschaftlicher Belege |

Zusammenfassung des Textabschnitts,
ggf. Schlussfolgerung o. Ä.

Forschungsfrage, Problemstellung, Hypothese

| Schrittweise Lösung, Beantwortung, Verifizierung bzw. Falsifizierung mit Belegen | Widerlegen bzw. Abschwächen möglicher Einwände etc. mithilfe wissenschaftlicher Belege |

Ergebnis: Benennen der eigenständigen
wissenschaftlichen Position

Abb. 8.5: Zwei alternative Vorgehensweisen zur Darlegung eigenständiger wissenschaftlicher Positionen

Das folgende Beispiel zeigt, wie in einer Dissertation eine bestehende wissenschaftliche Position mithilfe selbstständig entwickelter kritischer Ergänzungen und Einwände modifiziert wird. Dies führt in der Schlussfolgerung zu einer eigenständigen Positionierung des Autors. Die einzelnen, logisch aufeinander abgestimmten Argumente werden sprachlich so verknüpft, dass der Leser dem Argumentationsweg folgen kann. Zur besseren Übersichtlichkeit sind die verwendeten Kommunikationsmittel fett gedruckt.

Auf der Grundlage der vorhandenen Erfahrungen ist es für die Ausgestaltung zukünftiger Politik von zentraler Bedeutung, Beschäftigungsmöglichkeiten für Arbeitsuchende bereitzustellen, die einen möglichst engen Bezug zum regulären Arbeitsmarkt aufweisen.[1145]	Der Autor übernimmt eine Forderung aus einer wissenschaftlichen Publikation.
Die in den letzten Jahren in Deutschland und in den Niederlanden eingeleiteten Reformen **sind**, da sie in ihrer Grundtendenz in die skizzierte Richtung zielen, **zu begrüßen**.[1146]	Positive Bewertung unter Rückgriff auf wissenschaftliche Literatur.
In Anbetracht der vergleichsweise hohen Lohnkosten in beiden Ländern bietet sich als Mittel zur Gewinnung von Beschäftigungsmöglichkeiten weiterhin die Bereitstellung staatlicher Zuschüsse an.[1147]	Konkretisierung der Forderung unter Rückgriff auf wissenschaftliche Literatur.
Aus verschiedenen Gründen weist jedoch auch diese Strategie gewisse Probleme auf. Es ist zunächst einmal davon auszugehen, dass es sicherlich schwierig ist, eine ausreichende Zahl an Unternehmen zu finden, die sich zu vertretbaren Kosten bereit erklären, entsprechende Arbeitsplätze zur Verfügung zu stellen.	Ankündigung einer Problematisierung (Forderung ist so nicht haltbar). Problem 1: Unternehmen finden Hinderungsgrund zur Realisierung des Vorschlags.
Zudem ist zu beachten, dass subventionierte Beschäftigungsverhältnisse in vielen Fällen reguläre Erwerbsmöglichkeiten verdrängen können und die Arbeitgeber sie oftmals nur einsetzen, um Kosten zu senken bzw. Mitnahmeeffekte zu erzielen.	Problem 2: Subventionierte Arbeitsplätze verdrängen reguläre Arbeitsplätze.
Ein weiterer wichtiger Punkt ist darin zu sehen, dass der Einsatz derartiger Instrumente nur für jene Personen sinnvoll erscheint, bei denen Voraussetzungen vorliegen, welche eine dauerhafte Vermittlung in Arbeit zulassen.	Problem 3: Personen, die vermittelt werden, sollen dauerhaft einsetzbar sein.
Wegen der genannten Punkte sind in Bezug auf die Konzeption von subventionierten Beschäftigungsgelegenheiten **bestimmte Aspekte zu beachten**.	Schlussfolgerung: Bei der eingangs gestellten Forderung müssen die Probleme beachtet werden.
Vor allem sollten derartige Fördermaßnahmen stets eine klare zeitliche Befristung aufweisen und so gezielt wie möglich verwendet werden.	Betonung eines wichtigen Details: Zeitliche Befristung.

1145 In diesem Sinne äußern sich unter anderem: WAHL/SCHULTE (2005): S. 143.
1146 Vgl.: BA (2004): S. 90 ff.
1147 Siehe hierzu: KLAVER/MEVISSEN/ODÉ (2005): S. 68 und S. 74; SCHRÖDER (2001): S. 67.

Wilp, Markus: Die Arbeitsmarktintegration von Zuwanderern in Deutschland und den Niederlanden: Eine vergleichende Untersuchung zentraler Hintergründe, aktueller Entwicklungen und ausgewählter politischer Maßnahmen; http://nbn-resolving.de/urn:nbn:de:hbz:6-32669490310; online am 11.08.2006.

Der Autor der Dissertation greift zunächst bestehende wissenschaftliche Erkenntnisse auf, aus denen er eine Forderung übernimmt. Die eigenständige Leistung liegt darin, auf vorhandene Probleme (siehe Problem 1 bis 3) hinzuweisen und diese zur Ausgangsforderung in Beziehung zu setzen. Dies setzt der Autor um, indem er die Probleme zunächst aufzählt und anschließend die Ausgangsforderung modifiziert und ein Detail ergänzt.

Insofern kommt der Autor mithilfe eigenständiger Argumente zu einer eigenen Position, die es in dieser Form in wissenschaftlichen Publikationen zum Thema noch nicht gibt.

Die Entwicklung einer eigenständigen Argumentation ist sehr komplex, wie an diesem Textausschnitt deutlich wird. Der Bezug zu vorhandenen wissenschaftlichen Erkenntnissen stellt hierbei einen wesentlichen Ausgangspunkt dar.

8.3   Übungen

Übung I

Art der Übung:	Analysieren von Argumentationen in einer Seminararbeit
Ziel der Übung:	Nachvollziehen von Argumentationen
Geeignet für	
Muttersprachler:	Ja
Nichtmuttersprachler:	Ja (ab Niveau B2)

Aufgabe:

Analysieren Sie den folgenden Textausschnitt entsprechend dem Beispiel in Kapitel 8.1.

[…]

2.2.1   Einige Theorien des Zweitspracherwerbs

Eine frühe Theorie aus der Zweitspracherwerbsforschung ist die Kontrastivhypothese. Sie geht davon aus, dass der Erwerb der Zweitsprache von der Struktur der bereits vorhandenen Sprache bestimmt wird. Aus diesem Grund lassen sich gleiche Strukturen und Regeln leichter erlernen, weil sie von der bereits vorhandenen Sprache richtig in die Zweitsprache transferiert werden. Während unterschiedliche Strukturen Lernprobleme verursachen, weil diese Strukturen nicht einfach transferiert werden können, sondern verändert werden müssen (vgl. Oksaar 2003, 99). Das bedeutet für den Lerner, je unterschiedlicher die beiden Sprachsysteme sind, desto größer sind die Lernprobleme und die Möglichkeit zu fehlerhaften Äußerungen. Diese Theorie ist starker Kritik ausgesetzt, da sie empirischer Überprüfung nicht standgehalten hat. Auch methodisch geriet sie in die Kritik, da sie auf behavioristischen Grundsätzen basiert und den mündlichen Spracherwerb strikt vor den schriftlichen Spracherwerb stellt sowie auf Drill basiert.
Eine gegensätzliche Theorie ist die Identitätshypothese. Sie besagt, dass der Erwerb der Zweitsprache im Prinzip der Erstsprache gleich ist. Es spielt keine Rolle, ob bereits eine Sprache gelernt wurde oder nicht, denn diese hat keine Auswirkungen auf den Erwerb und ein Transfer findet nicht statt. Fehler, die auftreten [sic] sind durch die Struktur der Zweitsprache bedingt (vgl. Oksaar 2003, 105).

Diese Theorie basiert auf Chomskys These des genetisch angelegten Spracherwerbsmechanismus, der den Lernprozess bestimmt und sowohl beim Erstspracherwerb als auch beim Zweitspracherwerb wirkt. Auch diese Theorie wird kritisiert in der Form, dass Fehler beim Zweitspracherwerb keineswegs nur durch die Struktur der Zweitsprache bedingt sind und der Einfluss der Erstsprache durch Transfer bei keiner Untersuchung ausgeschlossen werden konnte.

Laut Grießhaber (2002) dürfte es inzwischen eine weithin akzeptierte Meinung sein, dass beide Hypothesen den komplexen Verhältnissen nicht gerecht werden können. Eine weitere Theorie, die ebenfalls eine bedeutende Stellung einnimmt, ist daher die Interlanguage Hypothese. Diese Hypothese trennt zunächst strikt zwischen Erstspracherwerb und Zweitspracherwerb, da beim kindlichen Erstspracherwerb eine angeborene Sprachstruktur aktiviert wird, während beim Zweitspracherwerb lediglich eine problemlösende Psychostruktur aktiviert wird, die nicht speziell für sprachliche Strukturen ausgelegt ist (vgl. Grießhaber 2002, 2). Die Hypothese geht weiterhin davon aus, dass sowohl die Struktur der Erstsprache einen Einfluss auf die Zweitsprache ausübt als auch die Struktur der Sprache in Teilen für Fehler entscheidend ist, zum Beispiel im Bereich der Übergeneralisierung von Regeln. Somit verbindet diese Theorie Kontrastiv- und Identitätstheorie.

Eine weiterführende Sicht im Rahmen der Identitätshypothese legt Krashen (1981) mit seinem Monitor-Modell dar. In seiner Theorie unterscheidet er zwischen dem unbewussten Spracherwerb und dem bewussten Sprachlernen. Spracherwerb erfordert Kommunikation in der zu lernenden Sprache. Dabei kommt es nicht auf die Form der Äußerungen an, sondern ob sie verstanden werden. Die Anwendung der Regeln erfolgt unbewusst. Oft führt Spracherwerb zu festen invarianten Entwicklungssequenzen (vgl. Klein 1987, 38). Während es beim Sprachlernen um die Internalisierung explizit formulierter Regeln geht. Das gespeicherte Regelwissen bildet eine Art Monitor als Kontrollfunktion bei der Fremdsprachenverwendung.

Alle Theorien haben viele Diskussionen und Untersuchungen ausgelöst, die jedoch bis heute zu keinem eindeutig übereinstimmenden Ergebnis führen konnten.

[…]

Hack, Marion (2005): Die bilinguale Gesellschaft – eine Vision von Morgen? Unveröffentlichte Seminararbeit; WWU Münster.

Übung 2

Art der Übung:	Verfassen eines Kapitels einer Seminararbeit
Ziel der Übung:	Zitieren und paraphrasieren/
	Argumentieren/Den roten Faden herstellen
Geeignet für	
Muttersprachler:	Ja
Nichtmuttersprachler:	Ja (ab Niveau C1)

Aufgabe:

Stellen Sie sich vor, Sie schreiben eine Seminararbeit zum Thema „Steuergerechtigkeit". Ihre Gliederung könnte so aussehen:

1 Einleitung
2 Historischer Überblick
3 Juristische Aspekte
4 Philosophische Aspekte
5 Fazit
6 Literaturverzeichnis

a) Schreiben Sie das Kapitel 4. Überlegen Sie, welche Passagen aus dem unten abgedruckten Text von Thomas Nagel für Sie wichtig sind und verfassen Sie eine eigene Zusammenfassung mit Zitaten bzw. Paraphrasen und redeeinleitenden Verben.
b) Begründen Sie, warum Sie jeweils zitiert bzw. paraphrasiert haben.
c) Integrieren Sie Ihre eigene begründete Meinung zu dem im Text behandelten Thema bzw. zu den vorgebrachten Argumenten in Ihre Zusammenfassung. Achten Sie bei Ihrer Meinungsäußerung auf eine sachliche Darstellungsweise.
Unterscheiden Sie auch die Zusammenfassung und Ihre Stellungnahme durch den Gebrauch der indirekten Rede.

Ist es unfair, dass einige Menschen reich geboren werden und andere arm? Und falls es unfair ist, sollte etwas dagegen getan werden? [...] Wir müssen sowohl über die Ungleichheit selbst nachdenken als auch über die Gegenmaßnahmen, die man zu ergreifen hätte, um sie zu mindern oder ganz abzuschaffen. Die Hauptfrage über die Ungleichheiten lautet: Welche Arten von Ursachen der Ungleichheit sind unrecht? Die Hauptfrage über die Gegenmaßnahmen lautet: Welche Methoden des Eingreifens in die Ungleichheit sind legitim? [...] Es erscheint unfair, dass Menschen, die weitaus ärmer geboren werden als andere, ohne eigenes Verschulden unter Nachteilen leiden sollen. Doch solche Ungleichheiten existie-

---

ren, weil einige Leute mit größerem Erfolg Geld verdienen konnten als andere und ihren Kindern so gut wie möglich zu helfen bemüht waren [...]. Die Handlungen, die zusammengenommen diese Ursachen bilden [...] erscheinen an sich nicht als unrecht. Was, wenn überhaupt, unrecht ist, ist das Ergebnis: dass einige Menschen ihr Leben mit unverdienten Nachteilen beginnen. [...] Vielleicht sind Sie der Meinung, dass an Ungleichheiten, die auf diese Weise zustande kommen, nichts verkehrt ist. Doch falls Sie der Meinung sind, dass etwas daran unrecht ist, und falls Sie glauben, dass eine Gesellschaft es zu vermeiden versuchen sollte, dann müssen Sie eine Gegenmaßnahme vorschlagen, die entweder einen Eingriff in die Ursachen selbst darstellt oder einen direkten Eingriff in die ungleichen Wirkungen. [...] Eine indirektere Intervention in das ökonomische Leben von Individuen ist die Besteuerung, insbesondere die Einkommen- und die Erbschaftsteuer sowie einige Verbrauchersteuern, die sich so bestimmen lassen, dass sie den Reichen mehr abnehmen als den Armen. [...] Konzentrieren wir uns jedoch auf den philosophischen Punkt: Will man die unverdienten Ungleichheiten vermindern, die aufgrund von unterschiedlichem Klassenhintergrund [...] entstehen, so werden die erforderlichen Gegenmaßnahmen einen Eingriff in die ökonomischen Aktivitäten von Menschen beinhalten, in der Hauptsache durch die Besteuerung: Die Regierung nimmt einigen Leuten Geld weg und hilft damit anderen. Dies ist nicht der einzige oder der hauptsächliche Gebrauch, der von Steuern gemacht wird [...]. Doch für unser Problem ist die sogenannte redistributive Besteuerung relevant. Hier gebraucht die Regierung ihre Macht zu einem Eingriff in das, was die Leute tun, aber nicht, weil es an sich selbst unrecht wäre, [...] sondern weil es zu Auswirkungen beiträgt, die offenbar unfair sind. Manche halten die redistributive Besteuerung nicht für richtig, da die Regierung die Menschen so lange nicht beeinträchtigen sollte, wie sie nichts Unrechtes tun, und da die ökonomischen Aktivitäten, die all jene Ungleichheiten hervorbringen, nicht unrecht, sondern vollkommen unschuldig seien. [...] Ich für meinen Teil glaube, dass die [...] Ungleichheiten unfair sind [...], wenn sich dies durch ein System redistributiver Besteuerung und sozialer Hilfemaßnahmen verhindern ließe.

Nagel, Thomas (2008): Was bedeutet das alles? Eine ganz kurze Einführung in die Philosophie, Stuttgart, 81–90.

9   Der rote Faden

Für Henri ist es bei diesen Erklärungen unmöglich, das Spiel zu verstehen. Er kennt die Ausdrücke „Fehlfarbe" und „Trumpf" nicht, sie werden auch nicht erklärt, er kann weder das Ziel des Spiels noch seinen Verlauf nachvollziehen. Folgende Erklärung ist deutlicher:

> Johannes: Es spielen vier Personen, von denen in der Regel jeweils zwei gegen zwei spielen. Das Ziel des Spieles besteht darin, seinen Partner zu finden und mit ihm zusammen möglichst viele Punkte zu erreichen.
> Aber fangen wir einfach mal damit an, dass ich dir die Karten erkläre. Und zwar zuerst die Rangfolge, dann den Wert und anschließend die Karten, mit denen du deinen Partner findest. Und dann machen wir ein Probespiel mit offenen Karten.

Wenn Johannes seine Erklärungen in der Folge mit Ankündigungen, Wiederholungen und Zusammenfassungen strukturiert, wird er Henri das Verstehen erleichtern.

9.1 Der rote Faden und seine Funktion

Ein geübter Schreiber führt den Leser durch seinen Text. Er kündigt zum Beispiel an, welche Inhalte den Leser erwarten, oder er fasst das Geschriebene noch einmal zusammen. Diese Mittel des Schreibers bilden für den Leser eine Verstehenshilfe. Die Gesamtheit dieser Verstehenshilfen, die ein Autor dem Leser bietet, wird hier als roter Faden bezeichnet.

Der rote Faden orientiert den Leser über den inhaltlichen Verlauf und über die Struktur des Textes. Um den Leser über seinen Schreibplan zu orientieren, hat der Verfasser eine Vielzahl von Möglichkeiten. Mit ihnen macht er seinen Textbauplan durchsichtig und ermöglicht es dem Leser, einen Leseplan aufzubauen.

9.2 Beispiel Inhaltsverzeichnis

Ein Beispiel für eine Leserorientierung ist das Inhaltsverzeichnis.

Die STEP 21-Medienbox als Beitrag zur Modernisierung von schulischen und außerschulischen Entwicklungsprozessen

[...]

Teil A) Der Forschungsrahmen

[...]

[...]

Teil B) Der Forschungsansatz

Teil C) Die Forschungsergebnisse

[...]⁶

---

6   Alle Textbeispiele in Kapitel 9.2 und 9.3 stammen aus: Breer, Martina: Jugend – Medien – Bildung: die STEP 21-Medienbox als Beitrag zur Modernisierung von schulischen und außerschulischen Entwicklungsprozessen; http://nbn-resolving.de/urn:nbn:de:hbz:6-23689465034; online am 10.09.2007.

Das Inhaltsverzeichnis ist eine Ankündigung, in der dem Leser der Textaufbau vermittelt wird. Es hilft dem Leser dabei, die Inhalte auszuwählen, die er lesen möchte. Zudem bekommt er eine Vorstellung von der Abfolge der Kapitel, im Idealfall auch von der logischen Beziehung der Kapitel zueinander. Der Leser entwickelt eine Erwartungshaltung, letztlich plant er auf der Grundlage dieser Hinweise seine Lektüre.

Bei einem Inhaltsverzeichnis kann zwischen expliziter und impliziter Leserführung unterschieden werden (siehe unten).

Die alphanumerische Anordnung gibt sprachlich explizit die genaue Reihenfolge der behandelten Themenaspekte an. Zunächst wird im Beispiel oben dem Leser in Teil A das Forschungsgebiet der Arbeit mitgeteilt (Forschungsfeld, Fragen und Ziele). Teil B enthält eine theoretische Darstellung der Methoden, in Teil C werden schließlich die Ergebnisse präsentiert. Gleichzeitig wird zwischen Oberkapiteln (3) und Unterkapiteln (3.1) unterschieden und somit eine Hierarchisierung der Inhalte (vom Allgemeinen zum Speziellen) bzw. eine Logik hergestellt.

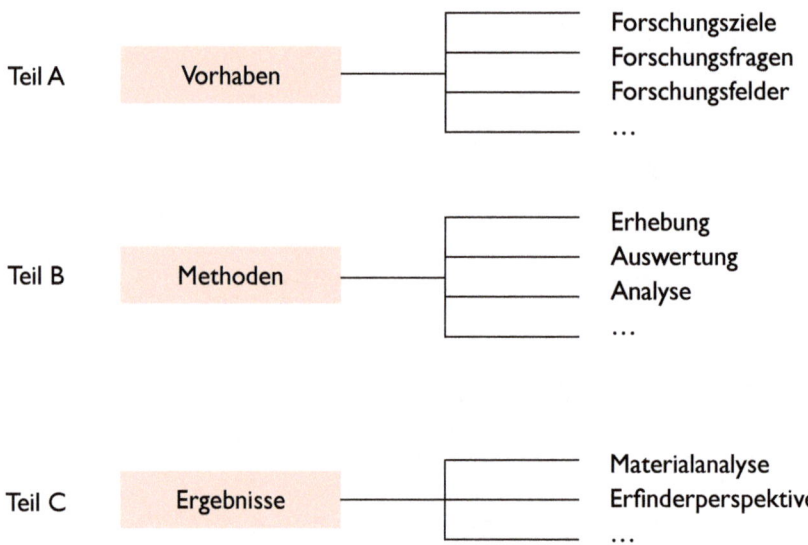

Abb. 9.1: Schematische Darstellung der Gliederung der Dissertation „STEP 21 – Medienbox"

Welcher genauen Logik dieser Aufbau der Kapitel folgt, ist sprachlich nicht explizit erläutert, sondern im Textaufbau implizit enthalten: Warum Kapitel 3.1 vor Kapitel 3.2 angeordnet ist, wird im Inhaltsverzeichnis nicht explizit dargestellt. Der Leser muss sich die inhaltlichen Beziehungen und die Logik der Anordnung der Kapitel gedanklich erschließen. Explizite Erläuterungen dazu findet er in bestimmten Textpassagen, deren ausschließliche Funktion darin besteht, den logischen Aufbau des Inhaltsverzeichnisses darzustellen. Die Einleitung hat auch diese Funktion (siehe Kapitel 4). Aber auch Zusammenfassungen und Ankündigungen dienen diesem Ziel.

9.3 Sprachlich explizite Leserführung

Die Führung des Lesers wird als explizit bezeichnet, wenn es eindeutige sprachliche oder optische Signale gibt, die seiner Orientierung dienen. Auf der Satz- wie auf der Textebene wird diese Orientierung mit unterschiedlichen Mitteln erreicht.

Satzebene

Der Leser baut sein Textverständnis dadurch auf, dass er die logische Verknüpfung der Sätze (zum Beispiel kausaler, konsekutiver oder temporaler Bezug) nachvollzieht. Um dem Leser diesen Teilvorgang des Verstehens zu erleichtern, stehen einem geübten Schreiber vielfältige sprachliche Mittel zur Verfügung:
- Konjunktionen (weil, nachdem …)
- Adverbiale (deshalb, infolgedessen …)
- Verweise (Diese verkürzte Chronologie verdeutlicht […])
- Nominalphrasen (im Gegensatz zu, mit Bezug auf, unter Berücksichtigung von …)
- …

Ebene von Textabschnitten

Unter Textabschnitten werden Textteile verstanden, die einen Absatz oder ein Kapitel umfassen. Auf dieser Ebene versucht der Schreiber dem Leser zu helfen, einen Zusammenhang zwischen
- Textabschnitten untereinander,
- einem Kapitelabschnitt und dem Thema des gesamten Kapitels und
- einem Textabschnitt und dem gesamten Text
herzustellen.

Um den Leser zum Aufbau eines Leseplans zu führen, kann sich ein Schreiber folgender Schreibhandlungen bedienen:
- Betiteln,
- Wiederholen (eines Zwischenergebnisses/eines Problems …),
- Wiederaufgreifen,
- Vorgeben von Zielen,
- Ankündigen (des weiteren Verlaufs),
- Rückverweisen (herstellen eines Bezugs zu einem vorherigen Kapitel),
- Anknüpfen,
- Zusammenfassen,
- Überleiten.

Beispiel 1

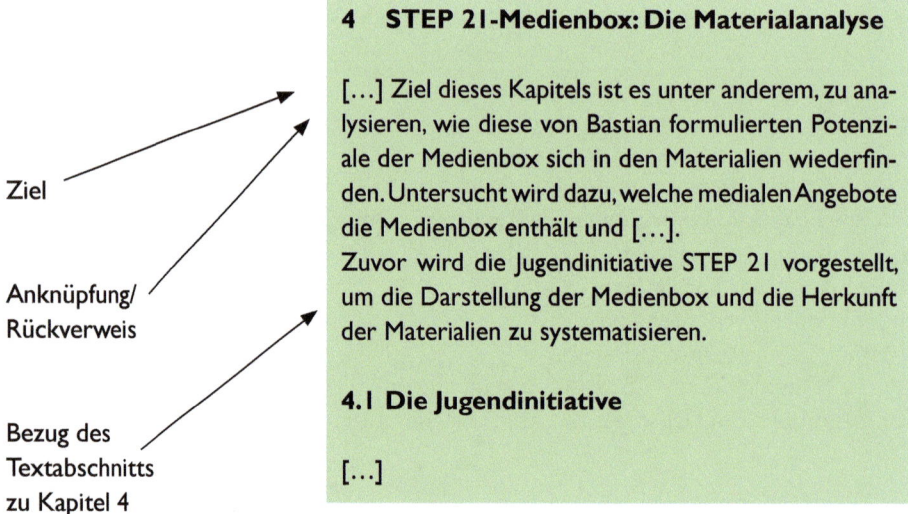

Die Schreiberin gibt dem Leser zu Beginn dieses 4. Kapitels ihrer Dissertation eine sprachliche Hilfe, den Text zu verstehen. Sie orientiert den Leser darüber,
- welches Ziel das Kapitel hat,
- wie das Kapitel an die Ausführungen des vorherigen Kapitels anknüpft,
- welchen Bezug der Textabschnitt zum gesamten Kapitel 4 hat.

Die folgenden drei Beispiele sollen diese orientierenden Schreibhandlungen weiter veranschaulichen.

Beispiel 2

Ankündigung ⟶

Zusammenfassung/
Bezug zum Thema
des Kapitels

4.1 Die Jugendinitiative

„STEP 21 – die jugendinitiative für toleranz und verantwortung" ist die vollständige Bezeichnung der gemeinnützigen Gesellschaft, die sich 1994 aus einem von dem Unternehmen Bertelsmann ausgeschriebenen Projektwettbewerb entwickelt hat. Der nachfolgende chronologische Abriss gibt einen kurzen Überblick über Entstehung und Entwicklung der Initiative.[270]
1994: Projektwettbewerb „Bertelsmann für Toleranz" – Aufgrund der zu Beginn der 1990er Jahre stark ansteigenden fremdenfeindlichen Übergriffe […].
1994 – 1998: Konkretisierung des Projekts „Aktion: Jugend fordert!" – In dieser Zeit wird das Grobkonzept der Projektidee überarbeitet und weiterentwickelt […].
1998: Gründung der gemeinnützigen Gesellschaft „Jugend fordert!" […].
Diese sehr verkürzte Chronologie verdeutlicht anschaulich, wie aus der ersten Projektidee innerhalb von 10 Jahren eine etablierte Jugendinitiative wird.

Der zweite wie auch der letzte Satz liefern hier keine Informationen über die Initiative STEP 21, sondern weisen den Leser an, wie er die dargelegten Informationen verstehen soll: als eine chronologische Darstellung von der Gründung bis hin zur etablierten Initiative. Diese Absicht einer zeitlich geordneten Darstellung wird durch die strukturierenden Zeitangaben sowie durch die ergänzenden Betitelungen der Zeitphasen unterstützt, die kursiv hervorgehoben sind.

Das Kapitel 4.1 endet folgendermaßen:

Beispiel 3

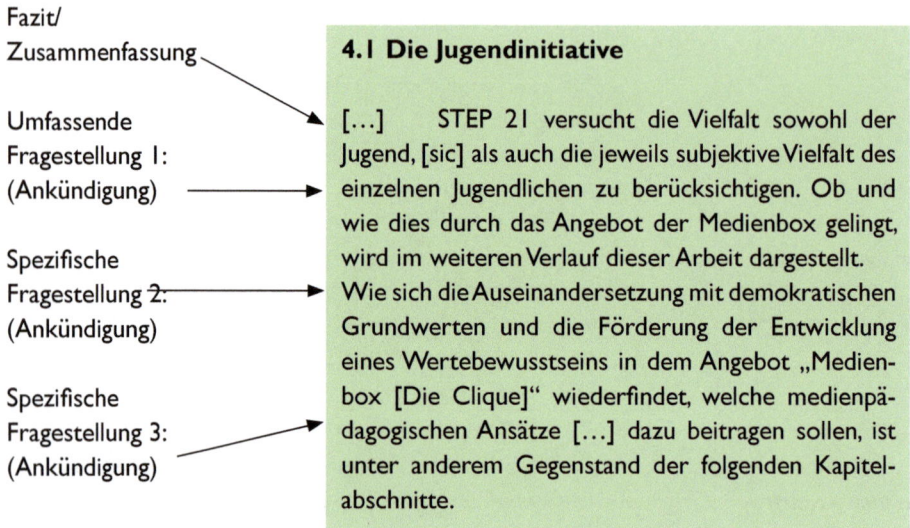

Fazit/
Zusammenfassung

Umfassende
Fragestellung 1:
(Ankündigung)

Spezifische
Fragestellung 2:
(Ankündigung)

Spezifische
Fragestellung 3:
(Ankündigung)

4.1 Die Jugendinitiative

[...]   STEP 21 versucht die Vielfalt sowohl der Jugend, [sic] als auch die jeweils subjektive Vielfalt des einzelnen Jugendlichen zu berücksichtigen. Ob und wie dies durch das Angebot der Medienbox gelingt, wird im weiteren Verlauf dieser Arbeit dargestellt. Wie sich die Auseinandersetzung mit demokratischen Grundwerten und die Förderung der Entwicklung eines Wertebewusstseins in dem Angebot „Medienbox [Die Clique]" wiederfindet, welche medienpädagogischen Ansätze [...] dazu beitragen sollen, ist unter anderem Gegenstand der folgenden Kapitelabschnitte.

An den ersten Satz, der ein Fazit in Form der Zusammenfassung eines Zwischenergebnisses der vorhergehenden Aussagen darstellt, schließt sich eine neue Fragestellung 1 an. Der Leser soll sie als Leitfrage verstehen, als thematisches Ziel der weiteren Darstellung. Um dieses Ziel zu erreichen, müssen allerdings erst Zwischenfragen (2 und 3) behandelt werden. Diese drei Fragestellungen haben die Funktion von Ankündigungen und bieten dem Leser die Möglichkeit, eine Erwartungshaltung aufzubauen und einen Leseplan zu entwickeln.

Im folgenden Beispiel aus der gleichen Arbeit finden Sie einen Rückverweis, der keine neuen Inhalte enthält.

Beispiel 4

Wie im Abschnitt zur Medienkompetenz in dieser Arbeit ausführlich dargestellt, ist Medienkompetenz [...] vom pädagogischen Setting der Unterrichtsreihe [...] abhängig.

Dieser Rückverweis erleichtert dem Leser jedoch die Herstellung eines Bezugs zu vorhergehenden Textteilen und den Inhalten, die sich anschließen werden, und ordnet ihn damit in einen größeren thematischen Zusammenhang ein. Der Rückverweis erhält dadurch eine Funktion im Verstehensprozess.

Überblick

Beispiele für die oben angeführten Schreibhandlungen sind in der folgenden Tabelle dargestellt. Ein Autor kann sie kombinieren und auf diese Weise größere orientierende Textelemente erzeugen.

Schreibhandlungen	Textelemente	Funktion
Ankündigung des Textverlaufs Ankündigung von Zielen/Absichten	Im folgenden Kapitel soll geklärt werden, inwiefern […]. Dazu wird, ausgehend von den Untersuchungen […], die Frage der […] behandelt.	Der advance organizer zeigt dem Leser, welche Ziele die folgende Textpassage/das folgende Kapitel verfolgt und eventuell, wie diese Ziele erreicht werden sollen. Der damit verbundene Aufbau einer Erwartungshaltung dient dem Leser als Verstehenshilfe.
Überleitungen durch Bezug zum Thema Neue Fragestellung: Ankündigung	All diese und weitere Teilperspektiven reichen offenkundig nicht aus, das in Rede stehende Sozialgebilde hinlänglich pädagogisch zu definieren. Allerdings ergibt sich zugleich die Frage, ob eine vorrangig pädagogische Beschreibung von Schule überhaupt genügt, da […]. Gamm, Hans-Jochen (1979): Allgemeine Pädagogik, Reinbek, 122.	Mit dem Rückgriff auf die Problemstellung und durch die Modifikation wird der Leser zu einer neuen inhaltlichen Ausrichtung geführt.
Verweis auf Lücken in der Gedanken- und Beweisführung Rückverweis	Bisher haben wir allerdings noch keinen Beweis dafür vorgelegt, daß der Multiplikator tatsächlich größer als 1 ist. Aber aus unseren bisherigen Ausführungen ist schon hervorgegangen, daß […]. Samuelson, Paul A./Nordhaus, William D. (1987[8]): Volkswirtschaftslehre 1. Grundlagen der Makro- und Mikroökonomie, Köln, 257.	Dieser Verweis auf den Stand der Gedankenführung sowie der Rückgriff ermöglichen es dem Leser, diesen Textteil in den Verlauf des Gesamttextes einzuordnen.

Tab. 9.1: Übersicht über verschiedene Schreibhandlungen und ihre Funktionen

In der folgenden Übersicht wird noch einmal schematisch dargestellt, wie die orientierenden Schreibhandlungen des Autors dem Leser helfen, einen Leseplan aufzubauen.

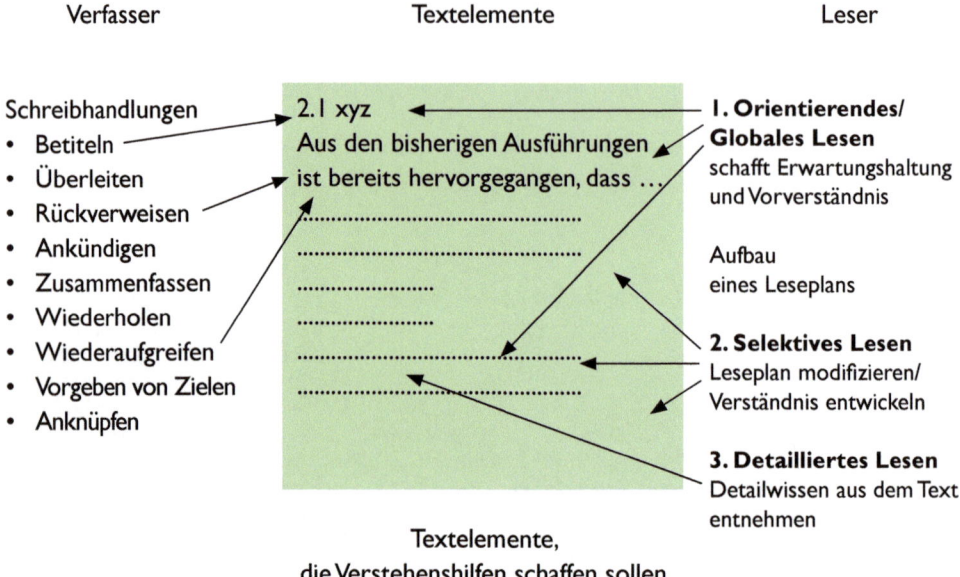

Textelemente,
die Verstehenshilfen schaffen sollen

Abb. 9.2: Übersicht über Schreibhandlungen und Lesestile

Diese orientierenden Textelemente, die sich zum roten Faden ergänzen, finden sich im Text vornehmlich an bestimmten Stellen:
- in der Einleitung,
- am Kapitelanfang und
- am Kapitelende.

Diese Konvention erleichtert es einem routinierten Leser, sich an den ausgewiesenen Textstellen einen Überblick zu verschaffen.

9.4 Sprachlich implizite Leserführung

Unter sprachlich impliziter Leserführung wird eine Orientierung verstanden, die nicht durch sprachliche oder optische Signale erfolgt. Sie geht vielmehr aus dem Textinhalt und aus dem argumentativen Aufbau hervor. Ein logisch nachvollziehbarer und in seiner Abfolge einsehbarer Aufbau erleichtert dem Leser das Textverständnis.

Der starke Grund, zusammen zu sein	Erläuterungen zum Text
Meine Damen und Herren, wenn Nationen als ganze Nervenzusammenbrüche erleiden könnten – es müsste im Falle der Deutschen an einem 9. November geschehen. Mit einer Regelmäßigkeit, die an einen Tic denken lässt, sind die Deutschen […] an diesem Tag zur Stelle, wenn es darum geht, ihre Pflichten gegenüber der Geschichte im Guten wie im Schlimmen zu erfüllen. Ganz offenkundig benehmen sie sich wie Leute, die zu diesem bestimmten Termin mit ihrem politischen Schicksal verabredet sind, und sie versäumen nichts, um dabei zu sein, wenn an einem wiedergekehrten 9. November ihre Geschichte von neuem zu ihnen redet. Sloterdijk, Peter (1998): Der starke Grund, zusammen zu sein, Frankfurt am Main, 7.	In der Rede des Philosophen Peter Sloterdijk geht es um die Frage, was moderne Nationen, speziell die deutsche, kennzeichnet. Er beginnt seine Rede mit einer Interpretation der geschichtlichen Ereignisse, die an einem 9. November in Deutschland stattgefunden haben: 9.11.1918 *Novemberrevolution in Berlin* 9.11.1923 *Niederschlagung von Hitlers Putschversuch in München* 9/10.11.1938 *Reichspogromnacht, von Goebbels organisierte Ausschreitungen gegen Juden mit Morden und Zerstörungen und Beschlagnahmungen jüdischen Eigentums* 9.11.1989 *Fall der Berliner Mauer*

Der Leser kann bei der Lektüre der ersten Sätze der Rede des Philosophen Peter Sloterdijk nicht sicher sein, wovon diese Rede handeln wird. Es fehlen explizite Leserorientierungen, wie zum Beispiel „Im Folgenden werde ich über die Bedeutung des 9. November für Deutschland als Nation sprechen". Diese würden dem Leser eindeutig die vom Autor intendierte Zielrichtung verdeutlichen und ihm helfen, das Gesagte im Sinne des Autors zu verstehen.

Stattdessen muss sich der Leser dieser Rede das Thema durch implizite Hinweise erschließen. Diese erhält er, indem er die inhaltlichen Zusammenhänge, die der Autor entwickelt, rekonstruiert. Auf diese Weise kann er während des Lesens des Textes allmählich die Zielrichtung erkennen. In diesem Beispiel wird mit der Ankündigung „wenn Nationen als ganze Nervenzusammenbrüche erleiden könnten" auf wichtige Vorfälle hingewiesen, die Konsequenzen für Nationen haben. Für die deutsche Nation geht es um den 9. November. Dieses Datum wird im Verlauf des Textes als ein besonderes markiert, indem es wiederholt aufgegriffen wird: „an diesem Tag", „zu diesem bestimmten Termin", „wiedergekehrten 9. November". Diese Rückverweise auf den historischen Tag erfolgen mithilfe von Pronomina („diesem") und Partizipien („wiedergekehrt"). Jedoch muss der Leser bei der Lektüre erschließen, in welchem Zusammenhang das mehrfach benannte Datum mit herausragenden geschichtlichen Ereignissen der deutschen Nation steht und welche Auswirkungen sie auf Deutschland haben könnten. Zudem bleibt in dem abgedruckten Auszug unklar, in welchem Zusammenhang der Titel der Rede („Der starke Grund, zusammen zu sein") mit der Einführung steht. Auch dies muss sich der Leser bei der weiteren Lektüre erschließen und den Zusammenhang aktiv herstellen. Daher ist bei derartig aufgebauten Texten für ein verstehendes Lesen eine intensive Lesestrategie erforderlich.

In einem akademischen Text ist eine ausschließlich thematisch implizite Leserorientierung ohne explizite Ankündigungen, Anleitungen, Zusammenfassungen etc. unüblich. Vielmehr wird eine explizite Leserorientierung bevorzugt, da sie dem Leser eindeutig die Intention des Textes vermittelt. Anders ausgedrückt: Der Autor verdeutlicht dem Leser den zugrunde liegenden Schreibplan, so dass der Leser ihn als Leseplan übernehmen kann.

10 Überarbeiten

Der Leserbrief

Johannes:	Hallo Henri, wie geht's?
Henri:	Na ja, mich nervt im Moment alles und jeder. Ich müsste mir eigentlich meinen Leserbrief für unsere Zeitung noch mal ansehen. Den Entwurf habe ich dir doch vor einer Woche gezeigt, erinnerst du dich? Die zweite Version gefällt mir auch nicht viel besser als die erste. Langsam kenne ich ihn auswendig, und die Fehler sehe ich auch nicht mehr, glaube ich.
Johannes:	Dann mach doch einfach einen Spaziergang und fang danach noch einmal an. Nimm's mir nicht übel, aber überarbeiten solltest du den Text auf jeden Fall noch mal. Blamieren kannst du dich schließlich nur einmal, selbst wenn es nur unsere kleine Lokalzeitung ist.
Henri:	Das weiß ich, aber ich weiß gar nicht richtig, wo ich anfangen soll. Mir scheint einfach alles verkehrt zu sein. Das fängt schon beim Titel an: „Noch ein Parkhaus in der Innenstadt?" oder doch besser „Reichen fünf Parkhäuser in der Innenstadt immer noch nicht?" Oder vielleicht einfach nur „Mir reicht's!"?
Johannes:	Nun mal keine Panik. Es ist schließlich nicht der erste Text, den du schreibst. Geh das Problem einfach systematisch an …

Das Überarbeiten stellt beim Schreiben einen wichtigen Arbeitsschritt dar. Es dient dazu, die Mängel des Textes so weit wie möglich zu beseitigen.

Bei der Überarbeitung orientieren Sie sich an den Anforderungen an eine wissenschaftliche Seminararbeit, wie sie zum Beispiel in diesem Lehrbuch dargestellt werden. Um diesen Ansprüchen gerecht zu werden, müssen Sie über umfangreiches
* Sprach-,
* Schreib-,
* Schreibprozess-,
* Text- und
* Fachwissen
verfügen.

Mängel der Seminararbeit lassen sich in der Regel einer dieser Ebenen zuordnen. Die Fehlerquellen auf diesen Ebenen werden in den Kapiteln 10.1 und 10.2 aufgelistet. Anschließend werden an einem Auszug aus einer Seminararbeit mögliche Schritte der Überarbeitung erläutert (siehe Kapitel 10.3). Einen Katalog konkreter Kriterien finden Sie im Anhang.

10.1 Die Ebenen der Überarbeitung

Systematisch lassen sich verschiedene Ebenen unterscheiden, auf denen die Ursachen für die Mängel einer Arbeit zu suchen sind.

Mögliche Fehlerebenen	Einzelaspekte
Inhaltliche Ebene (Fachwissen)	Ist der Anspruch der Arbeit erfüllt? • Literaturüberblick geben • Bearbeitung einer Frage/Problemstellung • Durchführung und Auswertung einer empirischen Erhebung • …
Ebene der Schreibkonventionen (Schreibwissen)	Sind die kulturspezifisch gültigen Schreibkonventionen beachtet? • bei Anmerkungen • bei Zitaten • bei Paraphrasen • beim Inhaltsverzeichnis • beim Literaturverzeichnis • …

Textuelle Ebene (Textwissen)	a) Formale Textgestaltung:
	Wie ist die Arbeit formal strukturiert?
	• Textstruktur
	  – Einleitung: Funktion/Aufbau
	  – Hauptteil (gegliedert in Kapitel)
	  – Schluss
	• Kapitelstruktur
	  – Argumentationsstrukturen
	  – Zusammenfassungen
	  – Paraphrasen
	  – Zitate
	  – …

Mögliche Fehlerebenen	Einzelaspekte

Textuelle Ebene (Textwissen)	• Satzstruktur
	  – Überleitungen
	  – Satzanschlüsse
	  – …
	
	b) Funktionale Textgestaltung: Ist das eigene und das fremde Wissen verarbeitet und umorganisiert?
	Sind
	• Argumentationen schlüssig nachvollzogen bzw. entwickelt?
	Sind
	• Zusammenfassungen ⎫
	• Zitate ⎬ leserorientiert
	• Auswertungen ⎪ in den Text
	• Kommentare ⎭ eingebaut?
	• …
	
	c) Textgestaltung in kommunikativer Hinsicht: Was ist nötig, um das Schreibziel zu erreichen?
	• Schreibabsicht
	• Leserorientierung
	• …

Sprachliche Ebene (Sprachwissen)	Korrektheit von • Lexik • Idiomatik • Orthografie • Syntax • Grammatik • Stilistik • …
Schreibprozess	Fragen des • Planens • Schreibens • Korrigierens

Tab. 10.1: Übersicht über mögliche Schwächen im Text

10.2 Eingriffe in den Schreibprozess

Aufmerksamkeit erfordert auch der Prozess des Schreibens selbst. Schematisch beinhaltet der Schreibprozess, wie auch am Aufbau dieses Lehrbuches ablesbar, folgende Schritte:

a) Planen
  - Festlegen des Themas
  - Sammeln und Verarbeiten von Informationen
  - Herstellen einer Gliederung
  - …

b) Schreiben

c) Überarbeiten in allen genannten Bereichen.

Diese Schritte verlaufen nicht geordnet nacheinander, sondern können durch die in den Tabellen aufgelisteten Eingriffe beeinflusst werden. Darüber hinaus ist das konkrete Schreibverhalten individuell sehr verschieden ausgeprägt.

Mängel der Arbeit können auch entstehen, wenn sich die Bedingungen ändern, unter denen die Arbeit entsteht. In diesem Fall ist ein Eingriff in den Schreibprozess selbst notwendig. Sich diese Fehlerquellen bewusst zu machen, kann dabei helfen, Fehler rechtzeitig zu vermeiden.

Ebene des Schreibverhaltens (Schreibprozesswissen)	• Änderung des Themas während des Schreibens • Finden neuer Primär- oder Sekundärquellen • Neue Fragestellungen • Relativierung alter Fragestellungen • Korrigierendes Eingreifen des Dozenten während des Verfassens der Arbeit • Schreibprobleme, zum Beispiel bei der Quellenauswertung, durch die Abgabefrist • Zeitpunkt des Verfassens der Einleitung • …

Tab. 10.2: Übersicht über Fehlerquellen durch Eingriffe in den Schreibprozess

10.3 Der Prozess des Überarbeitens

In diesem Unterkapitel soll am Beispiel einer Seminararbeit gezeigt werden, wie eine geregelte Überarbeitung erfolgen kann. Aus methodischen Gründen wird sie hier systematisiert in drei Schritten dargestellt. Die Überarbeitung beginnt bei dem Gesamtaufbau der Arbeit (Textstruktur) und endet auf der Ebene der Sätze.

In der Praxis kann die Überarbeitung fortlaufend während des Schreibens erfolgen. Die hier getrennt dargestellten Schritte verlaufen dann oft unsystematisch oder in anderer Reihenfolge.

Erster Schritt: Prüfung des Textganzen (orientierendes Lesen)

In diesem ersten Überarbeitungsschritt werden keine falschen Wörter oder Satzstrukturen korrigiert. Im Fokus steht vielmehr der Gesamtaufbau des Textes. Die folgenden Leitfragen helfen Ihnen dabei.

Ziel	Leitfragen
Überarbeiten auf der Textebene	• den ganzen Text erfassen und auf Stimmigkeit prüfen • inhaltliche/thematische Lücken markieren und ergänzen • Leserorientierung im Hinblick auf das Textganze überprüfen Zum Inhalt: • Deckt das Thema der Arbeit die behandelten Aspekte vollständig ab? • Ist die Gliederung stimmig? • Sind die Ankündigungen, die in der Einleitung stehen, erfüllt worden? • Ist der Schluss auf die Einleitung bezogen? • Wird der Anspruch der Arbeit (wie in der Einleitung thematisiert) eingelöst? • … Zur Struktur: • Ist die Arbeit dem Thema entsprechend gegliedert? • … Zur Leserorientierung: • Sind das Thema der Arbeit und die Überschriften der Kapitel so spezifisch, dass der Leser eine Erwartungshaltung aufbauen kann? • Ist für den Leser der rote Faden erkennbar? • …

Tab. 10.3: Übersicht über die Prüfung des Textganzen

Aus methodischen Gründen wird auf der Ebene des Textganzen auf ein Beispiel verzichtet, weil hierzu eine komplette Seminararbeit dargestellt und analysiert werden müsste.

Zweiter Schritt

Ziel	Leitfragen
Überarbeiten auf der Kapitelebene	Inhalt, Form und Struktur des Textes auf der Ebene der Kapitel überarbeiten Zum Inhalt: • Entspricht der Inhalt der Kapitel dem in der Einleitung und den Überschriften formulierten Anspruch? • Ist der Text logisch aufgebaut? • Sind die Interpretationen, Behauptungen und Thesen plausibel begründet und hinreichend durch Zitate und Verweise belegt? • Sind die Schlussfolgerungen plausibel? • Wird der Leser über die Literatur zum Thema systematisch und kritisch informiert? • ... Zur Struktur: • Sind der Schluss und die Einleitung aufeinander bezogen? • Sind die fremden Textteile sinnvoll eingebunden? • Ist der eigene Standpunkt kenntlich gemacht? • ... Zur Form: • Einhaltung der gewählten Zitierregeln • Einheitlichkeit des Schriftbildes • Gestaltung des Deckblatts • ... Zur Leserorientierung: Kann sich der Leser durch • Überleitungen (zum Beispiel zu Beginn oder am Ende eines Kapitels) • Zusammenfassungen orientieren? (siehe Kapitel 9)

Tab. 10.4: Übersicht über die Prüfung auf Kapitelebene

Beispiel

Am folgenden Beispiel werden notwendige Korrekturen auf den Ebenen des Textganzen und der Kapitel veranschaulicht. Der Text stammt aus einer Seminararbeit, die von einem ungenannten Autor im Internet veröffentlicht wurde. Das Thema der Arbeit lautet „Anglizismen". Dieser Text wurde ausgewählt, weil er mit seinen inhaltlichen, sprachlichen und strukturellen Schwächen als durchaus typisch für Seminararbeiten gelten kann, wie sie zu einem frühen Zeitpunkt des Studiums geschrieben werden. Die Korrekturen sehen keine inhaltliche Vertiefung vor, sondern eine Verbesserung auf dem bestehenden inhaltlichen Niveau des Originaltextes. Die Arbeit besteht aus insgesamt fünf Kapiteln:

1 Einleitung
2 Beispiele für Anglizismen
3 „Die Fronten"
4 Weitere Beispiele für Anglizismen und deren [sic] Einfluss auf die deutsche Sprache
5 Fazit

Originaltext der Arbeit	Mögliche Kritikpunkte
1 Einleitung Was ist „Sprache"? Sprache ist das wichtigste Kommunikationsmittel des Menschen. Falls es nicht anders angegeben ist, meint man primär mit der Verwendung des Begriffs „Sprache" die gesprochene Sprache, nicht die geschriebene Sprache. Sprache ist ein sozial verbindliches Zeichensystem basierend auf die [sic] Aneinanderreihung von Lauten. Hierbei wird einer „Gegebenheit" ein Wort zugeordnet. Diese Zuordnung ist vollkommen arbiträr, konventionell festgelegt und historisch gewachsen. Der häufig als Urheber des Strukturalismus bezeichnete Ferdinand de Saussure sprach von der Arbitrarität des sprachlichen Zeichens, bei der zwischen Lautkörper und seinem Inhalt keine naturgegebene, sondern eine willkürliche, auf Konvention beruhende Beziehung bestünde. Neben den „natürlichen" Sprachen existieren auch „künstliche" Sprachen, wie beispielsweise Programmiersprachen.	Element Hinführung: Die einleitende Frage ist nicht nur so allgemein formuliert, dass sie als Hinführung zum Thema „Anglizismen" nicht geeignet ist, sondern sie führt den Leser sogar in die Irre. Die Ausführungen zu Ferdinand de Saussure und zum Strukturalismus sind hier dementsprechend überflüssig. Der Zusammenhang zum Thema der Arbeit ist nicht klar. Hier wird ein neues Thema eingeführt. Sinnvoller wäre ein Verzicht auf diese Ausführungen.

Man geht davon aus, dass auf der Welt zwischen 3000 und 5000 Sprachen gesprochen werden […]. Wie nahezu alles Irdische sind auch Sprachen vergänglich. Einige sterben aus, andere hingegen geraten in einen – oder mehrere Sprachwandel im Laufe der Zeit.
[…].
Daher ist der Begriff des Sprachzustands ein sehr entscheidender. Sprache lebt. […] Der Sprachwandel ist unaufhaltsam, jedoch wohin führt er die Sprache? Führt der Sprachwandel zum sprachlichen Fortschritt oder zur sprachlichen Dekadenz?
Da die Fragestellung nach Fortschritt oder Dekadenz der Sprache eine sehr umfangreiche ist, behandelt diese Hausarbeit hauptsächlich den Einfluss von Anglizismen auf die deutsche Sprache.

Es geht bei Fragen von „Fortschritt" und „Dekadenz" nicht um Anglizismen/die Beschreibung von Sprachwandel, sondern um ihre Bewertung.

Das Thema lautet „Anglizismen". Eine Eingrenzung kann nicht hinsichtlich einer allgemeineren Fragestellung erfolgen, sondern nur im Hinblick auf eine spezifischere – so z. B. über eine Eingrenzung auf Wortschatzbereiche (Werbung o. Ä.).
Wichtige weitere Elemente einer Einleitung fehlen (siehe Kapitel 4):
– genaue Fragestellung
– Gegenstand/Zielsetzung der Arbeit
– Vorgehensweise/methodischer Ansatz
– Aufbau der Arbeit

2 Beispiele für Anglizismen

Etwa 4000 englische Wörter beinhaltet die deutsche Sprache (Berliner Morgenpost, 17. Okt. 1998). Einige Beispiele dafür sind: Story, feedback, clean, after shave, background, cash, date, dealer, fun, freecall, joke, kid, level, mix, shop et cetera.
Darüberhinaus haben sich auch einige Pseudo-Anglizismen in die deutsche Sprache eingeschlichen, die im Englischen etwas völlig Anderes bedeuten als im Deutschen. Beispiele für Pseudo-Anglizismen sind: body, dressman, talkmaster, wellness, handy, smoking etc.

Die Überschriften des zweiten und vierten Kapitels sind nicht sinnvoll. Vor allem auch in Anbetracht der Kürze des zweiten Kapitels scheint es sinnvoller, von lediglich einem Kapitel mit der Überschrift „Angloamerikanischer Einfluss im Deutschen" auszugehen und dann weitere Unterkapitel beispielsweise dem Einfluss auf verschiedenen sprachlichen Ebenen (Lexik, Syntax, Phonetik etc.) zu widmen.

3 „Die Fronten"

Beim Gebrauch dieser und anderer Fremd- | Aus der Überschrift lässt sich kein Rück-
wörter differenzieren [sic] die Meinungen. | schluss auf den Inhalt des Kapitels ziehen.
„Für die einen sind englische Einsprengsel
in der Rede der Ausweis von Weltläufig-
keit und Modernität, für die anderen zeugt
die Menge der ‚Angloamerikanismen' vom
Niedergang des Deutschen als Kulturspra-
che."[1] Nach Angaben des Instituts für Deut- | Der Zitatnachweis fehlt.
sche Sprache stammen 40 Prozent aller
Neologismen der letzten Dekade [sic] aus
dem Englischen, und 20 Prozent enthielten
zumindest eine englische Komponente,
beispielsweise last-minute-Urlaub [sic]. 25
Prozent aller vom Institut befragten Bun-
desbürger seien besorgt um ihre Muttersprache.[2]

Der „Verein zur Wahrung der Deutschen
Sprache" mobilisiert seine Kräfte zum
Kampf gegen die „Überschwemmung des
Deutschen ... mit angelsächsischem Wort-
und Sprachgut".[3]

Das Hauptanliegen dieses Vereins ist es, den | Hier müsste der „Tiefencode" definiert wer-
„Tiefencode" der deutschen Sprache vor | den. Es handelt sich nicht um eine sprach-
einer Beschädigung zu bewahren, da eine | wissenschaftliche Kategorie, sondern wahr-
Zerrüttung dieses Codes angeblich eine | scheinlich um einen Terminus, der von Die-
Verwirrung des Denkens und einen kultu- | ter E. Zimmer eingeführt wurde. Somit geht
rellen Verlust zur Konsequenz hätte, was | es um eine Frage von Sprachkritik und nicht
jedoch sehr übertrieben wirkt. | von Sprachentwicklung.

Anglizismen jedoch scheinen sich offenbar dem Tiefencode unterzuordnen, beispielsweise lassen sich Verben wie „mana-
gen" relativ problemlos konjugieren (ich
manage, du managest, er managet ...) und
auch Adjektive wie „cool" lassen sich ganz
„easy" steigern: cool, cooler, am coolsten.
Die Idee des Purismus in der deutschen
Sprache wurde auch in vorherigen Jahrhun-
derten von vielen Anhängern unterstützt,
konnte sich jedoch nicht durchsetzen. [...]

Auch Dieter Zimmer, Redakteur der Zeit, ist davon überzeugt, dass die Tiefenstruktur der deutschen Sprache gefährdet sei, plädiert jedoch gegen einen „Einreisestopp für fremde Wörter" in seinem Aufsatz „Neuanglodeutsch. Über die Pidginisierung der Sprache". Auch verneint er eine „Zwangseindeutschung" der Fremdwörter.

Dieter E. Zimmer war lediglich bis 1977 Redakteur der Zeit (online am 21.06.2010: cf.http://www.d-e-zimmer.de/Root/cven.htm).

Einige Gegner der Anglizismen verweisen auf die Academie Francaise [sic], deren Aufgabe es ist, die französische Sprache vor ausländischen – insbesondere englischen – Wörtern zu schützen. Daher fordern sie die Einführung ähnlicher Kompetenzen für die Deutsche Akademie für Sprache und Dichtung, jedoch wissend, dass sich Sprache entwickelt und es ein vergebliches Unterfangen wäre zu versuchen, die deutsche Sprache „clean" zu halten.
[…]

Der Zitatnachweis ist in dieser Form nicht ausreichend.

Um wen genau geht es hier?

Die notwendigen Belege fehlen.

4   Weitere Beispiele für Anglizismen und deren [sic] Einfluss auf die deutsche Sprache

Auch in der Idiomatik zeichnet sich der Einfluss der englischen Sprache ab. Einige Beispiele, um den englischen Einfluss zu belegen sind:
„In Schlaf fallen" von „to fall asleep" anstelle von „einschlafen",
„In Deutsch" von „in German" anstelle von „auf Deutsch" etc.
Hierbei stellt sich die Frage, ob der englische Spracheinfluss die Ausdrucksgenauigkeit der deutschen Sprache erweitert oder hemmt. Zimmer fordert daher die genaue und sorgfältige Erwägung des Werts der einzelnen „Sprachimporte".
Eine sich ebenfalls stellende Frage lautet: Wieviele fremde Wörter verträgt eine Sprache?

Diese und die folgende Frage sind in diesem Zusammenhang unangebracht, da sie nicht die Ebene der Beschreibung des angloamerikanischen Einflusses betreffen, sondern Aspekte möglicher Reaktionen auf diesen Einfluss. Damit müsste es sich hier um eine der zentralen Fragestellungen des dritten Kapitels handeln, das der Frage der Akzeptanz von Entlehnungen gewidmet ist.

Auf diese Frage existiert keine eindeutige Antwort, da eine Sprache viele Fremdwörter vertragen kann. Eine Sprache werde laut Zimmer nur dann beschädigt, „[...] wenn das höchst komplexe, einzigartige Regelgefüge, das sie darstellt, in Frage gestellt ist und sich aufzulösen beginnt. Ist also das Regelgefüge des Deutschen durch den Zustrom fremder Wörter und Wendungen in diesem Sinne gefährdet?"

Gäbe es hier einen Nachweis für das Zitat, würde sehr schnell deutlich, dass keine sprachwissenschaftliche Untersuchung zitiert wird.

Zimmer selbst bejaht diese Frage in Bezug auf die deutsche Sprache.

Hierbei unterscheidet er zwischen fünf Ebenen die zu einer Sprache gehören:

1.) die phonemische Ebene
2.) die morphemische Ebene
3.) die syntaktische Ebene
4.) die morphologische Ebene
5.) die Ebene der Beziehungen zwischen Lauten und Buchstaben.

Eine Unterscheidung der sprachlichen Ebenen, auf denen angloamerikanischer Einfluss im Deutschen zu verzeichnen ist, sollte sinnvollerweise zu Beginn der Darstellung des Einflusses erfolgen.

Es fehlt außerdem der Hinweis darauf, dass es sich hier lediglich um eine von zahlreichen möglichen Einteilungen der Sprachebenen – und möglicherweise nicht die sinnvollste – handelt.

Diese fünf Ebenen bilden den „Code" oder „Tiefencode" einer Sprache. Auf die Art und Weise, in welcher sich ein fremder Begriff in den Code einfügt, hört es auf, ein Fremdwort zu sein, so dass ein fremdes Wort Bewegungsfreiheit nur in dem Maß erhält, wie es sich dem Tiefencode der Sprache anpasst.

Jedes Wort, welches aufgenommen wird, muss artikulierbar sein. Dies ist jedoch nicht immer der Fall aufgrund der Einschränkung des menschlichen Sprachvermögens. Beispielsweise fällt es Europäern leichter, europäische – oft sprachverwandte – Wörter zu artikulieren im Vergleich zu Wörtern einer Eingeborenensprache Südamerikas. Schwierigkeiten treten jedoch häufig bei der Aussprache von Wortkombinationen aus verschiedenen Sprachen auf, beispielsweise „Lifestyle-Debut-Plan".

Ein Zusammenhang zwischen der Aussprache von Anglizismen und derjenigen von Wörtern einer Eingeborenensprache Südamerikas wird nicht überzeugend hergestellt.

Spricht man den gesamten Begriff englisch aus, oder wird nur Lifestyle englisch
gesprochen, dafür Debut französisch und
Plan deutsch?!?
[…]

5 Fazit
[…]

Das Literaturverzeichnis fehlt.

(Anon: Anglizismen; http://www.hausarbeiten.de/
faecher/vorschau/96546.html; online am 17.02.2010)

Es lässt sich festhalten, dass in der vorliegenden Seminararbeit sowohl die Frage der Anglizismen im Gegenwartsdeutschen als auch die Frage der Bewertung des angloamerikanischen
Einflusses behandelt wird. Es wird jedoch nicht klar, dass es um zwei unterschiedliche Fragestellungen geht. Da im Rahmen einer Seminararbeit wahrscheinlich nur eine der beiden
Fragestellungen behandelt werden kann, ist eine Entscheidung für einen der beiden Gegenstände notwendig. Unabdingbar ist in jedem Fall eine genaue Trennung der Fragestellungen
voneinander, um nicht, wie hier der Fall, Sprachwissenschaft und Sprachkritik zu vermischen.

Ausgehend vom Titel „Anglizismen in der deutschen Sprache" könnte das geänderte
Inhaltsverzeichnis der Arbeit folgendermaßen aussehen:

1   Einleitung
2   Anglizismen im Deutschen
2.1   Einfluss auf der lexikalischen Ebene
2.2   Einfluss auf der phonischen Ebene
2.3   Einfluss auf der morphemischen Ebene
2.4   Einfluss auf der syntaktischen Ebene
3   Reaktionen auf die Anglizismen im Deutschen
4   Schluss
5   Literaturverzeichnis

Ausgehend vom vorliegenden Text wäre jedoch auch eine Schwerpunktsetzung auf der Frage der Reaktionen auf den angloamerikanischen Einfluss im Gegenwartsdeutschen denkbar:

1   Einleitung
2   Der angloamerikanische Einfluss in der deutschen Gegenwartssprache
3   Reaktionen auf den angloamerikanischen Einfluss im Deutschen
3.1 Institutionalisierte Kritik
3.2 Kritik einzelner Personen
3.3 ...
3.4 ...
4   Schluss
5   Literaturverzeichnis

In den hier gezeigten Überarbeitungsansätzen wurde
- das Thema der Arbeit
  und
- die Ausrichtung der Kapitel

neu festgelegt (Überschriften).

Zusätzliche Literatur wurde bei dieser Überarbeitung nicht benutzt. Zu prüfen bliebe, welche Literatur zur Fragestellung dieser Arbeit eingearbeitet werden müsste.

Dritter Schritt: Korrekturen auf der Satzebene

Ein weiterer Überarbeitungsschritt betrifft die Satzebene. In der folgenden Tabelle finden Sie Anhaltspunkte, die Ihnen bei dieser Überarbeitung helfen können.

Ziel	Leitfragen
Überarbeiten auf der Satzebene	**Zum Inhalt** • Wo finden sich redundante Stellen? • Wo finden sich inhaltliche Lücken? • Stehen alle Aussagen in Beziehung zum Kapitelthema? • Fehlen gedankliche Schritte? **Zur Sprache** • Stilistik – Wo werden Phrasen und stereotype Wendungen verwendet? – Wo wird Jargon benutzt? – Fallen Wiederholungen, umständliche Formulierungen, unverständliche Satzkonstruktionen auf? – Ist die Seminararbeit in einem objektiven Stil geschrieben? – Ist Verständlichkeit gewährleistet? • Idiomatik/Lexik – Wird wissenschaftliche Terminologie angemessen verwendet? – Werden die Begriffe durch Definitionen eingegrenzt? – Sind unangemessene umgangssprachliche Ausdrücke enthalten? • Orthografie – Wo gibt es Rechtschreib- oder Zeichensetzungsfehler? **Zur Textstruktur** • Leserorientierung – Ist Explizitheit hergestellt, das heißt, kann der Leser alle Formulierungen verstehen, die Gedankengänge nachvollziehen? – Gibt es ausreichend sprachliche Hilfen für den Leser? • Funktionale Textgestaltung – Stehen alle Textaussagen in Beziehung zum Thema der Arbeit und des Kapitels? – Sind die fremden Textteile gekennzeichnet (zum Beispiel Verweis auf Autor, indirekte Rede), sind die Zitate nachgewiesen? **Zur Form** • Sind die formalen Kriterien für die Gestaltung des Textes erfüllt? • Ist der Text in Abschnitte eingeteilt? Enthält jeder Abschnitt nur einen Hauptgedanken?

Tab. 10.5: Übersicht über die Prüfung auf Satzebene

Beispiel

Im Folgenden wird von der Fragestellung der Darstellung des angloamerikanischen Einflusses im Gegenwartsdeutschen ausgegangen. Es soll der Versuch unternommen werden, die vorhandenen Textteile zu dem möglichen Kapitel 2 zusammenzustellen.

Originaltext der Arbeit	Korrigierter Text/ mögliche Kritikpunkte
	2. Anglizismen im Deutschen Der angloamerikanische Einfluss im Deutschen manifestiert sich durch Entlehnung einzelner Wörter sicher zunächst im lexikalischen Bereich, jedoch sind durch Übernahme von lexikalischen Einheiten andere Ebenen der Sprache möglicherweise betroffen. Inwieweit dies der Fall ist, soll im Folgenden dargestellt werden.
2.1 Einfluss auf der lexikalischen Ebene Etwa 4000 englische Wörter beinhaltet die deutsche Sprache (Berliner Morgenpost, 17. Okt. 1998). Einige Beispiele dafür sind: Story, feedback, clean, after shave, background, cash, date, dealer, fun, freecall, joke, kid, level, mix, shop et cetera.	Die Berliner Morgenpost ist in diesem Kontext nicht zitierfähig. Es bleibt unklar, weshalb gerade diese Anglizismen genannt werden, andere jedoch nicht, wie z.B. Computer. Sinnvoll wäre auch ein Versuch der Kategorisierung der Entlehnungen, z.B. nach Wortschatzbereichen oder nach Entlehnungszeitpunkt.
Darüberhinaus haben sich auch einige Pseudo-Anglizismen in die deutsche Sprache eingeschlichen, die im Englischen etwas völlig Anderes bedeuten als im Deutschen. Beispiele für Pseudo-Anglizismen sind: body, dressman, talkmaster, wellness, handy, smoking etc. [...]	

2.2 Einfluss auf der phonischen Ebene

[…]

Schwierigkeiten treten jedoch häufig bei der Aussprache von Wortkombinationen aus verschiedenen Sprachen auf, beispielsweise „Lifestyle-Debut-Plan". Spricht man den gesamten Begriff englisch aus, oder wird nur Lifestyle englisch gesprochen, dafür Debut französisch und Plan deutsch?!? [sic]

[…]

Das Beispiel scheint konstruiert zu sein; ein Beleg für die Existenz dieser Hybridform fehlt.

Falsche Zeichensetzung.

2.3 Einfluss auf der morphemischen Ebene

[…]

2.4 Einfluss auf der syntaktischen Ebene

[…]

Im letzten Schritt der Überarbeitung müssen folgende Veränderungen vorgenommen werden:

- optische Gestaltung der Zitate,
- Vereinheitlichung der Tempora (Präsens),
- Herstellen von Explizitheit,
- Leserorientierung: Herstellen einer Überleitung zum folgenden Kapitel,
- Korrekturen grammatischer Fehler
- und zusammenfassende Auswertung.

Vor der Abgabe der Arbeit erfolgt eine letzte Durchsicht als Endredaktion.

10.4 Übung

Art/Ziel der Übung: Überarbeiten einer Seminararbeit
Methodischer Hinweis: Der Einsatz der Übung in einem Schreibkurs
                       ist erst zu einem späten Zeitpunkt sinnvoll.
Geeignet für
Muttersprachler: Ja
Nichtmuttersprachler: Ja (ab Niveau B2)

Lesen Sie den folgenden umfangreichen Ausschnitt aus der Seminararbeit „Analphabeten und ihre Möglichkeiten einer Elementarbildung".

Aufgabe 1:

Beurteilen Sie die Arbeit generell anhand des Kontrollbogens zur Überarbeitung (siehe Anhang).

Aufgabe 2:

Machen Sie Vorschläge zur Überarbeitung zu einzelnen Aspekten der Arbeit und schreiben Sie ein Kapitel Ihrer Wahl neu. Beachten Sie
a) das Inhaltsverzeichnis
b) die Einleitung
c) den Schluss
d) das Literaturverzeichnis (Beispiele für Literaturverzeichnisse finden Sie im Anhang)
e) Elemente des roten Fadens
f) den Umgang mit Definitionen
g) unpersönliches Schreiben.

Analphabeten und ihre Möglichkeiten einer Elementarbildung
Inhaltsverzeichnis

1	Einleitung
2	Analphabeten als Zielgruppe in der Erwachsenenbildung
2.1	Kurzer historischer Abriss
2.2	Definitionen von Analphabetismus
2.3	Ursachen von Analphabetismus
2.4	Lebenswelten von Analphabeten
2.5	Didaktische Aspekte in der Erwachsenenbildung
2.6	Rahmenbedingungen für die Zielgruppenarbeit
3	Resümee
4	Literatur & Quellen [sic]
5	Anhang: Interview [sic]

1 Einleitung

In dieser Arbeit habe ich mich mit der Situation von Analphabeten in der Bundesrepublik Deutschland beschäftigt. Nach einer kurzen Definition von den verschiedenen Formen von Analphabetismus soll ein Überblick über die verschiedenen Aspekte der Bildungsarbeit mit Analphabeten gegeben werden. Näher werde ich mich mit der Frage auseinandersetzen, worin die Ursachen von Analphabetismus liegen und wie man prophylaktisch dagegen vorgehen kann. Außerdem werde ich erörtern, welche didaktischen Methoden man in der Bildungsarbeit anwenden sollte. Abschließend möchte ich den Bundesverband Alphabetisierung e.V. vorstellen, der sich für die Interessen von Analphabeten einsetzt [...]. Zur praxisnahen Veranschaulichung stand mir Herr D. (im Weiteren Interviewpartner genannt) zur Verfügung, mit dem ich ein Interview durchführen konnte. Dieses ist im Anhang vollständig zu finden.

Methodisch werde ich so vorgehen, dass ich in den einzelnen Kapiteln Aussagen von unserem Interviewpartner in die theoretischen und allgemeinen Ausführungen einbaue.

Insgesamt soll hier die Situation der Betroffenen dargestellt werden und auch Möglichkeiten einer Verbesserung aufgezeigt werden.

2 Analphabeten als Zielgruppe in der Erwachsenenbildung

2.1 Kurzer historischer Abriss

Nachdem in der Bundesrepublik Deutschland etwa Anfang des 18. Jahrhunderts (beispielsweise in Preußen: 1717) die allgemeine Schulpflicht eingeführt wurde, ging man lange Zeit davon aus, dass es Analphabetismus in einem modernen Wirtschaftsstaat wie Deutschland nicht mehr gibt. Spätestens zu Beginn des 20. Jahrhunderts war auch für Mädchen ein Schulbesuch die Regel (wenn auch damals noch meist das niedere Schulwesen) und bis in die 70er Jahre hinein gab es kaum Bildungsangebote für Erwachsene in diesem Bildungsbereich. Als man dann aber mit der Folge der rasch ansteigenden Arbeitslosigkeit versuchte, bestimmte Arbeitnehmer weiterzubilden und die Erwachsenenbildung auch insgesamt in neue Strukturen gebettet wurde, stellte sich auf einmal heraus, dass ein nicht unwesentlicher Teil der Arbeiter nicht ausreichend lesen und schreiben konnte um z.B. an einer Umschulungsmaßnahme teilnehmen zu können. Da man dieses Problem bisher kaum beachtet hatte, wurden nun mehr Möglichkeiten einer Elementarbildung bzw. Grundbildung für Betroffene angeboten. Bis heute nimmt die Anzahl der TeilnehmerInnen immer noch konstant zu. So wurden 1994 lediglich 8069 TeilnehmerInnen gezählt, 1999 waren es dagegen bereits 20.675[1]. Schätzungen gehen heute von ca. vier Millionen Analphabeten in der Bundesrepublik Deutschland aus.

Durch die angespannte finanzielle Situation der Volkshochschulen konnten in den letzten Jahren leider Einsparungen in diesem Bildungsbereich nicht vermieden werden. Dennoch ist auf Grund der gestiegenen Öffentlichkeitsarbeit vor allem durch den Alphabetisierungsverband ein größeres Bewusstsein bezüglich Analphabetismus zu verzeichnen. Trotzdem wird auf Grund der Schulpflicht immer noch davon ausgegangen, dass es in den westlichen Industriestaaten offiziell keinen Analphabetismus mehr gibt. In Deutschland wurde 1912 die letzte Erhebung durchgeführt. Sie ergab einen Anteil von 0,01% bis 0,02% Analphabe-ten[2]. Diese Haltung ist sicherlich ein Beleg dafür, dass man versucht, dieses Problem zu bagatellisieren, denn sonst wäre [sic] diese Industrienationen wohl gezwungen zuzugeben, dass in ihrem Schulsystem erhebliche Defizite zu verzeichnen sind.

2.2 Definitionen von Analphabetismus

Wenn man heutzutage über Analphabetismus spricht, benutzt man eher den Begriff der „Illiteralität". Da aber beide Begriffe im Grunde das gleiche beinhalten, werde ich sie für den Zweck dieser Arbeit synonym verwenden. Grundsätzlich unterscheidet man zwi-schen totalem und funktionalem Analphabetismus. Totaler Analphabetismus bedeutet, dass ein Betroffener nie eine Schule besucht hat und ihm sämtliche Schriftzeichen völlig fremd sind. Dies trifft z.B. oft auf ausländische Teilnehmerinnen zu, denen in bestimmten Län-dern immer noch ein Schulbesuch verwehrt wird. Aber auch Menschen mit einer geisti-gen Behinderung gelten oft als totale Analphabeten. Totalen Analphabetismus kann man auch als primären Analphabetismus bezeichnen.

Funktionale Analphabeten dagegen besitzen meist (wenn auch geringe) Lese- und Schreib-fertigkeiten. Marion Döbert-Nauert definiert: „Als funktionale Analphabeten werden [...] diejenigen bezeichnet, die aufgrund unzureichender Beherrschung der Schriftsprache und/ oder aufgrund der Vermeidung schriftsprachlicher Eigenaktivität nicht in der Lage sind, Schriftsprache für sich im Alltag zu nutzen."[3] Funktionale Analphabeten haben also einen Schulbesuch hinter sich, der allerdings bei den Betroffenen nicht ausgereicht hat, um im All-tag selbständig ihre Angelegenheiten zu regeln. Hier gibt es verschiedene Stufen von funkti-onalem Analphabetismus, denn die Anforderungen hängen oft vom Umfeld einer betroffe-nen Person ab. Dies wird auch in der obigen Definition deutlich. Schriftsprache für sich im Alltag zu nutzen kann sehr unterschiedliche Niveaustufen beinhalten. Wichtig ist hier auch, dass gerade durch die neuen Medien wie z.B. Internet es zu einem [sic] verstärkten Auf-fälligkeit von Analphabetismus kommt, denn auch wenn jemand bei der Arbeitsstelle über genügende Schreibkenntnisse verfügt, kann es bei der Nutzung neuartiger Medien zu einer Überforderung kommen. Ebenso kann es passieren, dass sich ein Kenntnisstand im Laufe der Zeit verschlechtert. Dies kann vor allem Arbeiter treffen, die im Arbeitsalltag nicht lesen und schreiben müssen und sich auf einmal neueren und höheren Ansprüchen ausge-setzt sehen. Ein Sonderfall von funktionalem Analphabetismus ist der sekundäre Analpha-betismus. Dieser wird dadurch bestimmt, dass ein Prozess des Verlernens eingesetzt hat, obwohl die Schriftsprache irgendwann einmal mehr oder weniger gut beherrscht wurde. In Europa hat man es zumeist mit funktionalem Analphabetentum zu tun, da auf Grund der Schulpflicht bei den meisten Menschen mindestens leichte Kenntnisse im Lesen und Schreiben vermittelt werden konnten. Deshalb geht man heute auch von einer veränder-ten Fragestellung aus, wenn man wissen möchte, ob jemand eine Lese- und Rechtschreib-schwäche hat. Diese lautet: „Wie gut kann jemand lesen und schreiben?" und nicht mehr, ob jemand überhaupt lesen und schreiben kann. Die UNESCO erwähnt in ihrer Definition auch sogenannte „Kulturtechniken", die Betroffene nicht oder nur eingeschränkt nutzen können. Auf diese werde ich in den Lebenswelten von Analphabeten noch einmal näher zu sprechen kommen.

2.3 Ursachen von Analphabetismus

Ursachen von Analphabetismus gibt es viele. Wie bereits eingangs erwähnt, beschäftigt man sich in Deutschland mit dem Phänomen Analphabetismus erst seit Ende der 70er Jahre, als es durch die ansteigende Arbeitslosigkeit zu Weiterbildungsmaßnahmen für Erwachsene kam und man feststellten musste, dass viele Arbeiter nicht ausreichend lesen und schreiben konnten. Da man sich also erst relativ spät mit dieser Problematik auseinandersetzte, fällt es auch heute noch schwer, eindeutige Ursachen für Analphabetismus anzugeben. Viele Betroffene verfügen über keine abgeschlossene Schulbildung und leiden unter Legasthenie (die jedoch oft nicht rechtzeitig erkannt wird). Bei meinem Interviewpartner spielte auch das mangelhafte Interesse der Eltern eine Rolle: „Die Schule muss diese Dinge regeln nicht die Eltern das war so ungefähr ja nicht sein (Vater) Standpunkt aber da lief es dann drauf hinaus"[4] und „Meine Eltern haben zwar die Situation erkannt in dem Ausmaß nicht aber eh sie haben dann gesehen wo ich meine Arbeitsstelle hatte dass ich dann mein Auskommen hatte das war das Wesentliche und alles andere ergibt sich von selber so ham se gedacht"[5]. Gerhild Brüning definiert drei verschiedene Faktoren[6], bei denen es zu nachhaltigen Problemen mit der Rechtschreibung kommen kann:
Zunächst gibt es die kulturellen und sozialen Faktoren, d.h. alles was mit dem persönlichen Umfeld zusammen hängt. [sic]

[…]

Als zweite Ursachengruppe ist der schulische Faktor zu nennen. Anders als bei den kulturellen und sozialen Faktoren basiert der schulische darauf, dass das Schulsystem nicht in der Lage ist, verschiedene Leistungsniveaus so zu kompensieren, dass sie aneinander angeglichen werden können.

[…]

Die letzte Ursachengruppe für Analphabetismus sind individuelle Faktoren. Hierzu zählen beispielsweise Krankheiten wie Legasthenie oder auch mindere geistige Voraussetzungen. Auch körperliche Behinderungen können ein Lernhemmnis darstellen.
Abschließend lässt sich zu den verschiedenen Ursachen festhalten, dass sich nicht nur eine Ursache alleine [sic] ein Analphabet entwickelt, sondern dass es ein Zusammenspiel verschiedener Einflüsse geben muss, wenn es zu dauerhaften Lese- und Rechtschreibproblemen kommt. Viele Analphabeten erkennen die Wichtigkeit des Lernens erst zu spät.

[…]

2.4 Lebenswelten von Analphabeten

[…]

2.5 Didaktische Aspekte in der Erwachsenenbildung

Hat ein Analphabet sich zu einer Maßnahme entschlossen und sich in eine Bildungsinstitution begeben, ist dies bereits ein wichtiger Schritt für ihn. Beim ersten Besuch ist es deshalb sehr wichtig, auf die Ängste und Bedürfnisse des Klienten einzugehen. Ein persönliches Beratungsgespräch ist unerlässlich, damit eine Vertrauensbasis zur Institution geschaffen werden kann. Dazu sollte in jeder Bildungseinrichtung speziell geschultes Personal vorhanden sein. Insgesamt ist die Bildungsberatung, die oft auch eine psycho-soziale Beratung beinhaltet, ein grundlegender Bestandteil der Zielgruppenarbeit. Auch der Kursleiter sollte in vielen Gesprächen versuchen, das Vertrauen seiner TeilnehmerInnen zu gewinnen. Wie bereits im vorigen Abschnitt erwähnt, haben die Betroffenen oft ein sehr negatives Selbstbild und sind stark verunsichert. Durch die negative Erfahrung in der Schule sollte auf keinen Fall mit Druck operiert werden, da sonst die Gefahr besteht, dass Lernblockaden noch weiter verstärkt werden. Deshalb versuchen viele Volkshochschulen die Unterrichtsräume so zu gestalten, dass eine angenehme Atmosphäre entsteht. Dies kann z.B. durch gemeinsames Kaffee- oder Teetrinken während des Unterrichts geschehen.[14] Auch ist es wichtig, dass die Lerngruppen möglichst klein gehalten werden. In einem Kurs sollten nicht mehr als acht TeilnehmerInnen sein. Oft haben die Lernenden einen konkreten Anlass, warum sie sich zu einer Bildungsmaßnahme entscheiden. Dieser kann z.B. ein Problem auf der Arbeitsstelle sein oder auch ein privates Ereignis. Bei der didaktischen Aufbereitung sollte auf jeden Fall darauf geachtet werden, dass praxisnahe Inhalte vermittelt werden, die die TeilnehmerInnen konkret im Alltag anwenden können. Dies ist für die Erhaltung der Lernmotivation von entscheidender Bedeutung: „Wir sind ja alles erwachsene Menschen da hätt ich zum Beispiel ne Zeitung die hätt ich rundgehen lassen ja dass die Leute merken dass es auch ne Zeitung gibt oder zum Beispiel ne Straßenkarte haben Susanne und ich mal durchgearbeitet" [15]. Nach Horst Siebert ist ein Erwachsener in einer Bildungsmaßnahme so lange motiviert, wie er seine Erwartungen bestätigt sieht. Dies ist in diesem Fall sehr zu beachten, da durch die negative Schulerfahrung bestimmte Ängste vorhanden sind, die Ekkard Nuissl wie folgt charakterisiert[16]:

• die Angst davor, vor anderen die eigene Schwäche zuzugeben
• die Angst, erneut zu versagen
• die Angst vor der Lernsituation
• die Angst vor den Folgen, die das Beherrschen der Schriftsprache haben könnte
• die Angst vor der Anstrengung

Diese Ängste sollten vom Kursleiter möglichst vollständig abgebaut werden.

[...]

Sind die Teilnehmer so weit, dass sie selbständig Texte verfassen können, sollten diese zunächst einmal innerhalb der Lerngruppe gewürdigt werden und möglichst auch später noch in anderen Zusammenhängen genutzt werden können. So können beispielsweise fortgeschrittene Kursteilnehmer Materialien für einen anderen Kurs aufbereiten, die dann dort als Leseübung dienen können. Zum eigenen Anfertigen von schriftlichen Arbeiten sollte auch die Kreativität der Teilnehmer gefördert werden. Durch das mangelnde Selbstbewusstsein kommt es oft zu einer Überforderung, wenn es darum geht, eigene Ideen zu entwickeln und diese auch zu verschriftlichen. Hier kann der Kursleiter helfen, indem er zur Gruppenarbeit auffordert oder auch die Ideen der Teilnehmer in Stichpunkten aufschreibt, damit diese dann wiederum vollständige Sätze bilden. Erfolgserlebnisse sollten für die Teilnehmer im Mittelpunkt stehen. Sie sind ein wesentlicher Bestandteil jeder Motivierung und mit einem gesteigerten Selbstbewusstsein wird es den Teilnehmern auch leichter fallen, eigene Ideen aufzuschreiben und vorzulesen. [18]

Aufgrund der individuellen Lernmotive ist es von Vorteil, wenn die Teilnehmer ihre Materialien auch individuell zusammen gestellt [sic] bekommen. In diesem Fall können sie einen konkreten Lernerfolg sehen und sich in bestimmten Situationen von nun an besser verhalten. Deshalb ist es für den Kursleiter auch von großer Wichtigkeit, das Motiv der Teilnehmer herauszufinden.

Insgesamt lässt sich also sagen, dass die Beratung im Zentrum jeder Bildungsarbeit mit Analphabeten steht. Die Betroffenen sollten einen Zugang zu der Bildungsinstitution entwickeln und ihre Ängste abbauen. Außerdem sollten möglichst kleine Lerngruppen gebildet werden, damit auf die Bedürfnisse der TeilnehmerInnen individuell eingegangen werden kann. Der Alltagsbezug sollte bei der Auswahl der Materialien immer berücksichtigt werden. Lerndruck und Stress jeglicher Art ist für die Teilnehmer auf jeden Fall zu vermeiden.

2.6 Rahmenbedingungen für die Zielgruppenarbeit

Da aufgrund der föderalen Struktur der Bundesrepublik Deutschland die Bundesländer die Richtlinien für die Bildungsarbeit festlegen, gibt es keine bundeseinheitlichen Richtlinien für die Zielgruppenarbeit in der Erwachsenenbildung. Niedersachsen und Nordrhein-Westfalen haben zwar Illiteralität in ihren Weiterbildungsgesetzen thematisiert, aber es gibt keine verbindlichen Zusagen, was die finanzielle Förderung betrifft. Nachdem Ende der 70er das Problem erkannt und angegangen wurde, hat sich im Bereich der Elementarbildung viel verändert. Didaktische Konzepte wurden den modernen Anforderungen angepasst und auch die Teilnehmerstruktur ist sehr heterogen. Gerade ausländische Frauen hatten oft nicht die Möglichkeit, eine Schule zu besuchen und haben oft nur eine sehr gering ausgeprägte Grundbildung. Hier gibt es heutzutage Möglichkeiten, darauf Rücksicht zu nehmen. Leider wurde in den letzten Jahren aufgrund der finanziellen Engpässe im Bund und in den Ländern die Zielgruppenarbeit mit Analphabeten nicht so ausgebaut wie es notwendig gewesen wäre. Viele Volkshochschulen müssen die Teilnehmerzahl erhöhen oder sogar Kurse wegen der geringen Teilnehmerzahl ausfallen lassen. Gerade in ländlichen Gegenden sind die Volkshochschulen oft nicht in der Lage, ein angemessenes Angebot anzubieten.

Auch die Struktur des Schulsystems wäre mit Sicherheit verbesserungswürdig. Die ersten beiden Jahre sind oftmals die wichtigste Phase für die weitere Schulentwicklung. Wenn sich hier bereits zu große Misserfolgserlebnisse manifestieren, kann dies zu schwerwiegenden Konsequenzen im weiteren Leben der Betroffenen führen. Die Defizite können im Verlaufe der weiteren Schuljahre nicht mehr ausgeglichen werden und bleiben oft ein Leben lang erhalten. Hier ist die flexible Eingangsstufe, die noch stärker ausgebaut werden wird, mit Sicherheit ein Schritt in die richtige Richtung. Außerdem sollte eine stärkere landes- und bundesweite Vernetzung erfolgen, um eine bessere Koordination zu ermöglichen. Die VHS Duisburg bietet zur Zeit insgesamt sieben Alphabetisierungskurse an. Hier sind auch Angebote für ausländische MitbürgerInnen eingeschlossen, die oft eine andere Art von Unterricht benötigen. Wenn man davon ausgeht, dass es in Deutschland etwa vier Millionen funktionale Analphabeten gibt, aber „nur" etwa 20.000 zur Zeit an einer Bildungsmaßnahme teilnehmen, ist das ein Zeichen dafür, dass in diesem Bereich noch viel verbessert werden muss. Die Wege zu einer VHS sollten für Betroffene leichter gestaltet werden und auch die Öffentlichkeitsarbeit müsste noch weiter ausgebaut werden. Zwar gibt es den Bundesverband Alphabetisierung, der sich für die Interessen von Analphabeten einsetzt und auch Werbekampagnen durchführt, aber immer noch haben viele Menschen Barrieren, den Schritt zur Bekämpfung ihres Problems zu wagen. Die Einrichtung des Alfa-Telefons hat eine breite Resonanz hervorgerufen. Viele Betroffene oder deren Angehörige lassen sich dort telefonisch beraten.

3 Resümee

Abschließend lässt sich sagen, dass die Bildungsarbeit mit Analphabeten in Deutschland mittlerweile gute Ergebnisse zeigt. Nachdem man das Problem jahrzehntelang ignoriert hat, gibt es heute einen Interessenverband, staatliche Hilfen und auch ein öffentliches Interesse am Thema. Viele Einrichtungen bieten heute Kurse für diese Zielgruppe der Erwachsenenbildung an.

Da die Teilnehmerstruktur sehr unterschiedlich ist, ist es oft schwierig, eine einheitliche Didaktik für den Unterricht festzulegen. Deshalb geht man vom Methodenpluralismus aus, der bewirken soll, dass jeder Teilnehmer die didaktische Betreuung erhält, die für ihn speziell angebracht ist. Am Anfang jedes Besuchs in der VHS oder einer anderen Bildungseinrichtung steht ein ausführliches Beratungsgespräch, in dem vorhandene Kenntnisse des Betroffenen erörtert werden und eine erste Vertrauensbasis geschaffen werden soll. Viele Lernbarrieren sind durch die Misserfolge während der Schulzeit entstanden und es ist am Kursleiter, diese in Erfolgserlebnisse umzuwandeln. Außerdem sollte der Betroffene emotional so weit betreut werden, dass er seine Ängste frei äußern kann.

Gerade in den Industriestaaten steht die Frage der Entstehung von Illiteralität im Zentrum der Bekämpfung. Trotz eines gut ausgebauten Schulsystems scheint es so zu sein, dass viele Defizite, die gerade in der Anfangszeit aufgebaut werden, später nicht mehr zu beheben sind. Aber auch das Umfeld, also meist die Eltern, haben unserer Meinung nach eine Verantwortung für ihre Kinder. Wie bei unserem Interviewpartner, dessen Eltern die Situation wohl erkannten, aber nichts unternommen haben, ist wohl keinesfalls eine Ausnahme. Hier sollten sich auch die Lehrer fragen, ob solche Verhältnisse durch eine aufmerksamere Betreuung nicht vermieden werden können.

Im Erwachsenenalter fällt es vielen Betroffenen schwer, sich zu ihrem Problem zu bekennen. Die Angst vor gesellschaftlicher Ausgrenzung besteht immer noch und so versuchen viele Betroffenen ihre Schwächen zu verheimlichen. Dies führt nicht selten zu einer gesellschaftlichen Isolation, da ein Vermeidungsverhalten eintritt. Auch in solchen Fällen sollte eine Volkshochschule durch Beratungsgespräche Hilfestellungen leisten.

Das Erlangen von neuem Selbstbewusstsein sowie das Erlernen bestimmter Kulturtechniken sind die wesentlichen Aufgaben bei der Elementarbildung. Es sollte versucht werden, das Interesse der TeilnehmerInnen für bestimmte Themengebiete zu wecken, um somit eine bessere Allgemeinbildung zu ermöglichen. Trotzdem sollte auch der Praxisbezug nicht außer Acht gelassen werden, denn die Teilnehmer sollten schnell erkennen, wie ihnen der Kurs helfen kann, ein eigenständiges Leben zu führen.

Auch wenn sicher noch einige Ideen offen stehen [sic] und noch nicht alles optimal läuft, kann man sicher festhalten, dass es den Bildungseinrichtungen gelungen ist, vielen Menschen bei diesem Problem zu helfen und ihnen ein unabhängigeres Leben zu ermöglichen.

[1] vgl. Nuissl 1999
[2] vgl. Eisenberg, 1983
[3] vgl. Döbert-Nauert, 1985
[4] vgl. Interview, Zeile 540–542
[5] vgl. Interview, Zeile 562–564
[6] vgl. Brüning, 2002
[7] vgl. Interview, Zeile 10–14
[8] vgl. Interview, Zeile 538–542
[9] vgl. Interview, Zeile 62–68
[10] vgl. Interview, Zeile 737–739
[11] vgl. Interview, Zeile 756–757
[12] vgl. Interview, Zeile 739–748
[13] vgl. Döbert, 2000
[14] vgl. Nickel in Döbert, 2000
[15] vgl. Interview Zeile 330–333
[16] vgl. Nuissl, 1999
[17] vgl. Interview, Zeile 156+157
[18] vgl. Nickel in Döbert, 2000

4   Literatur & Quellen

- Nuissl, Ekkard: Lesen- und Schreibenlernen in der Erwachsenenbildung, in: Handbuch Lesen, Schneider Verlag, Baltmannsweiler, 2001
- Egloff, Birgit: Biographische Muster „funktionaler Analphabeten" – Analysen für Erwachsenenbildung, DIE, Frankfurt am Main, 1997
- Döbert, Marion & Hubertus, Peter: Ihr Kreuz ist die Schrift – Analphabetismus und Alphabetisierung in Deutschland, Bundesverband Alphabetisierung, Münster, 2000
- Tröster, Monika: Berufsorientierte Grundbildung, Bertelsmann Verlag, Bielefeld, 2002
- Bödeker, Hans Erich & Hinrichs, Ernst: Alphabetisierung und Literalisierung in Deutschland in der frühen Neuzeit, Niemeyer, Tübingen, 1999
- Internetseite www.alphabetisierung.de

[…]

V. de Heus, Manon: Analphabeten und ihre Möglichkeiten einer Elementarbildung; http://www.hausarbeiten.de/e-book/109213/; online am 09.02.2009.

Aufgabe 3: Textwerkstatt (Die Aufgabe basiert auf einer Idee von Imke Lange)

Führen Sie mit Ihren Kommilitonen eine Textwerkstatt durch, indem Sie sich einander auf Rohfassungen im Umfang von ca. einer Seite Text ein Feedback geben. Nutzen Sie hierfür die Leitfragen aus den drei vorgestellten Überarbeitungsschritten. Gehen Sie Schritt für Schritt vor, indem Sie zunächst eine Bearbeitungszeit für jeden Überarbeitungsschritt vereinbaren. Danach bearbeitet jeder Teilnehmer der Textwerkstatt mindestens zwei Textproben. Der Autor erhält so von mindestens zwei Lesern eine Rückmeldung. Bitte tragen Sie Ihre Kommentare auf einem Bearbeitungszettel ein und schreiben Sie nicht direkt in die Textprobe, damit alles leserlich bleibt. Zum Abschluss eines jeden Überarbeitungsschritts liest der Autor die Kommentare und fragt gegebenenfalls bei den Feedbackgebern nach. Er macht sich Notizen, was und wie er die Überarbeitung angehen wird. Die eigentliche Überarbeitung erfolgt im Anschluss an die Textwerkstatt in Einzelarbeit.

Danach folgt der nächste Überarbeitungsschritt.

11 Die eigene Mehrsprachigkeit für das Schreiben nutzen

Polyglott recherchieren

Marie sitzt an ihrem PC und hat mehrere Fenster in ihrem Internetbrowser geöffnet. Sie klickt verschiedene Seiten an und macht sich Notizen. Johannes kommt hinzu, schaut ihr eine Weile zu und wundert sich, dass sie in drei Sprachen liest und schreibt.

Johannes:	Was machst Du denn da eigentlich?
Marie:	Puh, you quite startled me.
Johannes:	Ich bin's, Johannes.
Marie	Ach ja, ich war gerade so vertieft in diesen Artikel über die Schlepperbanden von Geflüchteten. Der ist halt auf Englisch.
Johannes	Du klickst da ja ganz wild rum und jeder Text ist in einer anderen Sprache. Was machst du da?
Marie	Ich interessiere mich, unter welchen Bedingungen die Menschen flüchten. Ich habe mal geschaut, was in Großbritannien darüber berichtet wird. Da war ich gedanklich wohl noch im Englischen.
Johannes	Und in welchen Sprachen hast Du sonst noch gelesen?
Marie	Natürlich auf Deutsch, über die Machenschaften der Schlepperbanden. Und dann hatte ich noch einen auf Französisch, über die Zustände in Nordafrika.
Johannes	Alles im Original?
Marie	Ja klar. Dadurch bekomme ich doch einen viel besseren Eindruck. Das ist wirklich spannend, die unterschiedlichen Sichtweisen zu sehen.

11.1 Mehrsprachiges Arbeiten

Wahrscheinlich kennen Sie das auch: Wenn Sie einen Text in der Originalsprache lesen, dann werden durch die Sprache und den Kontext Inhalte wiedergegeben, die bei Übersetzungen zum Teil nicht so deutlich auftreten. Auch für Seminararbeiten kann es vorteilhaft sein, Fachliteratur in der Fremd- oder Zweitsprache zu lesen. In vielen Studiengängen ist es mittlerweile selbstverständlich, dass Sie Texte in mehreren Sprachen, vor allem auch auf Englisch lesen. Aber nicht nur beim Lesen von Fachliteratur, sondern auch beim Schreiben einer Seminararbeit können Sie Ihre verfügbaren Sprachen nutzen. Das beginnt bereits damit, dass Sie Ihre Gedanken nicht in der Zielsprache Ihrer Arbeit sammeln, sondern in Ihrer Herkunftssprache. Dadurch können Sie schneller und präziser schreiben.

Im Folgenden werden Sie einige Möglichkeiten kennenlernen, wie Sie Ihre Mehrsprachigkeit beim Planen, Schreiben und Überarbeiten einer Seminararbeit einsetzen können. In dem dargestellten Beispiel wird davon ausgegangen, dass Sie die Endfassung Ihrer Seminararbeit auf Deutsch abgeben und dass Sie den Konventionen Ihres Fachs folgen.

11.2 Mehrsprachig Literatur recherchieren, lesen, auswerten und einen Text planen

Bevor Sie beginnen, Ihre Seminararbeit zu schreiben, werden Sie in der Regel Notizen machen und erste Texte für Ihre Arbeit verfassen (Exzerpte, Zusammenfassungen, Kommentare, Ideen, Skizzen usw.). Da diese Texte in der Regel nur Ihnen dienen, können Sie dort alle für Sie verfügbaren und für die Schreibsituation sinnvollen Sprachen einsetzen, ohne auf die Sprachkenntnisse von Lesenden achten zu müssen.

Recherchieren und lesen

Wenn Sie für Ihre Seminararbeit Literatur recherchieren, kann es je nach Thema sinnvoll sein, Forschungsergebnisse zu berücksichtigen, die in anderen Sprachen erschienen sind. Beim Lesen, aber auch bei der Auswertung bietet es sich an, Ihre Sprachkenntnisse zu nutzen, damit Sie möglichst zeitsparend arbeiten können und die Inhalte möglichst präzise notieren können.

Gelesenes auswerten und Texte planen

Auch für das Auswerten von Gelesenem und dem Planen eines Textes kann der Einsatz verfügbarer Sprachen hilfreich sein. Schreiben Sie etwa Mind-Maps oder einen Themenkatalog, um eine Gliederung für Ihre Arbeit zu entwickeln, kann der Gebrauch Ihrer Herkunftssprache und weiterer verfügbarer Sprachen effizienter sein als die Verwendung der Sprache, in der Sie die Arbeit schreiben werden. Nachvollziehbar müssen diese schriftlichen Vorarbeiten ja nur für Sie selbst sein.

Ein mehrsprachiges Arbeiten können Sie für das Planen Ihres Textes und für das Schreiben erster Fassungen einsetzen. Die folgenden Realisierungen mehrsprachigen Handelns können Sie einsetzen:

- Gelesenes in den jeweiligen Ausgangssprachen in Ihren Text einarbeiten,
- eigene Ideen in den Sprachen aufschreiben, die für das eigene Arbeiten günstig sind,
- Sprachen bewusst vermischen, um präzise das auszudrücken, was Sie sagen möchten,
- Fachterminologie in der Originalsprache notieren oder in eine andere Sprache übertragen,
- Fragestellung, Zielsetzung, Zusammenhänge bzw. Überleitungen etc. in der/den Ausgangssprachen oder in anderen verfügbaren Sprachen formulieren.

Ein Beispiel für ein mehrsprachiges Exzerpt

Im Folgenden wird exemplarisch vorgestellt, wie eine Studentin ihre Mehrsprachigkeit einsetzt, um ein Exzerpt zu schreiben und zu planen, das Gelesene in ein Kapitel ihrer Seminararbeit zu integrieren. Die Studentin der Interkulturellen Germanistik mit der Erstsprache Deutsch und Sprachkenntnissen in Englisch, Französisch, Russisch und Türkisch schreibt eine Seminararbeit zum Thema ‚Vom Zeitfresser zum Lerngewinn – Mehrsprachigkeit in der Didaktik einer Präsentationskompetenz‘.

Am Beispiel ihres Exzerptes eines in Englisch gelesenen Textes wird gezeigt, dass die Studentin den Text auf Englisch zusammenfasst. Die Fragen, die sie sich zum Text stellt, sind gemischt auf Englisch oder Deutsch formuliert. Eigene inhaltliche Anmerkungen sowie Kommentare zur weiteren Verarbeitung der Fachliteratur in der Seminararbeit verfasst sie auf Deutsch.

Exzerptauszug:

> **Gelesener Fachtext:**
> García, Orphelia (2009), Education, multilingualism and translanguaging in the 21st century. In:Ajit Mohanty, Minati Panda; Phillipson, Robert; Skutnabb-Kangas, Tove (Hrsg.), *Multilingual Education for Social Justice: Globalising the local.* New Delhi: Orient Blackswan (former Orient Longman), 140–158. Online verfügbar unter: https://ofeliagarciadotorg.files.wordpress.com/2011/02/education-multilingualism-translanguaging-21st-century.pdf (25.04.2016)
>
> **Meine Frage an den Text:**
> Was versteht O. García unter translanguaging?

Antwort im Text:
S. 140: „Translanguaging is the act performed by bilinguals (...), in order to maximize communicative potential. (...) Translanguaging therefore goes beyond what has been termed codeswitching, although it includes it. For me, the concept extends what Gutiérrez and colleagues have called hybrid language use (...)."

Meine Paraphrase:
Translanguaging means bilinguals' potential to use their integrated unique language system in order to express what they want to say.

Mein Kommentar:
Translanguaging wird verstanden als ein verschränktes Ganzes von Sprachen bei dem Individuum. Sie nutzen alles, um ihre kommunikative Kraft zu entwickeln. Das heißt aber auch, dass code switching nicht ausreicht. Das Verständnis passt zu Canagarajahs Didaktik mehrsprachigen Schreibens, besonders zum codemeshing.

Verarbeitung in der Seminararbeit:
Gehört in mein Kapitel 2: Begrifflichkeiten
Definition von García vorstellen und anschließend mit dem Ansatz zum Codemeshing von Canagarajah (2011) verbinden.
Gibt es Kritik dazu? → Recherchieren

Die Studentin verwendet in ihrem Exzerpt die Sprachen Englisch und Deutsch. Das Englische nutzt sie, um das Gelesene möglichst genau wiederzugeben. Das Deutsche setzt sie ein, um in einer Paraphrase das auszudrücken, was ihr besonders relevant erscheint. Dabei lässt sie die Fachtermini in der Originalsprache Englisch, wie es in vielen Studienfächern mittlerweile normal ist, da Englisch als globalisierte Wissenschaftssprache gilt. Eine Übertragung von Fachterminologie in andere Sprachen ist zudem schwierig, weil es zu Bedeutungsverschiebungen kommen kann. Für Anmerkungen zur weiteren Verarbeitung in ihrer Seminararbeit nutzt sie ebenfalls Deutsch, weil es wahrscheinlich für sie am einfachsten und schnellsten ist.

11.3 Mehrsprachig schreiben

Wenn Sie an Ihrer Seminararbeit schreiben, können Sie Schreibstrategien nutzen, die Sie gelernt und bisher angewandt haben. Schreibstrategien sind zum Beispiel

- sich beim Schreiben zunächst auf die Inhalte zu konzentrieren und nicht auf Stil, Sprache oder Formalia zu achten. Die entstehenden Rohfassungen werden dann so oft überarbeitet, bis der fertige Text entstanden ist;
- den Text in seinem Aufbau zu planen. Beim anschließenden Schreiben können Sie den Textplan systematisch abarbeiten;
- einen Textabschnitt zügig zu schreiben und ihn anschließend um- bzw. neu zu schreiben.

Schreibende kombinieren diese und weitere Schreibstrategien miteinander. So entstehen individuell gestaltete Schreibprozesse, bei denen Sie auch Ihre Mehrsprachigkeit einsetzen können.

Häufig fällt das Schreiben in einer Fremd- oder Zweitsprache schwer, weil die Schreibenden vor allem auf die Korrektheit und Angemessenheit ihrer Sprachwahl achten. Sie richten ihre Aufmerksamkeit auf den Wortschatz, auf grammatische Strukturen oder die Bildung der Syntax und versuchen, Erwartungen und Vorgaben an die Textsorte zu erfüllen. Dadurch werden sie unter Umständen von den Schreibinhalten abgelenkt. Mehrsprachige genutzte Schreibstrategien können Sie beim Schreiben entlasten und es Ihnen ermöglichen, sich auf die Schreibinhalte zu konzentrieren. Ihre individuelle Mehrsprachigkeit können Sie mit den oben genannten Schreibstrategien kombinieren, um Schwierigkeiten im fremd- oder zweitsprachigen Schreiben zu begegnen.

Die folgende Tabelle zeigt mehrsprachige Schreibstrategien auf:

Mehrsprachige Schreibstrategie	Umsetzung
Mehrsprachiges fokussiertes Free Writing	Sie schreiben in den Sprachen, die Ihnen bei der Bearbeitung Ihres Themas günstig erscheinen, sieben Stichwörter auf. Mit einem Stichwort starten Sie ein Free Writing für fünf Minuten. Dabei schreiben Sie ohne Unterbrechung und nutzen die Sprachen, die Ihnen in den Sinn kommen. Hierbei können Sie Ihre Sprachen auch mischen. Nach der Schreibphase lesen Sie Ihren privaten Text und unterstreichen hilfreiche Passagen. Im Anschluss überlegen Sie, wie Sie mit diesen Ideen weiterarbeiten können (siehe Kapitel 2).

Mehrsprachige Schreibstrategie	Umsetzung
Schreiben einer Rohfassung in mehreren Sprachen, abhängig von dem Inhalt der Passage	Sie konzentrieren sich beim Schreiben ausschließlich auf die Inhalte und schreiben sie in den Sprachen auf, die Ihnen beim Schreiben günstig erscheinen. Sie können sich z.B. an den Sprachen der gelesenen Fachliteratur oder an der/den Sprache(n) orientieren, in denen Sie über das Thema nachdenken. Sie erhalten einen mehrsprachigen Text, den Sie gezielt überarbeiten.
Orientierung an der Zielsprache, aber Mehrsprachigkeit auf der Wortebene	Sie schreiben einen Text und orientieren sich an der Zielsprache. Wenn Ihnen beim Schreiben Worte, Phrasen o. Ä. nicht sofort im Deutschen einfallen, schreiben Sie diese in Ihrer Herkunftssprache oder in einer anderen Fremdsprache auf, um sich auf Ihre Gedanken konzentrieren zu können. Erst nach Abschluss eines Abschnitts schlagen Sie die fehlenden Wörter etc. nach und ersetzen sie durch Ausdrücke in der Zielsprache. Dies kann unter Umständen Umstellungen in der Syntax erfordern, auf die Sie achten sollten.
Bewusstes Verknüpfen der Sprachen: Einbinden anderssprachiger Ausdrücke oder Passagen in den Text	Je nach Thema bietet es sich an, Ausdrücke oder Phrasen in Ihren Text einzubinden, die aus einer anderen Sprache stammen. Hierbei kann es sich um Zitate oder Paraphrasen in anderen Sprachen handeln, oder um eigene Ideen, die Sie in einer anderen Sprache treffender ausdrücken können. Ob diese anderssprachigen Passagen im Endtext stehen bleiben können, müssen Sie mit Ihrem Dozenten klären. Wenn dies nicht der Fall ist, müssten Sie diese Passagen auf Deutsch umschreiben und erklären.

Mehrsprachige Schreibstrategie	Umsetzung
Neologismen schaffen und diese erklären	Wenn Sie Ihre Mehrsprachigkeit für das Schreiben nutzen, denken Sie auch in einer Fremd- oder weiteren Sprache/Sprachen über die Inhalte nach. Hierbei kann es passieren, dass Sie Worte oder Phrasen in unterschiedliche Sprachen übertragen. In Ihrem Denken drücken gerade diese Ausdrücke das aus, was Sie sagen möchten. In diesem Fall müssen Sie erklären, was sie bedeuten und wieso sie diesen neuen Ausdruck verwenden.
Textkonventionen miteinander kombinieren	Ihr Vorwissen über Textsorten können Sie beim mehrsprachigen Schreiben anwenden, indem Sie zunächst Ihren Text nach einer Ihnen bekannten Textkonvention, z.B. Fünf-Paragrafen-Essay schreiben. Dies hat den Vorteil, dass Sie sich während des Schreibens an einer gewohnten Textkonvention orientieren können und sich auf die Inhalte konzentrieren können. Auch hier können Sie beim Schreiben wieder die für Sie günstigen Sprachen verwenden. Vor der zweiten Version sollten Sie sich nach den Anforderungen einer Seminararbeit in Ihrem Studienfach erkundigen und Ihre bereits entwickelten Inhalte auf diese Textkonvention übertragen. Hierbei müssen Sie beachten, dass sich Denkweisen verschieben, wenn Sie mit verschiedenen Textkonventionen handeln. Daher achten Sie bitte auf eine angemessene Übertragung Ihrer Inhalte auf die Textkonventionen in Ihrer Seminararbeit.

Mehrsprachige Schreibstrategie	Umsetzung
Bewusstes Hin- und Herübertragen und Definieren oder Erklären von Fachterminologie oder Fachzusammenhängen	Wenn Ihnen fachliche Inhalte oder die Fachterminologie, die Sie in Ihrer Seminararbeit behandeln, nicht vollständig klar sind, kann es helfen, diese Inhalte in eine andere Sprache, z.B. in Ihre Herkunftssprache(n) zu übertragen. Bei diesem Vorgehen kann Ihnen z.B. auffallen, was genau Ihre Verstehensschwierigkeit ist oder welche fachlichen Zusammenhänge existieren.

Tabelle 11.1: Mehrsprachige Schreibstrategien

11.4   Überarbeiten mehrsprachiger Texte – Mehrsprachigkeit beim Überarbeiten

Wenn Sie mehrsprachig geplant und geschrieben haben, erhalten Sie einen sogenannten Hybridtext. Damit daraus ein deutscher akademischer Text wird, müssen Sie ihn sprachlich und stilistisch überarbeiten. In der Regel müssen Sie aus dem mehrsprachigen Text einen deutschen Text werden lassen. Informationen, die fremdsprachlich bestehen bleiben, müssen Sie einem deutschen Leser erklären, zum Beispiel damit er bestimmte kulturelle Zusammenhänge versteht. Beachten Sie auch, dass Ihr Text durch das mehrsprachige Schreiben Abweichungen von den Textkonventionen einer Seminararbeit enthalten kann. Diese Abweichungen müssen Sie beseitigen.

---

7   Weitere Schreibstrategien zum mehrsprachigen Schreiben finden sich in Lange, U. (2015): Mehrsprachige Wege zu einsprachigen Texten. Eine Unterrichtsreihe mit Schreibstationen, in: informationen zur deutschdidaktik. Zeitschrift für den Deutschunterricht in Wissenschaft und Schule 2015.4 Sprachliche Bildung im Kontext von Mehrsprachigkeit, S. 133–141.

Die folgenden Fragen thematisieren Aspekte, auf die Sie oder Ihr Feedback-Leser bei der Überarbeitung achten sollten:

Leitfragen für das Überarbeiten beim mehrsprachigen Schreiben

- Welche Inhalte sind noch nicht nachvollziehbar dargestellt? An welchen Stellen benötigt der Leser weitere inhaltliche Erklärungen?
- Wo fehlen zusätzliche Erklärungen, die z.B. kulturelle Besonderheiten aufklären?
- An welchen Stellen braucht es explizite Lesehinweise, damit der Leser mehrsprachige Besonderheiten erkennen kann?
- Wie wird mit Übersetzungen im Text umgegangen? Werden z.B. Zitate im Original in einer Fußnote übersetzt?
- Sind alle anderssprachigen Einfügungen passend übersetzt worden?
- Gibt es Erläuterungen für nicht übersetzbare Ausdrücke oder Phrasen, so dass sie vom Leser nachvollziehbar sind?
- An welchen Stellen sind Erwartungen an die Textsorte Seminararbeit noch nicht erfüllt? Wie können die Anforderungen erfüllt werden?
- Ist der überarbeitete Text in einem einheitlichen wissenschaftlichen Stil verfasst? An welchen Stellen gibt es eventuell noch Stilbrüche?
- …

Teilweise können diese Überarbeitungsfragen am besten von Ihnen als Autor, teilweise besser von einem anderen Leser bearbeitet werden. Bei Feedbackgesprächen kann es ebenfalls hilfreich sein, mehrere Sprachen bzw. Ihre Herkunftssprache(n) zu benutzen. Wenn Sie sich mit einem Feedback-Leser in Ihrer Herkunftssprache oder auch in mehreren Sprachen über den Text unterhalten, können Sie sich leichter verständigen und besser verstehen, welche Hinweise Ihnen Ihr Leser zur Überarbeitung des Textes gibt. Daher sollten Sie Ihre Feedback-Leser bewusst auswählen.

Mit Ihrem Dozenten sollten Sie vereinbaren, welche Hybridformen er in der Seminararbeit akzeptiert. Gerade wenn Sie eine Fremdsprachenphilologie studieren, können reflektiert eingesetzte Mischformen sowohl auf der Wort- als auch auf der Textebene akzeptiert werden. Die Verwendung mehrerer Sprachen in Ihrem Text müssen Sie ebenfalls mit Ihrem Dozenten absprechen. Dabei gilt allgemein, dass englische Zitate oder Paraphrasen nicht ins Deutsche übersetzt werden müssen, da Englisch unter Wissenschaftlern bekannt ist. Bei anderen Sprachen hängt es jedoch vom Studienfach und der Thematik ab, ob Sie anderssprachige Passagen übersetzen müssen. Ob bei der Übersetzung der deutsche Text im Fließtext oder in der Fußnote erscheint oder das Original, müssen Sie ebenfalls mit Ihrem Dozenten klären.

11.5 Übungen

Übung 1

Art der Übung:	Biografie des eigenen Schreibens – Reflexionstext in mehreren Sprachen, ein privater Text
Ziel der Übung:	Reflektieren des eigenen Wissens über Schreibprozesse und über kulturelle Besonderheiten von Textsorten
Geeignet für Muttersprachler:	Ja
Nichtmuttersprachler:	Ja (ab Niveau B1)

Aufgabe 1:

1a) Bitte lesen Sie den Auszug der Studentin über ihre Schreiberfahrungen. Schreiben Sie anschließend einige Episoden auf, in denen Sie Schreiberfahrungen gesammelt haben. Was waren Ihre Eindrücke? Was haben Sie bisher geschrieben, in welchen Situationen, in welchen Sprachen? Welche Reaktionen gab es auf Ihre Texte? Sie können gern in mehreren Sprachen schreiben. Der Text ist allein für Sie bestimmt. Im Anschluss können Sie auswählen, welche Passagen Sie anderen Personen aus Ihrer Lerngruppe vorstellen möchten.

1b) Bitte wählen Sie aus Ihrem Text einige Ausschnitte aus, die Sie Ihren Kommilitonen vorstellen möchten. Diskutieren Sie in Ihrer Gruppe die folgenden Fragen:
- Welche Unterschiede, welche Gemeinsamkeiten können Sie in Ihren Schreiberfahrungen feststellen?
- Welche Sprachen werden erwähnt? Welche Schreiberfahrungen in welchen Sprachen werden thematisiert?
- Welche Aussagen über Konventionen von Texten, die kulturell verankert sind, finden Sie in Ihren Schilderungen?
- Was sagen die Episoden über das Schreiben als Handlung, den Schreibprozess aus?
- Welche Rolle spielen die Sprachen beim Schreiben?

Bitte sammeln Sie Ihre Ergebnisse und stellen Sie sie den anderen vor.

Schreiberfahrungen einer Studentin (Auszug):

Meine Muttersprache ist Deutsch. In der Schule habe ich zum ersten Mal etwas von Argumentieren gehört, und dann haben wir – in der 10. Klasse war es wohl – diese Erörterungen rauf und runter geschrieben: immer schön Pro und Kontra-Argumente gegeneinander abwägen, damit hinterher irgendeine Seite gewinnt. In der Facharbeit in der Oberstufe sollten wir auch argumentieren, so erklärte es unser Lehrer. Die Facharbeit habe ich in Biologie geschrieben. Aber da gab es auf einmal kein Pro und Kontra mehr, sondern eigentlich nur eine Erkenntnis, die es darzustellen galt. Meine eigenen Ideen zum Thema konnte ich im Fazit unterbringen. Das Schreiben der Facharbeit fand ich schrecklich langweilig, weil es einfach nur ein Nacherzählen von zwei Büchern war.

Im Studium musste ich meine erste Seminararbeit in Linguistik schreiben und habe auf einmal begriffen, was das mit dem Argumentieren soll, weil ich erklären musste, was die Pragmatik am Strukturalismus kritisiert. Auch hier habe ich meine eigene Meinung eingebracht, aber die fand der Dozent zu naiv und unangemessen.

Im letzten Jahr war ich dann in Lyon für einen Erasmus-Aufenthalt. Auch da sollte ich wieder argumentieren, aber nach einem sehr strikten vorgegebenen Muster. Wieder fühlte ich mich an die Erörterungen zu Schulzeiten erinnert, aber irgendwie war die Struktur auch wieder anders. Ich fand dieses Schema hilfreich, denn so konnte ich mich allein auf meine Sprache konzentrieren und musste nicht auch noch den Aufbau des Textes selbst erdenken. Meine Notizen habe ich auf Deutsch gemacht, geschrieben habe ich versuchsweise sofort auf Französisch, hat aber meistens nicht direkt geklappt. An den Texten habe ich ewig gesessen. Mein Lehrer fand trotzdem, dass ich ‚typisch deutsch‘ argumentiert hätte …

Übung 2

Art der Übung:	Mehrsprachiges fokussiertes Free Writing – Schreibübung, um in einen Gedankenfluss zu kommen
Ziel der Übung:	Gedanken entwickeln, wobei mehrere Sprachen miteinander kombiniert und vermischt werden
Geeignet für	
Muttersprachler:	Ja
Nichtmuttersprachler:	Ja (ab Niveau B1)

Aufgabe 1:

Notieren Sie Ihr Thema zu dem Sie etwas schreiben wollen. Dies kann zum Beispiel das gesamte Thema Ihrer Seminararbeit oder ein Ausschnitt, mit dem Sie sich aktuelle beschäftigen:

Schreiben Sie nun spontan 7 Stichwörter zu Ihrem Thema auf. Nutzen Sie dabei die Sprachen, die für Sie gut sind.

1. _____

2. _____

3. _____

4. _____

5. _____

6. _____

7. _____

Nehmen Sie eines der Stichwörter als Anfangspunkt für Ihr Free Writing. Schreiben Sie fünf Minuten ohne abzusetzen. Lassen Sie Ihren Gedanken freien Lauf, nutzen Sie die Sprachen, die Ihnen gerade einfallen. Selbstverständlich können die anderen sechs Stichwörter ebenfalls in Ihrem Text vorkommen.

Wenn Sie nach fünf Minuten Ihren letzten Gedanken notiert haben, unterstreichen Sie die wertvollen Ideen oder Darstellungen und überlegen Sie, wie Sie diese für Ihre Seminararbeit nutzen können.

Übung 3

Art der Übung:	Hin- und Herübertragen von Fachtermini oder fachlichen Inhalten – ausgewählte fachliche Inhalte werden in andere Sprachen übertragen
Ziel der Übung:	Bewusster Einsatz mehrerer Sprachen, um zu neuen bzw. anderen Erkenntnissen über fachliche Inhalte zu gelangen
Geeignet für Muttersprachler:	Ja
Nichtmuttersprachler:	Ja (ab Niveau B2)

Aufgabe 1:

Wählen Sie einen zentralen Fachbegriff zu Ihrer Seminararbeit.
Schreiben Sie zunächst eine Definition oder eine Erklärung in der Wissenschaftssprache, also wahrscheinlich auf Deutsch.
Übertragen Sie anschließend den Begriff in eine andere Sprache, zum Beispiel in Ihre Erstsprache. Erklären Sie den Begriff in dieser Sprache. Verfahren Sie genauso mit anderen Sprachen, die Sie einsetzen möchten.

Aufgabe 2:

a) Bitte vergleichen Sie Ihre Ausführungen in den verschiedenen Sprachen? Worin unterscheiden sie sich, welche Gemeinsamkeiten haben sie?
b) Wie sind Sie vorgegangen beim Übertragen in den verschiedenen Sprachen? Welche Schwierigkeiten hatten Sie, was ist Ihnen leichtgefallen?

Aufgabe 3:

Welche Erkenntnisse ziehen Sie aus diesem Verfahren? Inwiefern können Sie Ihre erste Definition oder Erklärung überarbeiten?

12   Hinweise zur Wissenschaftssprache

Subterrane Knollenfrüchte?

Henri:	Es ist unglaublich! Ich habe gerade einen Artikel gelesen von diesem Typen, der jetzt überall auftaucht. In jeder zweiten Talkshow, in allen möglichen Sendungen im Fernsehen und im Radio. Du weißt schon, dieser August Schmidt, „Schmidt mit dt". Als gäbe es keine anderen ernstzunehmenden Wissenschaftler mehr!
Johannes:	Na klar kenn' ich den. Was hat er denn jetzt schon wieder verbrochen?
Henri:	Weißt du, was der da geschrieben hat? Hör zu: „Die Größe subterraner Knollen des Solanum tuberosum ist reziprok proportional der intellektuellen Kapazität des Produzenten aus dem agrarökonomischen Sektor." Ganz schön bescheuert, oder?
Johannes:	Hä??

Wenn Sie an deutsche Wissenschaftssprache denken, fallen Ihnen wahrscheinlich die Phänomene „unbekannte Fremdwörter", „komplizierter Satzbau" oder „lange Sätze" ein. Häufig sind

> „fachwissenschaftliche Manuskripte in der Mehrzahl unendlich zäh und mühsam zu lesen".[8]

In Seminararbeiten ist es auf der anderen Seite notwendig, komplexe Sachverhalte wissenschaftlich korrekt auszudrücken. Dazu brauchen Sie auch Fachtermini und komplexe Satzstrukturen. Dazu ein einfaches Beispiel aus einer Hausarbeit zum Thema: Thomas Hobbes' Naturzustandslehre – die Menschen im Krieg eines jeden gegen jeden.[9]

---

8   Artène und Artegrame (1999): Wenn Literaturwissenschaftler schreiben, in: Narr, Wolf-Dieter/Stary, Joachim (Hgg.): Lust und Last des wissenschaftlichen Schreibens. Hochschullehrerinnen und Hochschullehrer geben Studierenden Tips, Frankfurt am Main, S. 61.

9   Ziegeltrum, Christian (2002): Thomas Hobbes' Naturzustandslehre – die Menschen im Krieg eines jeden gegen jeden; http://www.hausarbeiten.de/faecher/vorschau/13690.html; online am 03.04.2016.

Veranschaulicht werden sollen wissenschaftssprachliche Phänomene, die Sie beim Formulieren Ihrer akademischen Texte nutzen.

1.1 Glückseligkeit und Machtstreben des Menschen

„[…] solange wir hienieden leben, gibt es so etwas wie beständigen Seelenfrieden nicht, da das Leben selbst nichts anderes als Bewegung ist und deshalb nie ohne Verlangen […] sein kann, ebenso wenig wie ohne Empfindung.

Da der Mensch, so lange er lebt, ständig in Bewegung ist, kann folglich auch die Glückseligkeit kein Ruhezustand sein: Hobbes führt aus, es gebe kein letztes Ziel oder höchstes Gut, denn ein Mensch, der keine Wünsche mehr habe, könne ebenso wenig weiterleben wie einer, dessen Vorstellungen und Empfindungen zum Stillstand gekommen seien. Glückseligkeit sei ein ständiges Fortschreiten des Verlangens von einem Gegenstand zum anderen, wobei das Erlangen eines Gegenstandes nur der Weg sei, der zum nächsten Gegenstand führe. Zum Erwerb eines Gegenstandes ist Macht nötig. Wer nach immer neuen Gegenständen strebt, muss folglich auch nach immer mehr Macht streben.

Zu den Merkmalen dieses Textabschnittes gehören:
* unpersönliches Schreiben,
* das Integrieren von Aussagen anderer Autoren/Wissenschaftler,
* quellenauslegendes Schreiben,
* sprachliche Phänomene wie die Indirekte Rede (Konjunktiv I),
* begriffliches Schreiben: Begriffe mit einer geistesgeschichtlich aufgeladenen Bedeutung (Seelenfrieden, Glückseligkeit, Verlangen usw.).

Einige dieser Merkmale akademischer Texte werden in den folgenden Unterkapiteln beschrieben.

12.1   Unpersönliches Schreiben

Subjektivität versus Objektivität des Forschers

Im internationalen Kontext gibt es zwei unterschiedliche Positionen, wie der Forscher seine Person in seinen wissenschaftlichen Text einbezieht. Die erste Position sieht den Forscher als aktiv handelndes Subjekt. Danach können in wissenschaftlichen Texten an ausgewiesenen Stellen subjektive Wendungen auftreten.

Unter subjektiven oder persönlichen Wendungen wird vor allem die Ich-Form verstanden. Häufig tritt sie auf in

- Ankündigungen, wie Sie typischerweise in Einleitungen vorkommen: „In dieser Arbeit werde ich […].“
- in Kommentaren oder Schlussfolgerungen: „Aufgrund von […] komme ich zu dem Schluss, dass […].“

Die andere Position stellt die Objektivität der Forschung in den Mittelpunkt. Sie hat in der deutschsprachigen Wissenschaft eine lange Tradition. Die wissenschaftlichen Erkenntnisse werden als neutral vorgestellt. Das handelnde Subjekt ist in diesem Kontext unwichtig. Subjektive Wendungen mit „ich“ oder „mein“ werden deshalb vermieden.

Erkundigen Sie sich bei Ihrem Prüfer, ob Sie in Ihrem akademischen Text subjektive Wendungen benutzen dürfen.

Beispiel für unpersönliches Schreiben

Thema: Wählen Frauen anders? Zur Politischen Partizipation der Frauen in Deutschland

2.   Politische Partizipation und deren Erforschung
2.1 Politische Partizipation

Die Aktivitäten von Bürgern, die freiwillig mit dem Ziel der Einflussnahme auf politische Entscheidungen unternommen werden, sind als politische Partizipation definiert. […] Dies eröffnet ein breites Spektrum an Beteiligungsformen, so dass weitere Einordnungen nötig sind. Besonders relevant erscheint hier die Aufteilung in die Hauptkategorien „verfasste“ (konventionelle) und „nicht-verfasste“ (unkonventionelle) Partizipation.

> Als konventionelle Partizipation wird die Beteiligung an Wahlen – das Wahrnehmen der Staatsbürgerrolle, wie es in dieser Arbeit betrachtet werden soll – und das Eintreten in eine Partei (die aktive Mitarbeit als parteiorientierte Partizipation) verstanden. (...)[8]

In diesem Beispiel wird vor allem das Passiv bzw. ein sachorientiertes Schreiben benutzt, um die Ich-Form zu vermeiden.

Sprachliche Mittel

Es gibt eine Reihe von sprachlichen Mitteln, mit denen Sie die persönlichen Wendungen vermeiden können:
- das Vorgangspassiv: „Als konventionelle Partizipation wird ... verstanden." (s. o.)
- das Zustandspassiv: „Die Aktivitäten von Bürgern [...] sind [...] definiert". (s. o.)

Passiversatzformen wie
- sein + zu + Infinitiv: Die Veränderung des Klimas aufgrund des CO_2-Ausstoßes ist erst noch zu beweisen.
- Verb + Verbstamm + -bar oder -lich: Die Veränderung des Klimas ist mit Daten leicht belegbar (leicht zu belegen)
- lassen + sich + Infinitiv (lässt sich leicht belegen)

Selbstbezogen/ persönlich	Sachbezogen/unpersönlich	
	Passiv	Passiversatz/Aktiv
Zunächst werde ich einen Überblick über die Geschichte des [...] geben.	Zunächst wird ein Überblick über die Geschichte des [...] gegeben.	Am Anfang der Arbeit folgt ein Überblick über die Geschichte des [...].
Ich finde, dass Studiengebühren 500 € pro Semester nicht überschreiten sollten, weil [...].	Als Studiengebühren sollten 500 € nicht überschritten werden, weil [...]	Die Studiengebühren sollten 500 € nicht überschreiten, weil [...].

10   Haimb, Jean-Christophe (1999): Wählen Frauen anders? Zur politischen Partizipation der Frauen in Deutschland; http://www.grin.com/de/e-book/94942/waehlen-frauen-anders-zur-politischen-partizipation-der-frauen-in-deutschland; online am 03.04.2016.

Selbstbezogen/ persönlich	Sachbezogen/unpersönlich	
	Passiv	Passiversatz/Aktiv
Ich kann die Argumentation von Bulmahn nicht nachvollziehen.	Die Argumentation von Bulmahn kann nicht nachvollzogen werden.	Die Argumentation von Bulmahn beruht jedoch auf Annahmen, die nicht nachvollziehbar sind. Die Argumentation von Bulmahn ist nicht nachvollziehbar/lässt sich nicht nachvollziehen.

Tab. 12.1: Persönlich und unpersönlich formulierte Äußerungen

12.2   Unpersönliches Schreiben

In akademischen Arbeiten ist es unüblich, sich subjektiv wertend zu äußern, ohne eine ausführliche Begründung anzuführen. Subjektiv wertende Äußerungen haben ihren Platz in Textarten wie zum Beispiel Glossen, Pamphleten, Kommentaren, Leserbriefen etc. In einer Seminararbeit aber interessiert den Leser die unbegründete subjektive Meinung (Eindrücke, Vorlieben, Bekenntnisse) des Autors nicht, weil sie keinen allgemeinen Geltungsanspruch erheben kann. Stattdessen ist ein Bezug auf Forschungsergebnisse (eigene oder fremde) und gegebenenfalls die argumentative Auseinandersetzung mit ihnen erforderlich. So gelangen Sie zu Aussagen, die überprüfbar und haltbar sind (siehe Kapitel 8).

Unter subjektiven Wertungen sind zu verstehen
- affektiv vorgetragene Parteinahmen („doch wohl", „natürlich", „selbstverständlich", „oder etwa nicht?"),
- persönliche Bekenntnisse („Mir gefällt der Vorschlag von […]", „Ich finde, dass […]", „Meiner Meinung nach […]"),
- suggestive Äußerungen („Es ist doch so, dass die meisten Studierenden die Studiengebühren durchaus bezahlen können.").

Im Folgenden finden Sie Beispiele, wie sich subjektiv wertendes Schreiben vermeiden und durch argumentierendes oder belegendes Schreiben ersetzen lässt:

Subjektiv wertend	Objektivierend (argumentierend/belegend)
Es kann doch wohl nicht angehen, dass Studierende aus einem armen Elternhaus vom Studium ausgeschlossen werden.	Aus Gründen der sozialen Benachteiligung ist es nicht vertretbar, dass Abiturienten aus weniger privilegierten sozialen Schichten vom Studium ausgeschlossen werden [...].
Es ist natürlich ungerecht, dass manche Jugendliche vom Studium ausgeschlossen werden.	Folgt man dem Prinzip der sozialen Gerechtigkeit, dürfen finanziell schwächer Gestellte nicht vom Studium ausgeschlossen werden.
Man muss dem Vorschlag von X von ganzem Herzen zustimmen.	Dem Vorschlag von X ist angesichts [...] (Beleg) uneingeschränkt zuzustimmen (Quelle).

Tab. 12.2: Subjektiv wertendes versus objektivierendes Schreiben

12.3   Einbinden von Textteilen anderer Wissenschaftler: Redeeinleitungen und Konjunktiv I

12.3.1   Sprachliche Mittel zur Kennzeichnung von Zitaten, Paraphrasen und Zusammenfassungen

Die Übernahme von Textteilen anderer Autoren kann in einem Zitat, in einer Paraphrase oder in einer Zusammenfassung erfolgen (siehe Kap. 7). Es gehört zum Wissenschaftsverständnis, dass fremdes Gedankengut gekennzeichnet werden muss. Dies geschieht explizit durch bestimmte sprachliche Mittel. Ohne eine Kennzeichnung verfassen Sie ein Plagiat.

Art der Wiedergabe fremder Textteile	Sprachliche Mittel zur Kennzeichnung
Zitat (wörtliche Wiedergabe)	Anführungszeichen, Quellenangabe
• Paraphrase (Umformulierung) • Zusammenfassung (gekürzte Wiedergabe)	alternativ: • Nennung des Autors im Text • Nennung des Autors in der Überschrift • indirekte Rede/Konjunktiv I In allen Fällen: Quellenangabe

Tab. 12.3 Sprachliche Mittel zum Einbinden fremder Textteile

Grundsätzlich gilt: Der Leser muss bei jedem Gedanken Ihres Textes zweifelsfrei erkennen, ob Sie als Verfasser der Seminararbeit der Urheber sind oder ein anderer Autor!

Sprachliche Mittel beim Zitieren

Beispiel 1

Haltung gegenüber Texten deutlich machen

[...]
Jeff Hearn kommentiert, dass die wissenschaftliche Erforschung von Männern eine weitaus längere Tradition hat: „Men have been studying men for a long time, and calling it ‚History', ‚Sociology', or whatever" (Hearn 2004: 49).
[...]

Hauser, Sebastian (2014): Das Konzept der hegemonialen Männlichkeit und sein Verhältnis zur Empirie. Masterarbeit im Fach Soziologie, Universität München.

Bei der Verwendung eines Zitats kann der Schreiber seine Haltung zu der zitierten Textpassage zum Beispiel durch einleitende Verben („kommentiert") (siehe Beispiele in Kap. 12.2) oder auch mit längeren Kommentaren deutlich machen.

Hinweis: Es gibt unterschiedliche formale Standards beim Zitieren. Informieren Sie sich beim korrigierenden Leser über die Konventionen in Ihrem Fach.

Sprachliche Mittel beim Paraphrasieren und Zusammenfassen

Beispiel 2

Nennung des
Autors

3.2 Männlichkeit als soziale Konstruktion

Männlichkeit ist keine ‚natürliche' Tatsache, sondern vielmehr das Produkt einer kontinuierlichen Konstruktionsleistung. Ganz im Sinne von Simone de Beauvoirs berühmtem Zitat „man kommt nicht als Frau zur Welt, man wird es" (Beauvoir 2000: 334) müssen auch Männer tagtäglich Geschlecht in Interaktionsprozessen(re)produzieren und darstellen.
Ein Ansatz, welcher jenen permanent ablaufenden Prozess der Geschlechtsherstellung zu erklären versucht, ist das von Candace West und Don H. Zimmerman (1987) entwickelte Konzept des ‚doing gender'.

Hauser, Sebastian (2014): Das Konzept der hegemonialen Männlichkeit und sein Verhältnis zur Empirie. Masterarbeit im Fach Soziologie, Universität München.

Im zweiten Absatz dieses Beispiels gibt es zunächst eine Orientierung des Leser darüber, was inhaltlich folgt („Ein Ansatz, …"). Als Referenzautoren werden zwei Personen genannt und die benutzte Quelle angegeben (sie findet sich im Literaturverzeichnis). Der Leser weiß jetzt, dass die nachfolgenden Gedanken Paraphrasen oder Zusammenfassungen von Texten dieser beiden Autoren sind.

Beispiel 3

Indirekte Rede

[...]
Auhagen und von Salisch (1993) merken an, dass eine Freundschaft fast dieselben Aufgaben wie Beziehungen zwischen Familienmitgliedern, Nachbarn oder Kollegen habe (vgl. Auhagen/von Salisch 1993: 226¬227). Auch Ceballos (2009) spricht davon, dass freundschaftliche Beziehungen neben Liebes- und Familienbeziehungen die stärksten sozialen Bindungen seien. Sie würden sich auf Freiwilligkeit, Respekt und Vertrauen stützen und seien scheinbar ein menschliches Grundbedürfnis (vgl. Ceballos 2009: 3).

Gerling, Svenja (2013): Interkulturelle Freundschaften und ihre Entwicklung am Beispiel ehemaliger ERASMUS-Studierender. Magisterarbeit im Studiengang Internationales Informationsmanagement.

In diesem Beispiel werden zunächst die Autoren namentlich genannt und die Quelle angegeben. In dem Anschlusssatz („Sie würden sich …") könnte man erneut den Autor nennen. Um diese Wiederholung zu vermeiden, benutzt man den Konjunktiv I („würden … stützen", „seien"). Mit dem Konjunktiv I verweist man auf die Quelle, die vorher genannt wurde. Würde hier der Indikativ sehen („stützen", „sind"), würde der Leser glauben, dass die dargestellten Inhalte von der Verfasserin der Seminararbeit stammen.

Plagiat

Wenn Sie Gedanken, die Sie von anderen Autoren in Ihren Text übernommen haben, nicht kenntlich machen, denkt der Leser, dass die Gedanken von Ihnen stammen. Sie fertigen in diesem Fall ein Plagiat an. Bei Nachweis eines Plagiats drohen Ihnen Strafen (z. B. die Aberkennung der Prüfungsleistung, Exmatrikulation, materielle Nachteile oder Geldstrafen).

12.3.2 Konjunktiv I als Markierung der Indirekten Rede

Von den vier Konjunktivformen der Gegenwart und der Vergangenheit werden die Formen des Präsens und des Perfekts für den Konjunktiv I (Indirekte Rede) verwendet, die Formen des Präteritums und des Plusquamperfekts für den Konjunktiv II.

Grammatische Form	Funktion	
	Markierung der Indirekte Rede	Markierung der Irrealität, Höflichkeit usw.

Konjunktiv Präsenz ———▶ Konjunktiv I (Gegenwart)

Konjunktiv Präteritum ————————————————▶ Konjunktiv II (Gegenwart)

Konjunktiv Perfekt ———▶ Konjunktiv I (Vergangenheit)

Konjunktiv Plusquamperfekt ————————————▶ Konjunktiv II (Vergangenheit)

Die Zuordnung der Zeitform des Konjunktivs zu bestimmten Funktionen gewährleistet, dass der Leser die Funktion eindeutig erkennen kann. Zu beachten bleibt lediglich, dass der Indikativ und der Konjunktiv I in manchen Formen identisch sind. Ein Beispiel:

Indikativ Perfekt: Sie haben gehört
Konjunktiv Perfekt: Sie haben gehört

In diesem Fall erkennt man den Konjunktiv I nicht eindeutig und weicht deshalb in den Konjunktiv II aus: Sie hätten gehört

Das folgende Schema bildet eine praktische Hilfe bei der Bildung eines Konjunktivs. Man geht von der Zeit der Indikativ-Form aus und entscheidet, ob man die Indirekte Rede (Konjunktiv I) oder eine Funktion des Konjunktivs II bilden möchte und folgt den Pfeilen zu der richtigen Verbform.

Konjunktiv

Man unterscheidet den Konjunktiv I und den Konjunktiv II.

Phänomen	Funktion	Beispielsätze
Konjunktiv I	Indirekte Rede	Er sagte, er ist müde. Dabei habe er doch genügend geschlafen.
Konjunktiv II	Irrealer Bedingungssatz (Konditional):	Wenn ich Hunger hätte, äße ich etwas (würde ich etwas essen).
	Irrealer Wunschsatz:	Hätte ich doch gestern nicht so viel getrunken!
	Höflichkeitsformen:	Könnten Sie mir bitte die Rechnung bringen?
	Irrealität:	Ich würde gern ein Stück Erdbeertorte essen. Stell dir vor, du wärest ein Fisch.
	Als ob:	Er tat so, als ob er mich nicht gesehen hätte.
	Beinahe/fast:	Beinahe hätte ich mir noch ein Stück Kuchen gekauft.

Hilfe zur Bildung der Zeitform des Konjunktivs I

Indikativ			Funktion	Konjunktiv		
Funktionszeit	Gram. Zeit	Gram. Form		Gram. Zeit	Gram. Form	Funktionszeit
Gegenwart	Präsens	er sieht	Konjunktiv I	Präsens	er sehe	Gegenwart
	Präteritum	er sah	Konjunktiv II	Präteritum	er sähe/ würde sehen	
Vergangenheit	Perfekt	er hat gesehen er ist gelaufen	Konjunktiv I	Perfekt	er habe gesehen Er sei gelaufen	Vergangenheit
	Plusquam.	er hatte gesehen er war gelaufen	Konjunktiv II	Plusquam.	er hätte gesehen Er wäre gelaufen	

13 Kommunikationsmittel

Die folgenden Übersichten mit Kommunikationsmitteln stammen aus Seminararbeiten und können Ihnen bei der Formulierung helfen.

Die Kommunikationsmittel werden analog zur Kapitelanordnung präsentiert. Anhand von kursiv gesetzten Beispielen wird gezeigt, wie Sie sie im Satz verwenden können. Dabei werden verbaler und nominaler Stil als Varianten berücksichtigt.

Die folgenden Listen sind als Beispiele zu verstehen, die Sie selbst erweitern sollten, wenn Sie sich mit wissenschaftlicher Literatur beschäftigen.
 Auf Formulierungen wie *Die Arbeit zeigt [...]* wird verzichtet, da hier nicht nur der Autor als handelndes Subjekt zurücktritt, sondern das Produkt (also die Arbeit) selbst zum Handelnden erklärt wird (siehe Kapitel 1).

13.1 Einleiten

Die folgenden Kommunikationsmittel können den in Kapitel 4 vorgestellten Elementen einer Einleitung zugeordnet werden.

Gegenstand/Fragestellung der Arbeit

Gegenstand/Thema/Fragestellung der vorliegenden Arbeit ist

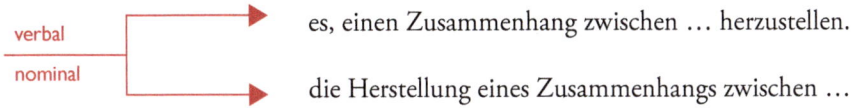

verbal → es, einen Zusammenhang zwischen ... herzustellen.

nominal → die Herstellung eines Zusammenhangs zwischen ...

Das Hauptaugenmerk der Arbeit liegt

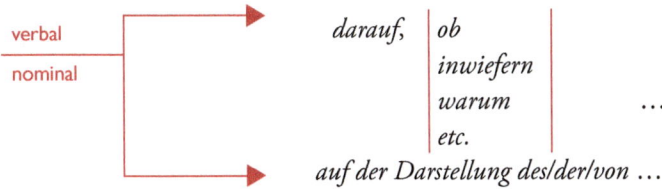

verbal → *darauf,* | *ob*
nominal | *inwiefern*
| *warum* ...
| *etc.*
→ *auf der Darstellung des/der/von ...*

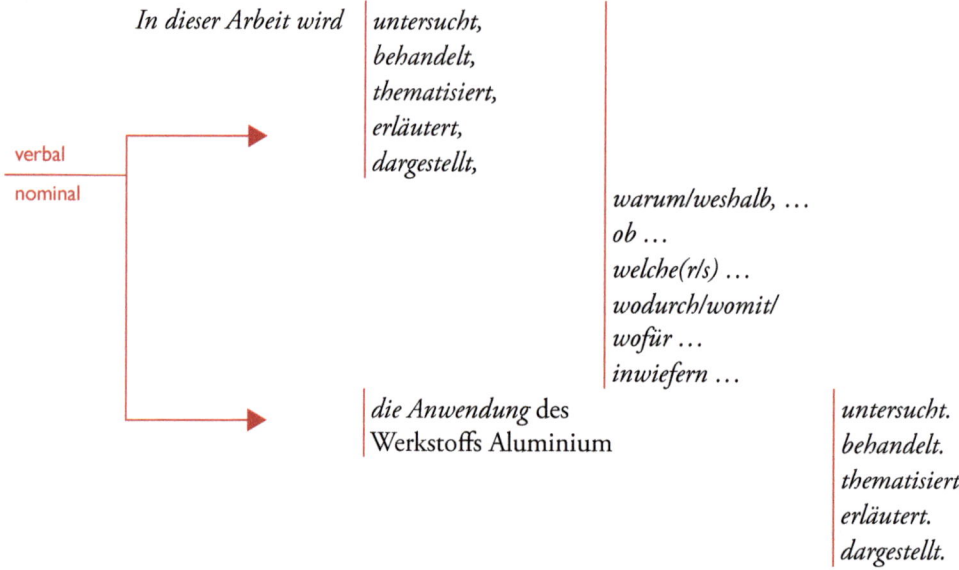

Weitere Kommunikationsmittel, die im Nominal- und Verbalstil genutzt werden können:

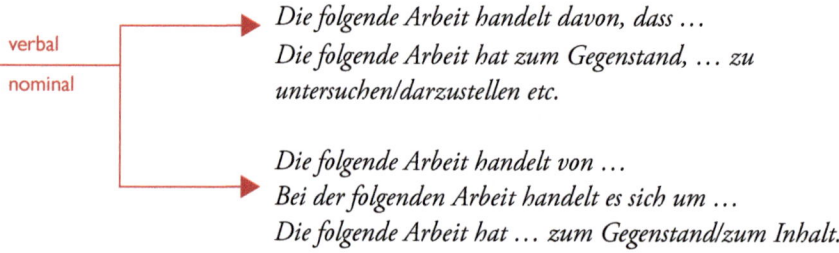

Zielsetzung der Arbeit mit kurzer Begründung

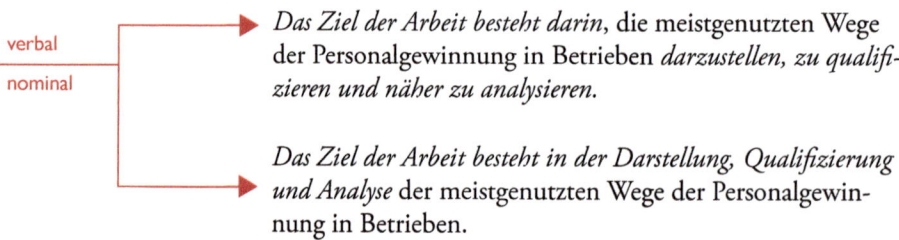

Weitere Kommunikationsmittel, die Sie in diesem Zusammenhang nutzen können:
- *(Das) Ziel der Analyse ist (es), …*
- *Die Absicht der Seminararbeit besteht darin, …*
- *In der Arbeit sollen Antworten auf die Frage gegeben werden, …*
- In welchem Verhältnis beide Typen stehen, *wird zu ermitteln sein.*
- *Es soll erörtert werden, inwiefern/in welchem Maße/ob …*
- *Dies soll* anhand einer Unterrichtsreihe *gezeigt werden.*

Abgrenzung/Eingrenzung des Themas

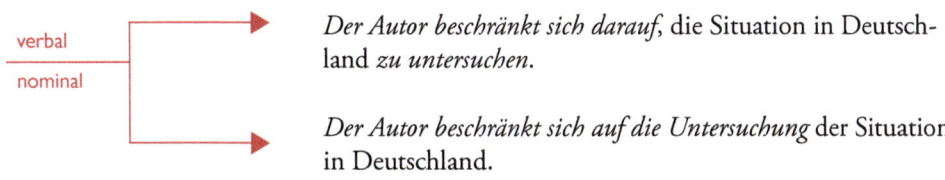

verbal

nominal

Der Autor beschränkt sich darauf, die Situation in Deutschland *zu untersuchen.*

Der Autor beschränkt sich auf die Untersuchung der Situation in Deutschland.

Weitere Kommunikationsmittel, die im Nominal- und Verbalstil genutzt werden können:

In der Arbeit wird	*dabei näher auf die Frage eingegangen, …*	
	die Frage verfolgt, …	
Die Situation in	*(nicht) näher*	*erläutert.*
den USA wird	*im Vergleich zu … nur am Rande*	*berücksichtigt.*
		analysiert.

- Didaktische Überlegungen zum Umgang mit diesen Medien *bleiben in diesem Kapitel/in dieser Seminararbeit ausgespart.*
- *In diesem Abschnitt soll nicht von* klassischen Grammatik-, *sondern von* Textfehlern *die Rede sein.*
- *Ebenfalls wird* eine Problembetrachtung der derzeitigen Situation *angestellt.*

Theoretischer Ansatz der Arbeit/Methoden

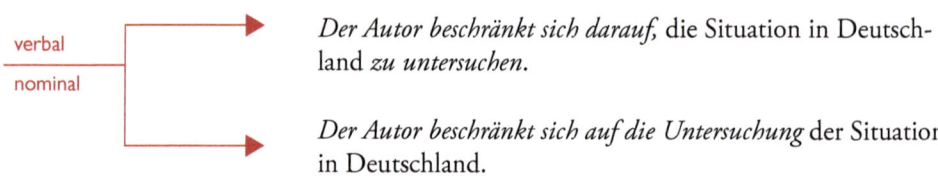

verbal

nominal

Der Autor beschränkt sich darauf, die Situation in Deutschland *zu untersuchen.*

Der Autor beschränkt sich auf die Untersuchung der Situation in Deutschland.

Weitere Kommunikationsmittel, die im Nominal- und Verbalstil genutzt werden können:

- *Die Theorie wird untermauert mit* Praxisbeispielen aus Groß- und Mittelstandsunternehmen.
- Unter Rückgriff auf Methoden der … *soll … herausgearbeitet werden.*
- Die Ausführungen stehen unter dem *Konzept* eines handlungsorientierten ganzheitlichen dramenpädagogischen Fremdsprachenunterrichts (Schewe 1995), *das hier nur in seinen Grundzügen dargestellt werden kann.*
- *Für die Analyse* der verwendeten Sprache *wird von* der Existenz verschiedener Diskursebenen *ausgegangen.*
- *Das Modell, das vorgestellt werden soll, basiert auf* den Ergebnissen linguistischer Beschreibungen (Hansen 1986).
- *Grundlage bilden* die Erfahrungen bei der Erstellung eines Kontext- und Grundwortschatzwörterbuchs, die …
- *Um einen Einblick* in die Vielfalt der Ansätze *zu geben* …
- *In seinem Werk* … (Meyer 1990) *wird dargestellt/beschrieben,* …

Aufbau der Arbeit

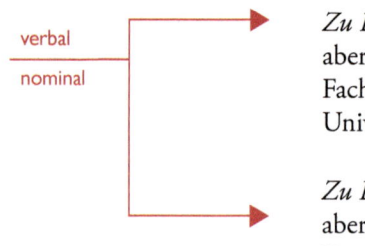

verbal

nominal

Zu Beginn der vorliegenden Arbeit wird anhand konkreter, aber anonymer Fälle *erläutert,* inwiefern in der Lehre des Faches Deutsch als Fremdsprache Missstände an spanischen Universitäten bestehen.

Zu Beginn der vorliegenden Arbeit wird anhand konkreter, aber anonymer Fälle *auf* Missstände in der Lehre des Faches Deutsch als Fremdsprache *aufmerksam gemacht.*

Weitere Kommunikationsmittel, die im Nominal- und Verbalstil genutzt werden können:

Zu Beginn/Am Anfang der vorliegenden Arbeit		*vorgestellt.*
Im ersten/zweiten/folgenden/letzten Kapitel		*präsentiert.*
Zuerst/Zunächst/Anfangs		*untersucht.*
Auf der Grundlage von …		*herausgearbeitet.*
Danach/Dann/Anschließend/	*wird …*	*erläutert.*
Im Anschluss daran/Im Folgenden	*werden …*	*aufgezeigt.*
Abschließend/Zum Schluss/Schließlich		*gegenübergestellt.*
Ferner/Außerdem/Darüber hinaus/Weiterhin/		*etc.*
Des Weiteren		

- *Die folgenden Ausführungen zielen auf eine Klärung der Relation …*
- *Dabei erfolgt nach einem kurzen Überblick über Methoden der … zuerst …*
- *Es folgt ein Überblick über …*
- *Es schließt sich ein Überblick über … an.*

13.2 Zusammenfassen

Wenn Sie sich auf fremde Texte beziehen, indem Sie diese (teilweise) zusammenfassen, paraphrasieren oder zitieren, stehen Ihnen für diesen Bezug zwei grundlegende Möglichkeiten zur Verfügung: der Text- bzw. Quellenbezug und der Personenbezug.

Durch eine bewusste Verwendung der sogenannten *verbi dicendi* wie nachweisen, behaupten, kritisieren etc., die der Einleitung von fremden Texten dienen, können Sie die Haltung des Verfassers zu einem Sachverhalt kennzeichnen. Die *verbi dicendi* sind deshalb vorsichtig und überlegt einzusetzen. Andernfalls kann der wiedergegebene Text in einen falschen Zusammenhang gerückt oder unbeabsichtigt kommentiert werden.

Die sprachlichen Merkmale einer Zusammenfassung oder Paraphrase richten sich in der Regel nicht nach dem Ausgangstext, sondern nach den stilistischen Merkmalen Ihrer Arbeit. Wichtig ist, dass Ihre Seminararbeit in einem einheitlichen Stil verfasst ist.

Textbezogen/Quellenbezogen

Beim Einbinden fremder Textteile bietet es sich an, zunächst die Quelle zu beschreiben (Quellenart, Autor, Jahr etc.), mit einem passenden redeeinleitenden Verb die Haltung des Autors zu benennen und anschließend die Aussage des Quellentextes zu referieren.

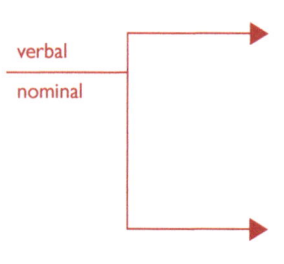

verbal

nominal

In einer empirischen Erhebung weist Oberhuber *nach, dass* nur bei Jugendlichen mit bestimmten Dispositionen Gewaltvideos Einfluss auf die Gewaltbereitschaft ausüben (Oberhuber 2007).

In der empirischen Erhebung von Meyer (2004) *wird* der Zusammenhang zwischen dem Konsum von Gewaltvideos und einer erhöhten Gewaltbereitschaft bei Jugendlichen *untersucht.*

Beschreibung der Quelle		*Haltung*	*Aussage*
In der empirischen Erhebung von …			
In der soziologischen Veröffentlichung von …			
In der aktuellen Publikation von …			
In der Osnabrücker Rezension		*wird gezeigt,*	
	Studie	*wird darauf hingewiesen,*	
	Besprechung	*geht es darum,*	
	Promotionsschrift	*wird kritisiert,*	
In dem	*Essay*	*wird nachgewiesen,*	
	Bericht		
	Artikel		*dass …*
	Buch		*ob …*
	Sammelband		*inwiefern …*
	Roman		*warum …*
	Vortrag		*weshalb …*

Personenbezogen

Auch beim personenbezogenen Einbinden fremder Textteile empfiehlt es sich, zunächst den Autor näher zu beschreiben (seine wissenschaftliche Verortung, sein Tätigkeitsfeld etc.), seine Haltung zu benennen bzw. Ihre Haltung zu der Veröffentlichung. Anschließend referieren Sie die Aussagen der Veröffentlichung. Dieses können Sie wiederum sowohl im Nominal- als auch Verbalstil ausdrücken, wie das folgende Beispiel zeigt:

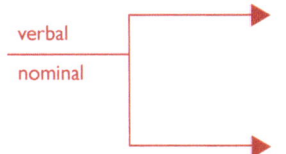

verbal
nominal

Der Kölner Linguist Hals zeigt in einer empirischen Studie (Hals 2007), *dass …*

Der Kölner Linguist Hals weist in einer empirischen Studie (Hals 2007) den Zusammenhang zwischen … *nach.*

Zur Charakterisierung der Haltung des Autors lässt sich eine Vielzahl von Verben anführen. Wenn Sie die Haltung des Autors zu einem Sachverhalt angeben, müssen Sie darauf achten, dass Sie zugleich Ihre Haltung zu der Autorenaussage angeben.

Die folgenden Beispiele verdeutlichen die unterschiedliche Angabe Ihrer Haltung zu einer Veröffentlichung:

Sie stimmen den Ansichten der Veröffentlichung zu.

Der Kölner Linguist weist in einer empirischen Studie … *nach.*

Sie stimmen den Ansichten der Veröffentlichung nicht zu.

Der Kölner Linguist behauptet in einer empirischen Studie, *dass …*

Die in der folgenden Liste aufgeführten Verben stellen eine Auswahl dar, wie Sie Ihre und die Haltung des Autors zu einem Thema wiedergeben können. Dabei stellen auch die Haltungen nur eine Auswahl dar, es gibt noch weitere.

neutral	*positiv/auffordernd*	*negativ*
mitteilen	*vorschlagen*	*kritisieren*
meinen	*zustimmen*	*anklagen*
untersuchen	*akzeptieren*	*ablehnen*
feststellen	*unterstützen*	*bedauern*
erläutern	*plädieren für*	*bezweifeln*
nachweisen	*begrüßen*	*zurückweisen*
These aufstellen	*sich einsetzen für*	*Kritik üben*
hervorheben	*eintreten für*	*behaupten*
	sich aussprechen für	
	empfehlen	
	auffordern	
	aufrufen	
	fordern	
	bitten	

Literaturbezüge

- *Schon Beck (1955:126 f.) wies darauf hin, dass ...*
- *Nach Beck (1955:126 f.) ...*
- *Ebenso/Im Gegensatz dazu erklärt Beck (1955:126 f.), dass ...*
- *Einen anderen/ähnlichen Ansatz verfolgt Beck (1955:126 f.) ...*

Zusammenfassen eigener Textinhalte

Eigene Textinhalte lassen sich sprachlich auf vielfältige Weise zusammenfassen. Einige stereotype Redewendungen sollen hier dennoch aufgeführt werden:
- *Zusammenfassend soll erwähnt werden, dass ...*
- *In dieser Arbeit wurde nachgewiesen, ...*
- *Es sollte die Frage beantwortet werden, ...*
- *In den vorangegangenen Ausführungen* | *wurde gezeigt, ...*
  In der Arbeit | *konnte gezeigt werden, ...*
                                        | *wurde deutlich gemacht, ...*
- *Es hat sich gezeigt, dass ...*
- *In dieser Seminararbeit wurde versucht,* das Bedeutungsfeld des Zufalls in den zwei behandelten Kleist'schen Erzählungen zu umreißen. *Dabei zeigte sich, dass ...*

13.3   Definieren

Einfache Begriffsbestimmungen

Die hier angeführten Kommunikationsmittel werden vor allem bei Wort- oder Begriffsdefinitionen verwendet. Für Sachdefinitionen werden häufig keine spezifischen Kommunikationsmittel angewandt.

Beispiel:

Begriff   *Charakteristischer Oberbegriff*
                                             Merkmale

Das Bruttosozialprodukt *wird definiert als* ein in Dollar bewerteter Strom eines von einer Volkswirtschaft erstellten Gesamtproduktes.

X	*ist/sind*	…
Der Begriff X	*bezeichnet*	…
	wird definiert als	…
	umfasst	…
	beinhaltet	…
	wird	*im Sinne von Hauer verwendet.*
Unter X	*wird/werden*	*… verstanden.*
	kann/können	*… verstanden werden.*
Als X	*wird/werden*	*… bezeichnet.*
	kann/können	*… bezeichnet werden.*

Weitere Kommunikationsmittel:
• Das Gesetz des abnehmenden Ertragszuwachses *drückt die Tatsache aus, dass …*
• Gemeinnützigkeit *liegt immer dann vor, wenn …*
• *Wenn* in diesem Zusammenhang *von … gesprochen wird, ist … gemeint.*
• *In Anlehnung an* Heine (1991) und Hopper (1993) *ist* Grammatikalisierung *als* eine Entwicklung *aufzufassen.*

Abgrenzende Begriffsbestimmungen

Beispiel:

Im Unterschied zu dem Begriff „Chancengerechtigkeit" *zielt der Begriff* „Chancengleichheit" *auf …*

Eine Übersicht, wie Begriffe gegeneinander abgegrenzt werden können, finden Sie in Kapitel 7.3.2. Zusätzliche Kommunikationsmittel werden hier nicht aufgeführt.

13.4 Argumentieren

Die Kommunikationsmittel für das Argumentieren sind weniger reglementiert als zum Beispiel die der Einleitung.

Stützendes Argument für eine Position

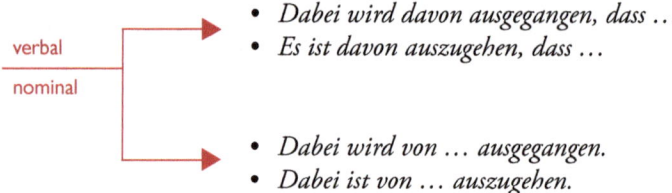

verbal

nominal

- *Dabei wird davon ausgegangen, dass …*
- *Es ist davon auszugehen, dass …*

- *Dabei wird von … ausgegangen.*
- *Dabei ist von … auszugehen.*

Kritik an einer Position

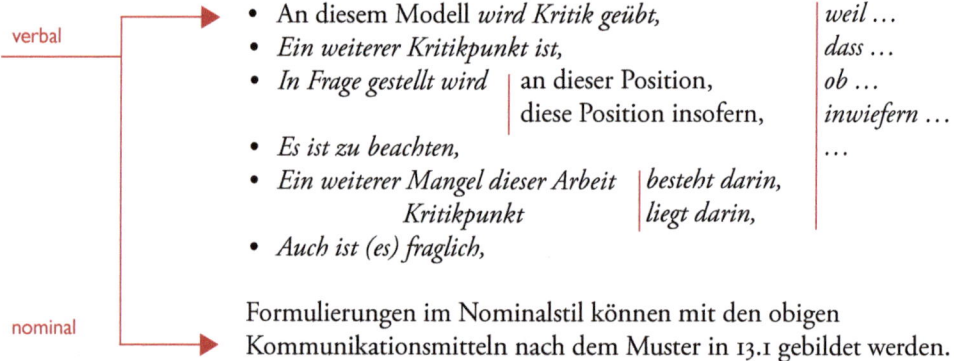

verbal

- *An diesem Modell wird Kritik geübt,*   *weil …*
- *Ein weiterer Kritikpunkt ist,*   *dass …*
- *In Frage gestellt wird* | an dieser Position,   *ob …*
    diese Position insofern,   *inwiefern …*
- *Es ist zu beachten,*   *…*
- *Ein weiterer Mangel dieser Arbeit* | besteht darin,
      Kritikpunkt | *liegt darin,*
- *Auch ist (es) fraglich,*

nominal

Formulierungen im Nominalstil können mit den obigen Kommunikationsmitteln nach dem Muster in 13.1 gebildet werden.

13.5 Einbinden/Überleiten/Roter Faden

Die Kommunikationsmittel für diese Kapitel sind nicht so stark reglementiert wie die der anderen Teile der Seminararbeit. Deshalb finden Sie hier nur einige sprachliche Hinweise. Sie sollten die wissenschaftliche Literatur gründlich lesen, um auf solche Formulierungen aufmerksam zu werden.

- *Wie* | oben | *dargestellt wurde, ...*
  | im vorigen Kapitel | *dargelegt wurde, ...*
  | bereits | *nachgewiesen wurde, ...*
  | | *gezeigt werden konnte, ...*

- *Auf der Grundlage der Beschreibung* des Bildungsprozesses in Deutschland *erscheint es interessant, ...*
- *Wie bei* der angebotsorientierten Finanzierung *(siehe vorheriges Kapitel)* besteht auch die Möglichkeit, ...
- *Ein weiterer Punkt, in dem* Inhalt und Form auf für diesen Text typische Weise *zusammenkommen*, ist die oben schon angesprochene Thematik der Sprache selbst.

13.6 Schluss

Der Schluss unterliegt in sprachlicher Hinsicht einer geringeren Reglementierung als die Einleitung.

Zusammenfassen der Arbeit

Kommunikationsmittel wurden bereits unter 13.2 aufgelistet.

Fazit/Schlussfolgerung

- *Wie die Untersuchung/Arbeit zeigt, ...*
- *Somit ist zu schlussfolgern, ...*
- *Hieraus ergibt sich, dass ...*
- *Denkbar wäre auch, ...*
- *All dies rechtfertigt die Aussage, dass ...*

Einen Ausblick formulieren

- *Aufgabe* für ein zukunftsfähiges Bildungssystem *scheint daher zu sein, ...*
- *Bedenkenswert erscheint* eine bessere Umverteilung von Bildungsmitteln zugunsten sozial benachteiligter Individuen. Dies ist aber derzeit wenig erkennbar.
- *Es sollte also darauf hingesteuert werden, ...*
- *Es sollte versucht werden, ...*
- *Eine umfassendere Untersuchung wäre ... wünschenswert.*

- *Zu klären* | *bleibt* | *die Frage,* | *warum …*
  Zu beantworten | *ist* | *das Problem,* | *wann …*
  Nach wie vor offen | | | *inwiefern …*
  | | | *unter welchen Bedingungen …*
  | | | *welche Folgen …*

14   Übungen zum Verfassen eines Kapitels

Übung 1

Art/Ziel der Übung: Verfassen eines Kapitels einer Seminararbeit
Methodischer Hinweis: Diese Übung ermöglicht einen raschen Schreibeinstieg in Schreibkursen; grundsätzlich können auch leichtere Lesetexte vorgegeben werden.
Wenn die „Richtlinie zur Förderung des Absatzes von Personenkraftwagen vom 20. Februar 2009 mit Änderungen der Richtlinie vom 17. März 2009 und vom 26. Juni 2009" einbezogen wird, empfiehlt sich der Einsatz der Übung bei Nichtmuttersprachlern erst ab Niveau C1.

Geeignet für
Muttersprachler: Ja
Nichtmuttersprachler: Ja (ab Niveau B2)

Aufgabe:

Sie sehen die fiktive Gliederung einer Seminararbeit zu dem Thema „Bewertung der Umweltprämie in Deutschland".
1. Schreiben Sie einen Teil dieser Seminararbeit zu den Gliederungspunkten 5.1 oder 5.2. Mögliche Quellen, die Sie nutzen können, finden Sie im Anschluss an diese Übung. Sie können selbstverständlich weitere/andere Quellen selbst suchen.
2. Lesen Sie zunächst die Quellen und markieren Sie die Stellen, die Sie für Ihren Text verwerten können.
3. Ordnen Sie die Informationen und schreiben Sie dann Ihren Text.
   Vergessen Sie auch nicht die Kapitelüberschriften:
   5   Versuch einer Bewertung der Umweltprämie
   5.1   Argumente für die Abschaffung
   5.2   Argumente gegen die Abschaffung
4. Beachten Sie, dass Ihr Text – unabhängig von den zugrunde gelegten Quellen – stilistische Einheitlichkeit aufweisen muss.

Bewertung der Umweltprämie in Deutschland

Deutsche Umwelthilfe: Auto-Abwrackprämie bringt keine Umweltvorteile

50 Milliarden Euro umfasst das zweite Konjunkturpaket der Bundesregierung und die sollen auch der Umwelt zugute kommen. Besitzer alter Autos sollen 2500 Euro bekommen, wenn sie ihr Fahrzeug verschrotten und stattdessen einen Neuwagen kaufen. Neuwagen, so das Kalkül, sind in der Regel umweltfreundlicher als Altautos. Zweifel am ökologischen Sinn der Neuwagen-Förderung hat in Berlin die Deutsche Umwelthilfe geäußert.

Eine ganze Reihe von Argumenten spricht aus Sicht von Deutscher Umwelthilfe und Verkehrsclub Deutschland gegen diese Abwrackprämie. Zum einen würden nur wenige Menschen von ihr profitieren, sagte Gerd Lottsiepen vom Verkehrsclub Deutschland, VCD. „Profitieren von dieser Regelung werden Autofahrer nur dann, wenn sie zufällig in diesem Jahr 2009 einen Neuwagen oder neuen gebrauchten kaufen wollen und sie zugleich einen relativ wertlosen Gebrauchtwagen besitzen. Diese Schnittmenge ist nicht sehr hoch, weil Besitzer älterer Gebrauchtwagen oft nicht über die Mittel verfügen, sich einen Neuwagen anzuschaffen – es sei denn, der ist total billig."

Solche „total billigen" Autos haben aber nicht deutsche Hersteller im Programm, sondern Asiaten, Franzosen und Italiener. Außerdem, so Lottsiepen, könne man ein altes, aber unter Umständen sparsames Auto verschrotten und einen neuen Spritschlucker kaufen und trotzdem 2500 Euro Abwrackprämie kassieren – oder „Umweltprämie", wie die Bundesregierung sagt: „Der Begriff Umweltprämie ist völlig irreführend und verlogen. Die Bundesregierung verfolgt mit der Geldspritze für die Autoindustrie keinerlei ökologische Zielsetzung, keine. Die Umweltprämie ist also eine 1,5 Milliarden Euro teure Mogelpackung."

Ein weiteres Rezept, um den Autokauf anzukurbeln, ist eine Reform der Kfz-Steuer. Anfang der Woche hat die Bundesregierung dazu Pläne verabschiedet. Viele Details dieser Pläne zur Kfz-Steuerreform sind noch nicht bekannt, aber das, was bekannt ist, hält Jürgen Resch von der Deutschen Umwelthilfe für inakzeptabel. So ist geplant, dass für alle Autos, die weniger als 120 Gramm CO2 je Kilometer ausstoßen, nur ein einheitlicher Sockelbetrag gezahlt werden muss, im Gespräch sind 50 Euro. Diesen Sockelbetrag nennt Jürgen Resch ökologischen und ökonomischen Unsinn, weil er die falschen Anreize setze, da unter 120 Gramm CO2 je Kilometer stets ein und derselbe Steuerbetrag fällig würde: „Das heißt, wir haben überhaupt keinen Anreiz für Autobauer ein Fahrzeug mit 110 oder 90 Gramm oder darunter zu bauen." Keine Anreize also, sparsame Autos zu bauen. [...]

Banse, Philipp (2009): Deutsche Umwelthilfe: Auto-Abwrackprämie bringt keine Umweltvorteile; http://www.dradio.de/dlf/sendungen/umwelt/905255; online am 09.03.2010.

Deutsche Wirtschaft schrumpfte 2009 um fünf Prozent

Deutschland spürt die Folgen der Krise: Erstmals seit vier Jahren überschritt das Land die EU-Schuldengrenze. Die Wertschöpfung sank so stark wie seit Jahrzehnten nicht.
Deutschland hat erstmals seit 2005 wieder das Limit für die in der Europäischen Union zulässige Staatsneuverschuldung überschritten. Das Defizit von Bund, Ländern, Kommunen und Sozialversicherungen erhöhte sich im Jahr 2009 auf 77,2 Milliarden Euro. Die Summe entspricht 3,2 Prozent des Bruttoinlandsproduktes. Nach dem Stabilitätspakt dürfen die EU-Mitgliedsstaaten eine Verschuldungsquote von maximal drei Prozent des Bruttoinlandsproduktes nicht überschreiten. [...]

Einbruch der deutschen Wirtschaft

Das deutsche Bruttoinlandsprodukt schrumpfte in Folge der weltweiten Wirtschaftskrise um fünf Prozent. Damit erlitt die deutsche Wirtschaft im Jahr 2009 den stärksten Einbruch der Nachkriegszeit. Einige Wirtschaftsfachleute hatten in der Vorausschau bis zu sechs Prozent errechnet. Das BIP umfasst alle Waren und Dienstleistungen, die innerhalb eines Jahres in einer Volkswirtschaft für den Endverbraucher hergestellt und erbracht werden.

Wirtschaft und Konjunktur

Die Bundesregierung hatte mit diesem Rückgang gerechnet. Grund für die schwere Rezession war der Einbruch bei Exporten und Investitionen. [...]
Im Jahr 2010 wird Experten zufolge nur ein Teil des Einbruchs wieder aufgeholt. Die Bundesregierung rechnet Kreisen zufolge mit einem Wachstum von etwa 1,5 Prozent. Im Jahr 2008 war die Wirtschaft Deutschlands noch um 1,3 Prozent gewachsen.

Anon.: Deutsche Wirtschaft schrumpfte 2009 um fünf Prozent; http://www.zeit.de/wirtschaft/2010-01/deutschland-bip-verschuldung-eu-2; online am 09.03.2010.

**Richtlinie zur Förderung des Absatzes von Personenkraftwagen
vom 20. Februar 2009 mit Änderungen der Richtlinie
vom 17. März 2009 und vom 26. Juni 2009**

Die Richtlinie zur Förderung des Absatzes von Personenkraftwagen vom 20. Februar 2009 (BAnz. S. 835, 1056) sowie die Richtlinie zur Förderung des Absatzes von Personenkraftwagen vom 17. März 2009 (BAnz. S. 1144) wurden mit Datum vom 26. Juni 2009 geändert. Nachstehend wird der Gesamttext der neu gefassten Richtlinie veröffentlicht:

1 Zuwendungszweck

1.1 Förderziel
Die Bundesregierung hat sich zum Ziel gesetzt, mit Hilfe einer Umweltprämie die Verschrottung alter und den Absatz neuer Personenkraftwagen zu fördern. Dadurch werden alte Personenkraftwagen mit hohen Emissionen an klassischen Schadstoffen durch neue, effizientere und sauberere Fahrzeuge ersetzt. Damit wird ein Beitrag zur Reduzierung der Schadstoffbelastung der Luft geleistet bei gleichzeitiger Stärkung der Nachfrage.

1.2 Zuwendungsgewährung
Ein Rechtsanspruch des Antragstellers/der Antragstellerin auf Gewährung der Zuwendung besteht nicht. Vielmehr entscheidet die Bewilligungsbehörde (Bundesamt für Wirtschaft und Ausfuhrkontrolle – BAFA) aufgrund ihres pflichtgemäßen Ermessens. Die Gewährung der Zuwendung steht unter dem Vorbehalt der Verfügbarkeit der veranschlagten Haushaltmittel.
Die Verpflichtungen aus der Richtlinie 98/34/EG des Europäischen Parlaments und des Rates vom 22. Juni 1998 über ein Informationsverfahren auf dem Gebiet der Normen und technischen Vorschriften und der Vorschriften für die Dienste der Informationsgesellschaft (ABl. L 204 vom 21.7.1998, S. 37), die zuletzt durch die Richtlinie 2006/96/EG vom 20. November 2006 (ABl. L 363 vom 20.12.2006, S. 81) geändert worden ist, sind beachtet worden.

1.3 Rechtsgrundlage
Die Förderung erfolgt nach Maßgabe dieser Richtlinie und nach den Allgemeinen Verwaltungsvorschriften zu den §§ 23 und 44 der Bundeshaushaltsordnung (BHO).

2 Förderung

2.1 Gegenstand der Förderung
Förderfähig ist der Erwerb eines Personenkraftwagens, der hinsichtlich seiner Schadstoffklasse mindestens die Anforderungen von Euro 4 erfüllt, wenn zugleich ein Altfahrzeug gemäß Nummer 4.2 verschrottet wird.

2.2 Antragsberechtigung und Zuwendungsempfänger/-in
Antragsberechtigt sind Privatpersonen, auf die ein Neufahrzeug gemäß Nummer 4.3 zugelassen wird und die ein Altfahrzeug gemäß Nummer 4.2 verschrotten. Zwischen dem Hal-

ter/der Halterin des Altfahrzeugs und der Person, auf die das Neufahrzeug zugelassen wird, muss Personenidentität bestehen. Zuwendungsempfänger/-in ist der Antragsteller/ die Antragstellerin.

3 Allgemeine Verfahrensvorschriften

3.1 Bundeshaushaltsordnung
Für die Bewilligung, Auszahlung und Abrechnung der Zuwendung sowie für den Nachweis und die Prüfung der Verwendung und die ggf. erforderliche Aufhebung des Zuwendungsbescheides und die Rückforderung der gewährten Zuwendung gelten die §§ 23, 44 BHO, die hierzu erlassenen Allgemeinen Verwaltungsvorschriften sowie die § 48 bis § 49a des Verwaltungsverfahrensgesetzes, soweit nicht in dieser Richtlinie Abweichungen zugelassen sind.

3.2 Auskunft
Der Antragsteller/die Antragstellerin willigt ein, dass die Bewilligungsbehörde zur Prüfung der Antragsvoraussetzungen Daten aus dem Zentralen Fahrzeugregister des Kraftfahrt-Bundesamtes abrufen kann.

4 Zuwendungsvoraussetzungen

4.1 Personenkraftwagen (Pkw) im Sinne dieser Richtlinie
Ein Personenkraftwagen (Pkw) im Sinne dieser Richtlinie ist ein Kraftfahrzeug zur Personenbeförderung mit mindestens vier Rädern, das als Personenkraftwagen oder als Fahrzeug der Klasse M1 (nach Anlage XXIX der Straßenverkehrs-Zulassungs-Ordnung) in den Zulassungsdokumenten ausgewiesen wird.

4.2 Voraussetzungen bezüglich des Altfahrzeugs
• Bei dem Altfahrzeug muss es sich um einen Personenkraftwagen handeln.
• Das Fahrzeug muss nach den Anforderungen der Altfahrzeug-Verordnung einer ordnungsgemäßen Verwertung sowie die Restkarosse einer ordnungsgemäßen weiteren Behandlung in einer Schredderanlage zugeführt werden.
• Als Zeitpunkt der Verschrottung gilt das im Verwertungsnachweis für die Überlassung des Fahrzeugs an den Demontagebetrieb aufgeführte Datum.
• Die Verschrottung des Fahrzeugs muss zwischen dem 14. Januar 2009 und dem 30. Juni 2010 erfolgen.
• Die Erstzulassung muss mindestens neun Jahre vor dem Zeitpunkt der Verschrottung erfolgt sein – spätestens aber neun Jahre vor dem 31. Dezember 2009.
• Das Fahrzeug muss – zurückgerechnet vom Zeitpunkt der Verschrottung, spätestens aber zum 31. Dezember 2009 – für die Dauer von mindestens einem Jahr durchgehend auf den Namen des Antragstellers/der Antragstellerin gemäß Nummer 2.2 in Deutschland zugelassen sein.

4.3 Voraussetzungen bezüglich des Neufahrzeuges
• Bei dem Fahrzeug muss es sich um einen Pkw handeln.
• Das Fahrzeug muss hinsichtlich seiner Schadstoffemissionen mindestens die Anforde-

rungen der Emissionsvorschrift Euro 4 gemäß Richtlinie 98/69/EG – Stufe B – oder eine der nachfolgenden Richtlinien erfüllen.
- Das Fahrzeug muss im Inland auf den Antragsteller/die Antragstellerin zugelassen sein. Dies gilt auch für Leasingfahrzeuge.
- Der Erwerb des Fahrzeugs muss zwischen dem 14. Januar 2009 und dem 31. Dezember 2009 erfolgt sein. Die Zulassung des Fahrzeugs muss zwischen dem 14. Januar 2009 und dem 30. Juni 2010 erfolgt sein.
- Das Fahrzeug
- muss zum ersten Mal zugelassen sein

oder
- darf – zurückgerechnet vom Zeitpunkt der Zulassung auf den Antragsteller/die Antragstellerin – längstens 14 Monate einmalig auf einen Kfz-Hersteller, dessen Vertriebsorganisationen oder dessen Werksangehörigen, einen Kfz-Händler, eine herstellereigene Autobank, ein Automobilvermietungsunternehmen oder eine Automobilleasinggesellschaft zugelassen gewesen sein (Jahreswagen).

5 Höhe der Förderung
Die Höhe der Förderung (Projektförderung Festbetragsfinanzierung) beträgt 2.500 Euro (Zuschuss) und darf pro Neufahrzeug und dem im Zusammenhang damit verschrotteten Altfahrzeug nur einmal gezahlt werden.

6 Verfahren der Antragstellung und Nachweisführung

6.1 Verfahren der Antragstellung bis einschließlich 29. März 2009
Die Antragstellung ist ab dem 27. Januar 2009 möglich. Antragsteller, die sämtliche Voraussetzungen für die Gewährung der Umweltprämie bis einschließlich 29. März 2009 erfüllt haben, können den Antrag unter Verwendung des bisherigen Antragsformulars mit Originalunterschrift zusammen mit den folgenden Nachweisen und Unterlagen vollständig bis spätestens 15. April 2009 (Eingang im BAFA) einreichen:
- Verwertungsnachweis nach § 15 der Fahrzeug-Zulassungsverordnung, der durch den Betreiber eines anerkannten Demontagebetriebs gemäß Altfahrzeug-Verordnung ausgestellt wurde.
- Verbindliche Erklärung des Betreibers eines anerkannten Demontagebetriebs auf dem Antragsformular, dass die Restkarosse des Altfahrzeugs zur Verschrottung und zur Erfüllung der Anforderungen nach § 5 Absatz 2 Altfahrzeug-Verordnung in Verbindung mit Anhang Nummer 4 einer Schredderanlage zugeführt wird.
- Nachweis der Außerbetriebsetzung des Altfahrzeugs durch Kopie der Zulassungsbescheinigung Teil I (Fahrzeugschein) mit dem Vermerk der Zulassungsbehörde über die Außerbetriebsetzung und Original der entwerteten Zulassungsbescheinigung Teil II (Fahrzeugbrief).
- Nachweis der Zulassung des Neufahrzeugs auf den Antragsteller/die Antragstellerin durch Kopien der Zulassungsbescheinigung Teil I (Fahrzeugschein) und der Zulassungsbescheinigung Teil II (Fahrzeugbrief).
- Kopie der Rechnung bzw. des Leasingvertrags für den Erwerb des Neufahrzeugs.
- Bei Jahreswagen von Werksangehörigen der Kfz-Hersteller: Bescheinigung des Kfz-

Herstellers, dass der Pkw zum Zeitpunkt des Kaufs auf einen Werksangehörigen/eine Werksangehörige zugelassen war. Anträge, die unter Verwendung anderer Formulare gestellt werden und/oder unvollständig sind, können vom BAFA nicht bearbeitet werden und werden daher an den Antragsteller/die Antragstellerin zurückgeschickt.

6.2 Verfahren der Antragstellung ab einschließlich 30. März 2009

Für Antragsteller, die sämtliche Voraussetzungen für die Gewährung der Umweltprämie ab einschließlich 30. März 2009 vollständig erfüllen, gilt folgendes Antragverfahren:

Ab dem 30. März 2009 ist der Antrag mit dem Antragsformular „UMP-Neu" zu stellen. Er muss spätestens am 31. Dezember 2009 beim BAFA eingegangen sein. Die Antragstellung erfolgt ausschließlich über das vom BAFA zur Verfügung gestellte elektronische Verfahren im Internet (Online-Portal). Anträge, die unter Verwendung anderer Formulare oder des bisherigen Formulars gestellt werden und/oder unvollständig sind, können vom BAFA nicht bearbeitet werden und werden daher an den Antragsteller/die Antragstellerin zurückgeschickt. Um eine Reservierung für die Umweltprämie zu erhalten (Zuwendungsbescheid), ist mit dem Formular „UMP-Neu" die Kopie des Kauf- oder Leasingvertrages oder der verbindlichen Bestellung über das Neufahrzeug im elektronischen Verfahren mit zu senden. Die Zuwendungsbescheide für die Umweltprämie werden in der Reihenfolge des Eingangs des Antragsformulars „UMP-Neu" einschließlich Kauf- oder Leasingvertrag oder der verbindlichen Bestellung beim BAFA erteilt. Die Reservierung, d.h. der Zeitraum innerhalb dessen die Handlungen nach Nummer 4.2 (Altfahrzeug) und Nummer 4.3 (Neufahrzeug) abgeschlossen sein müssen, gilt – beginnend mit dem Datum des Reservierungsbescheides – für neun Monate. Keiner dieser Bescheide darf jedoch eine Reservierungszeit enthalten, die über den 30. Juni 2010 hinausgeht. Die Frist für die Einreichung der vollständigen Unterlagen endet am 31. Juli 2010 (Eingang beim BAFA). Mit dem Zuwendungsbescheid erhält der Antragsteller ein Verwendungsnachweisformular.

Für die Auszahlung der Umweltprämie ist die Vorlage der nachfolgenden Nachweise erforderlich:

• Verwendungsnachweisformular mit der verbindlichen Erklärung des Betreibers eines anerkannten Demontagebetriebs, dass die Restkarosse des Altfahrzeugs zur Verschrottung und zur Erfüllung der Anforderungen nach § 5 Absatz 2 der Altfahrzeug-Verordnung in Verbindung mit Anhang Nummer 4 einer Schredderanlage zugeführt wird.

• Verwertungsnachweis nach § 15 der Fahrzeug-Zulassungsverordnung, der durch den Betreiber eines anerkannten Demontagebetriebs gem. Altfahrzeug-Verordnung ausgestellt wurde.

• Nachweis der Außerbetriebsetzung des Altfahrzeugs durch Kopie der Zulassungsbescheinigung Teil I (Fahrzeugschein) mit dem Vermerk der Zulassungsbehörde über die Außerbetriebsetzung und Original der entwerteten Zulassungsbescheinigung Teil II (Fahrzeugbrief).

• Nachweis der Zulassung des Neufahrzeugs auf den Antragsteller/die Antragstellerin durch Kopien der Zulassungsbescheinigung Teil I (Fahrzeugschein) und der Zulassungsbescheinigung Teil II (Fahrzeugbrief).

• Bei Jahreswagen von Werksangehörigen der Kfz-Hersteller: Bescheinigung des Kfz-Herstellers, dass der Pkw zum Zeitpunkt des Kaufs auf einen Werksangehörigen/eine Werksangehörige zugelassen war.

6.3 Auszahlung

Die Auszahlung der Umweltprämie erfolgt nach Prüfung der unter Nummer 6.1 bzw. 6.2 angeführten Unterlagen durch das BAFA auf ein vom Antragsteller/der Antragstellerin angegebenes Konto. Für den Fall, dass der Antragsteller/die Antragstellerin die Auszahlung an eine dritte Person wünscht, muss er/sie die Zahlung gegen sich gelten lassen.

6.4 Bewilligungsbehörde

Bewilligungsbehörde ist das Bundesamt für Wirtschaft und Ausfuhrkontrolle (BAFA), Frankfurter Straße 29–35, 65760 Eschborn, Telefon: 030–346 465 470, Internet: www. bafa.de, E-Mail: umweltpraemie@bafa.bund.de

6.5 Verfahren

Das nach Nummer 6.1 erforderliche Antragsformular kann von der Internetseite des BAFA (www.bafa.de) heruntergeladen oder beim BAFA unter der o.g. Adresse angefordert werden.

6.6 Reihenfolge der Bearbeitung

Die Zuwendungsbescheide nach dem unter Nummer 6.1 aufgeführten Verfahren werden in der Reihenfolge des Eingangs der vollständigen Anträge beim BAFA erteilt. Die Zuwendungsbescheide nach dem unter Nummer 6.2 aufgeführten Verfahren werden in der Reihenfolge des Eingangs des Antragsformulars „UMP-Neu" zusammen mit der Kopie des Kauf- oder Leasingvertrages oder der verbindlichen Bestellung beim BAFA erteilt.

6.7 Prüfungsrecht

Der Antrag mit den in Nummer 6.1 der Richtlinie genannten Unterlagen gilt gleichzeitig als Verwendungsnachweis. Gegenüber dem Antragsteller/der Antragstellerin besteht ein Prüfungsrecht seitens der Bewilligungsbehörde (BAFA). Das Prüfungsrecht des Bundesrechnungshofs ergibt sich aus den §§ 91, 100 BHO.

7 Inkrafttreten und Befristung

Diese Richtlinie tritt am Tag nach der Veröffentlichung im Bundesanzeiger in Kraft. Sofern die nach dem Wirtschaftsplan des Gesetzes zur Errichtung eines Sondervermögens „Investitions- und Tilgungsfonds" (ITFG) zur Verfügung stehenden Mittel ausgeschöpft sind, können weitere Fördergelder nicht bewilligt werden. Die Frist für die Beantragung der Umweltprämie endet am 31. Dezember 2009 (Eingang der Reservierungsanfrage nach Nummer 6.2 beim BAFA). Änderungen bleiben vorbehalten und sind gemäß Verwaltungsvorschrift Nummer 15.2 Satz 2 zu § 44 BHO zu erlassen.

Berlin, den 26. Juni 2009
Bundesministerium für Wirtschaft und Technologie

Im Auftrag

http://www.bafa.de/bafa/de/wirtschaftsfoerderung/umweltpraemie/dokumente/foederrichtlinie_umweltpraemie.pdf; online am 30.07.2010.

Anhang

Lösungsvorschlag Kapitel 2.4, Übung 3

Allgemeines Thema für eine Seminararbeit:
Körperkult in verschiedenen Gesellschaftsformen

Ausrichtung der Arbeit	Arbeitstitel	Fragestellung	Zielsetzung der Arbeit
Analyse	Bekleidungsformen von Jugendlichen als Ausdruck der Befreiung in den 1970er Jahren?	Was drückten bestimmte Modeformen in den 1970er Jahren aus, um sich von der älteren Generation zu distanzieren?	Ausgewählte Modeformen in den 1970er Jahren werden vorgestellt und auf ihre Intention hin analysiert. Das Ziel besteht, darin ein tieferes Verständnis von Mode als Abgrenzung zu anderen sozialen Gruppen darzulegen.
Vergleich	Outfits bei Fans verschiedener Musikgenres	Welche Fans von unterschiedlichen Musikgenres weisen charakteristische Outfits auf? Was drücken sie damit aus?	Das Ziel der Arbeit besteht in einer Auseinandersetzung mit Subkulturen und ihren Zeichen, hier in Form von charakteristischen Outfits. Hierdurch werden soziale Zugehörigkeiten und Abgrenzungen deutlich.
Diskussion eines Problems	Medizinische Folgen von Piercings	Welche gesundheitlichen Risiken bergen Piercings?	Die gesundheitlichen Risiken von Piercings werden aufgezeigt.

Ausrichtung der Arbeit	Arbeitstitel	Fragestellung	Zielsetzung der Arbeit
Konkretes Beispiel als Ausgangspunkt	Köperkult und Schönheitswahn – Das Fallbeispiel des Schülers Axel	Was repräsentiert einen durchtrainierten Körper in den Augen eines Jugendlichen? Welche gesellschaftliche Symbolik hat das Aussehen für Jugendliche?	An einem Fallbeispiel werden Motive und Einstellungen zum Erscheinungsbild aufgezeigt und welche gesellschaftliche Bedeutung das Aussehen, z. B. in der Akzeptanz in der Peergroup, besitzt.
Betrachtung eines bestimmten Zeitraums	Entwicklung von Tätowierung als Massenphänomen seit den 1990er Jahren in Deutschland	Wie hat sich das Phänomen Tätowierung in Deutschland seit den 1990er Jahren entwickelt und was sind mögliche Erklärungsansätze dieser Entwicklung?	Das Ziel der Arbeit besteht darin, gesellschaftliche Entwicklungen genauer zu verstehen, hier am Beispiel der gesellschaftlichen Akzeptanz von Tätowierungen.
Spezielle Perspektive	Bodypainting – der Körper als Ausdruck eines Lebensgefühls	Welche Motive haben Personen, die sich dem Bodypainting verschrieben haben? Welche Motive wählen sie zu bestimmten Anlässen?	Die Arbeit deckt die Motivation und Hintergründe von Personen auf, die sich den Körper zu bestimmten Anlässen bemalen.

Tab. 15.1: Seminararbeit „Körperkult in verschiedenen Gesellschaftsformen"

Zusatzmaterial zu Kapitel 10.4

Literaturverzeichnis

Im Literaturverzeichnis werden im Regelfall alle verwendeten Werke angegeben. Bitte informieren Sie sich bei Ihrem Dozenten, ob unter „verwendeten Werken" nur diejenigen zu verstehen sind, die in Ihrer Arbeit auch zitiert werden, oder ob alle Publikationen angegeben werden sollen, die für Ihr Thema relevant sind und die Sie gelesen haben.

Zur Veranschaulichung der gängigen Regeln und einiger möglicher Varianten sollen die folgenden Auszüge aus einigen Literaturverzeichnissen dienen.

Beispiel 1

Zu der Abfolge der Titel eines Autors gibt es durchaus auch Varianten, wie in folgendem Beispiel zu sehen ist.

Die Werke eines Autors werden hier alphabetisch nach den Titeln angeordnet. Dieses Verfahren ist in sich konsistent (und wird auch von anderen Autoren so gehandhabt), jedoch stellt sich die Frage, welchem Ziel diese Anordnung dient.	Literaturverzeichnis [...] Baacke, Dieter: Außerschulische Jugendbildung und Jugendarbeit in Forschung und Lehre. In: Wollenweber, Horst (Hrsg.): Außerschulische Jugendbildung und Jugendarbeit. München 1981, S. 163–180. Baacke, Dieter: Die 13-bis 18jährigen. Einführung in Probleme des Jugendalters. Weinheim 1994a. Baacke, Dieter: Einführung in die außerschulische Pädagogik. Weinheim 1985. Baacke, Dieter: Im Datennetz, in: Baacke, Dieter; Lauffer, Jürgen; Thomsen, Maja (Hrsg.): Ins Netz gegangen. Bielefeld 1999a, S. 14–28. Baacke, Dieter: Kommunikation und Kompetenz. Grundlegung einer Didaktik der Kommunikation und ihrer Medien, 3. Aufl., München 1980. Baacke, Dieter: Massenmedien, in: Tippelt, Rudolf (Hrsg.): Handbuch Erwachsenenbildung/ Weiterbildung. Opladen 1994b, S. 455–462. Baacke, Dieter: Medienkompetenz als Netzwerk, in: medien praktisch 2/96, S. 4–10. Baacke, Dieter: Medienkompetenz als zentrales Operationsfeld von Projekten, in: Baacke, Dieter/Kornblum, Susanne/Lauffer Jürgen/Mikos, Lothar/Thiele, Günter A. (Hrsg.): Handbuch Medien: Medienkompetenz. Bonn 1999b, S. 31–35. Baacke, Dieter: Medienpädagogik. Grundlagen der Medienkommunikation. Band 1. Tübingen 1997. Baacke, Dieter: Projekte als Formen der Medienarbeit, in: Baacke, Dieter/Kornblum, Susanne/Lauffer Jürgen/Mikos, Lothar/Thiele, Günter A. (Hrsg.): Handbuch Medien: Medienkompetenz. Bonn 1999c, S. 86–93. [...]	Diese Kurzangaben sind üblich, verpflichten an diesen Stellen den Leser jedoch zum permanenten Nachschlagen innerhalb des Literaturverzeichnisses.

Breer, Martina: Jugend – Medien – Bildung: die STEP 21-Medienbox als Beitrag zur Modernisierung von schulischen und außerschulischen Entwicklungsprozessen; http://nbn-resolving.de/urn:nbn:de:hbz:6-23689465034; online am 10.09.2007.

Beispiel 2

Die Titel werden in alphabetischer Reihenfolge entsprechend den Verfassernamen aufgenommen.

Die Angabe des vollen Vornamens ist üblich und sinnvoll. (Die Angabe nur des ersten Buchstabens des Vornamens wird jedoch manchmal ebenfalls akzeptiert.)

Arbeiten eines Autors werden in chronologischer Reihenfolge angegeben

Gibt es mehrere Verfasser/ Herausgeber, werden ihre Publikationen zunächst ebenfalls in alphabetischer Reihenfolge entsprechend den Autorennamen aufgeführt. Im zweiten Schritt erfolgt das Vorgehen chronologisch.

Bei unselbstständig erschienenen Publikationen muss die Zeitschrift, der Sammelband etc., in der/dem sie erschienen sind, ebenfalls angegeben werden.

Bei mehr als zwei Verfassern/Herausgebern wird häufig nur der erste genannt; die anderen werden in der Angabe „et al." (bzw. „u.a.") zusammengefasst.

Werden Internetquellen zitiert, so sind anzugeben:
1. die Internetadresse,
2. der Zeitpunkt des Zugriffs.

Literaturverzeichnis

Abowd, John M./Lengermann, Paul A./McKinney, Kevin L. (2002): The Measurement of Human Capital in the US Economy, LEHD Technical Paper No. TP-2002-09, US Bureau of Census, Suitland, MD.

[…]

Altonji, Joseph G./Shakotko, Robert A. (1987): Do Wages Rise with Job Seniority?, in: Review of Economic Studies, Vol. 54, S. 437–459.

Arnds, Pascal/Bonin, Holger (2002): Arbeitsmarkteffekte und finanzpolitische Folgen der demographischen Alterung in Deutschland, IZA Discussion Paper No. 667, Bonn.

[…]

Auerbach, Alan J./Kotlikoff, Laurence J. (1987): Dynamic Fiscal Policy, Cambridge, Cambridge University Press.

Backhaus, Klaus et al. (2003): Multivariate Analysemethoden. Eine anwendungsorientierte Einführung, 10. Auflage, Berlin u. a. O., Springer.

Baltes, Paul B. (1997): Die unvollendete Architektur der menschlichen Ontogenese: Implikationen für die Zukunft des vierten Lebensalters, in: Psychologische Rundschau, 48, S. 191–210.

Baltes, Paul B./Baltes, Margaret M. (1989): Optimierung durch Selektion und Kompensation. Ein psychologisches Modell erfolgreichen Alterns, Zeitschrift für Pädagogik, 35, S. 85–105.

[…]

Birg, Herwig (1981): An Interregional Population-Employment Model for the Federal Republic of Germany: Methodology and Forecasting Results for the Year 2000, in: Papers of the Regional Science Association, Vol. 47, 1981, S. 97–117.

Birg, Herwig (1984): Demographic Aspects of Labour Market Efficiency, in: Steinmann, Gunter (Hrsg.): Studies in Contemporary Economics Vol. 8 – Economic Consequences of Population Change in Industrialized Countries, Heidelberg, Springer, S. 303–322.

Birg, Herwig (2003): Dynamik der demographischen Alterung, Bevölkerungsschrumpfung und Zuwanderung in Deutschland, in: Aus Politik und Zeitgeschichte, Beilage zur Wochenzeitung „Das Parlament", Nr. B20/2003, 12.03.2003, S. 6–17.

[…]

Buck, Hartmut/Kistler, Ernst/Mendius, Hans Gerhard (2002): Demographischer Wandel in der Arbeitswelt – Chancen für eine innovative Arbeitsgestaltung, Broschürenreihe: Demographie und Erwerbsarbeit, Stuttgart.

Buck, Hartmut/Reif, Armin (1997): Innovative Produktion bei veränderten Altersstrukturen, Arbeitspapier, IAO Stuttgart und TU Chemnitz-Zwickau, im Internet: http://www.pm.iao.fraunhofer.de/artikel/sdforum.pdf (05.01.2006).

Büchel, Felix/Weißhuhn, Gernot (1997): Ausbildungsinadäquate Beschäftigung der Absolventen des Bildungssystems – Berichterstattung zu Struktur und Entwicklung unterwertiger Beschäftigung in West- und Ostdeutschland, Volkswirtschaftliche Schriften Heft 471, Berlin, Duncker & Humblodt.

Büchel, Felix/Weißhuhn, Gernot (1998): Ausbildungsinadäquate Beschäftigung der Absolventen des Bildungssystems II – Fortsetzung der Berichterstattung zu Struktur und Entwicklung unterwertiger Beschäftigung in West- und Ostdeutschland (1993–1995), Volkswirtschaftliche Schriften Heft 471/II, Berlin, Duncker & Humblodt.

[…]

Stemmann, Ute U.C.: Humankapitalentwicklung in alternden Gesellschaften; http://nbn-resolving.de/urn:nbn:de:hbz:6-71699550477; online am 06.10.2006.

8.3 Quellen- und Literaturverzeichnis

Die Titel werden in alphabetischer Reihenfolge entsprechend den Verfassernamen aufgenommen.

Die Angabe des vollen Vornamens ist fakultativ. Es reicht die Angabe des ersten Buchstabens. Der Autorenname kann, muss aber nicht in Kapitälchen/ Großbuchstaben geschrieben werden.

Arbeiten eines Autors werden in chronologischer Reihenfolge angegeben.

Gibt es mehrere Verfasser / Herausgeber, werden ihre Publikationen zunächst ebenfalls in alphabetischer Reihenfolge entsprechend den Autorennamen aufgeführt. Im zweiten Schritt erfolgt das Vorgehen üblicherweise chronologisch.

Die Angabe solcher Kurztitel ist fakultativ und nur dann sinnvoll, wenn die Werke in der Arbeit so zitiert werden. (Sie erfolgt oft auch in Klammern nach der kompletten bibliographischen Angabe.)

Bei unselbstständig erschienenen Publikationen muss die Zeitschrift, der Sammelband etc., in der/dem sie erschienen sind, ebenfalls angegeben werden.

Werden Internetquellen zitiert, so ist anzugeben:
1. die Internetadresse,
2. der Zeitpunkt des Zugriffs.

ALI (2004):
ALI, Ayaan Hirsi (2004): De maagdenkooi. Amsterdam. [...]

ALT/GRANATO (2001):
ALT, Christel/GRANATO, Mona (2001): Berufliche Ausbildung junger Erwachsener mit Migrationshintergrund. Anhörung zu Bildung und Qualifizierung von jungen Migrantinnen und Migranten veranstaltet vom Forum Bildung in Zusammenarbeit mit der Beauftragten der Bundesregierung für Ausländerfragen am 21.06.2001 in Berlin. [URL: http://www. chancenschaffen.de/archiv/fachbeitrage_und_dokumentationen_pdf/bibb_arbeitsmaterielien_benachteiligt_alt_granato_2 002.pdf] (06.06.2003).

AMERSFOORT/NIEKERK (2003):
AMERSFOORT, Hans van/NIEKERK, Mies van (2003): Einwanderung als koloniales Erbe: Akzeptanz, Nichtakzeptanz und Integration in den Niederlanden, in: THRÄNHARDT, Dietrich/HUNGER, Uwe (Hgg.): Migration im Spannungsfeld von Globalisierung und Nationalstaat. Leviathan – Zeitschrift für Sozialwissenschaft. Sonderheft 22/2003, S. 135–160.

ANDERSON (1978):
ANDERSON, Charles W. (1978): The Logic of Public Problems: Evaluation in Comparative Policy Research, in: ASHFORD, Douglas E. (Hg.): Comparing Public Policies. New Concepts and Methods. London, S. 19–42.

ANGENENDT (1997):
ANGENENDT, Steffen (1997): Deutsche Migrationspolitik im neuen Europa. Opladen.

ANGENENDT (1999):
ANGENENDT, Steffen (1999): Gibt es ein europäisches Asyl- und Migrationsproblem? Unterschiede und Gemeinsamkeiten der asyl- und migrationspolitischen Probleme und der politischen Strategien in den Staaten der Europäischen Union. Bonn.

ANGENENDT/KRUSE (2004):
ANGENENDT, Steffen/KRUSE, Imke (2004): Migrations- und Integrationspolitik in Deutschland 2002–2003: der Streit um das Zuwanderungsgesetz, in: BADE, Klaus/BOMMES, Michael/MÜNZ, Rainer (Hgg.): Migrationsreport 2004. Fakten – Analysen – Perspektiven. Frankfurt, S. 175–202. [...]

BADE (1994):
BADE, Klaus u.a. (1994): Das Manifest der 60. Deutschland und die Einwanderung. München.

BADE/BOMMES (2004):
BADE, Klaus/BOMMES, Michael (2004): Einleitung: Integrationspotentiale in modernen europäischen Wohlfahrtsstaaten – der Fall Deutschland, in: BADE, Klaus/BOMMES, Michael/MÜNZ, Rainer (Hgg.): Migrationsreport 2004. Fakten – Analysen – Perspektiven. Frankfurt, S. 11–42.

BADE/OLTMER (1999):
BADE, Klaus/OLTMER, Jochen (1999): Einführung: Aussiedlerzuwanderung und Aussiedlerintegration. Historische Entwicklung und aktuelle Probleme, in: BADE, Klaus J./Jochen OLTMER (Hgg.): Aussiedler: deutsche Einwanderer aus Osteuropa. Osnabrück, S. 9–54.

BADE/OLTMER (2004):
BADE, Klaus/OLTMER, Jochen (2004): Normalfall Migration. Bonn.

BEER-KERN (2001a):
BEER-KERN, Dagmar (2001a): Ausbildungssituation von Jugendlichen ausländischer Herkunft – Möglichkeiten und Chancen der Förderung.
[URL: http://www.integrationsbeauftragte.de/themen/ausbildung.htm] (05.06.2003).

BEER-KERN (2001b):
BEER-KERN, Dagmar (2001b): Sprachvermögen von Deutsch-Türken.
[URL: http://www.integrationsbeauftragte.de/themen/sprachvermoegen.htm] (05.06.2003).

Wilp, Markus: Die Arbeitsmarktintegration von Zuwanderern in Deutschland und den Niederlanden: Eine vergleichende Untersuchung zentraler Hintergründe, aktueller Entwicklungen und ausgewählter politischer Maßnahmen;
http://nbn-resolving.de/urn:nbn:de:hbz:6-32669490310; online am 11.08.2006.

Kriterien zur Bewertung akademischer/wissenschaftlicher Texte

Die Qualität eines akademischen/wissenschaftlichen Textes muss in mehrerer Hinsicht stimmen. Der folgende Fragenkatalog kann bei der Überarbeitung eines Textes helfen:

Form	
Layout Form und Inhalt müssen zusammenspielen. Das Layout sollte sparsam und neutral gewählt werden. • Wurden die formalen Kriterien für eine ansprechende Gestaltung des Textes erfüllt? • Sind die Formate einheitlich gewählt worden? • Sind Titelblatt, Inhalts- und Literaturverzeichnis vollständig? • Sind die Belege vollständig?	-- - 0 X XX
Sprachliche Korrektheit: • Wie korrekt ist der Text im Hinblick auf die Verwendung eines für die Textart angebrachten sprachlichen Registers, die Verwendung der Fachsprache, Grammatik, Interpunktion und Orthografie?	-- - 0 X XX
Leserorientierung	
Lesbarkeit Ein Text, der nicht verstanden wird, hat keinen Informationswert. Oberstes Kriterium für jeden Text ist deshalb, dass er auf einem den Lesern angemessenen Sprachniveau verständlich formuliert ist. • Wie verständlich ist der Text formuliert? • Wurde ein angemessenes Sprachniveau für den anvisierten Leser erreicht?	-- - 0 X XX
Adressiertheit/Leserführung Akademische/wissenschaftliche Texte haben eine kommunikative Funktion, das heißt, der Leser soll verständlich informiert werden. Ihm muss verdeutlicht werden, wie bestimmte Inhalte zu verstehen und einzuordnen sind. Daher brauchen Texte Verständnis sichernde Handlungen, wie z.B. Verweise, Überleitungen, Zusammenfassungen und Beispiele, damit ein roter Faden entsteht. • Wie wird der Leser durch den Text geführt? Ist ein roter Faden erkennbar?	-- - 0 X XX

Strukturiertheit Akademische/wissenschaftliche Texte müssen systematisch untergliedert werden, damit dem Leser komplexe Probleme durch Segmentierung verständlich gemacht werden können. • Inwieweit ist der Text leserorientiert strukturiert?	-- - 0 X XX
Explizitheit Die Vorgehensweise des Verfassers muss aus dem Text erschließbar sein, alle wesentlichen Informationen müssen in den Formulierungen enthalten sein. Der Leser muss in die Lage versetzt werden, alle gedanklichen Schritte allein auf der Grundlage des Textes nachzuvollziehen. • Wie explizit ist der Text?	-- - 0 X XX
Ökonomie Zeit ist ein wichtiges Gut. Daher sollte der Leser nicht mit redundanten Formulierungen gelangweilt werden. • Wurden die Inhalte in angemessener Kürze vermittelt?	-- - 0 X XX
Inhalt	
Kohärenz/Kohäsion Die Zusammenhänge zwischen einzelnen inhaltlichen Aussagen müssen so deutlich sein, dass ein in sich geschlossener Text ohne inhaltliche Sprünge entsteht. • Wie zusammenhängend ist der Text?	-- - 0 X XX
Präzision Bei allen Formulierungen, insbesondere aber bei der Verwendung von Termini, sollte der Autor eines akademischen/wissenschaftlichen Textes um Eindeutigkeit bemüht sein. • Wie eindeutig/präzise ist der Text?	-- - 0 X XX
Differenziertheit In einem akademischen/wissenschaftlichen Text müssen auch Positionen erwähnt werden, die dem Standpunkt des Autors nicht entsprechen. Diese können allerdings im Laufe der Analyse entkräftet oder relativiert werden. Differenziertheit zeigt sich auch in der Multiperspektivität. • Gelingt dem Autor eine differenzierte Behandlung seines Themas?	-- - 0 X XX

Argumentation Interpretationen und Behauptungen müssen begründet und damit intersubjektiviert werden. Nur durch sachliche Darstellung und argumentative Schritte lässt sich die Deutung eines Sachverhalts begründen und gegenüber anderen Lesarten durchsetzen. • Wie argumentativ und überzeugend ist der Text?	--	-	0	X	XX
Konsistenz Die Schritte der Analyse und insbesondere die daraus abgeleiteten Schlussfolgerungen müssen plausibel und schlüssig, zwingend und möglichst widerspruchsfrei sein. Die einzelnen Ergebnisse der Arbeit müssen sich mosaikartig zu einem geschlossenen Bild ergänzen. • Inwieweit ist dies gelungen?	--	-	0	X	XX
Fundiertheit Ein akademischer/wissenschaftlicher Text entfaltet seine Qualität erst auf dem Hintergrund eines breit gefächerten Wissens über die Thematik der Arbeit. Der Verfasser muss mehr über das Thema wissen, als er im Text ausführt. Dieses Hintergrundwissen zeigt sich in Belegen zu eigenen Aussagen; nicht primär Textrelevantes kann zudem in Fußnoten und Exkursen angedeutet werden. • Inwieweit besitzt der Autor fundiertes Wissen, das sich im Text widerspiegelt?	--	-	0	X	XX
Informiertheit Jede akademische/wissenschaftliche Arbeit sollte neue Informationen zu einem Thema präsentieren oder zumindest eine neue Perspektive auf bekannte Sachverhalte eröffnen. Dazu gehört es auch, vorhandene Theorien, Methoden oder Strukturen selbständig auf Textbeispiele anzuwenden. Das reine Referieren von bekanntem Wissen ist noch keine wissenschaftliche Leistung. • Inwieweit informiert der Text?	--	-	0	X	XX

Der Kriterienkatalog berücksichtigt auch die folgenden Arbeiten:

Klemm, Michael/Hähnel, Monika (2007): Anforderungen an wissenschaftliche Texte, in: Knapp, Karlfried et al. (Hgg.): Angewandte Linguistik, Tübingen, Begleit-CD.

Pospiech, Ulrike (2004): Schreibend schreiben lernen. Zur Begründung und Umsetzung eines feedbackorientierten Lehrgangs zur Einführung in das wissenschaftliche Schreiben, EliS_e Beiheft 4; http://www.elise.uni-essen.de; online am 09.12.2008.

Notizen

Notizen

Notizen

Notizen

Notizen